씽크 빅, 액트 나우!

KB073823

THINK BIG, ACT NOW!

씽크 빅, 액트 나우!

—— 여성기업가들의 사업 성장 스토리 ——

김소연, 이현주, 고혜미, 길진화, 황윤정, 박지현, 박가현, 최선희, 임하율, 윤지혜, 박지우 지음

좋은땅

이 책은 기획부터 출판까지 온전히 경기도 여성기업가들의 힘으로 이루어 낸 결과물입니다. 이 책을 집필한 저자들은 아시아재단 자기주도적 기업가 육성(Personal Initiative, PI) 교육 프로그램에 참여한 여성기업가들로서 능동적이고 혁신적인 기업가정신을 토대로 다양한 노력을 기울이며 사업 성장을 도모해 왔습니다. 저자들의 노력은 자신의 사업 성장뿐 아니라 동료 여성기업가의 성장을 위한 것이기도 합니다. PI 교육에 참여했던 여성기업가들은 배운 것을 실천하며 서로의 발전을 독려하고 어려움을 해결하기 위해 함께 고민해 왔기 때문입니다.

저자들은 여기에서 한발 더 나아가 그동안의 노력과 경험을 독자들과 나누기 위해 책을 출간하게 되었습니다. 독자들은 이 책을 통해 PI 교육에 따른 저자들의 노력과 사업적 변화, 선배이자 동료 기업가로서의 인사이트를 접하게 될 것입니다. 아시아재단은 해당 교육 프로그램을 통하여 여성기업가들이 스스로 역량을 강화하고 성장하는 모습을 지켜봐 왔습니다. 저자들의 생생한 이야기와 실질적인 조언들이 독자들에게도 긍정적인 변화를 불러올 수 있기를 바랍니다.

아시아재단

《씽크 빅, 액트 나우!》는 성공적인 기업가가 되기 위해 무엇이 필요한지에 대한 통찰력을 가장 많이 담은 책 중 하나입니다. 이 책에 등장하는 여성기업가들은 성공에 유리한 가족 환경에서 나고 자란 기업가들과는 달리 목표를 성취하기 위해 수많은 고난과 역경을 극복해야 했습니다. 이 책에서 저자들은 모든 기업가가 꼭 갖추어야 할 기본적이지만 막상 실천하기는 어려운 사업 성공 요건들을 비밀 아닌 비밀로 공유합니다. 저자들이 이 책을 통해 나누고 실천한 내용은 Michael Frese 교수가 개발한 자기주도적 기업가 육성 교육에 기인하고 있으며, 그 효과성은 이미 많은 사회과학 연구들을 통해 입증된 바 있습니다. 저는 이 책을 통해 독자들이 자신의 사업 여정에서 목표를 성취하는 데에 쉽게 적용할 수 있는 귀한 교훈들을 얻을 수 있을 것으로 기대합니다.

Dr. Alexander Glosenberg

Professor and PI Training Master Trainer

Loyola Marymount University

추천의 글

MZ세대 그 이상의 개인의 행복을 추구하는 힘

흔히 MZ세대는 집단보다는 개인의 행복을, 소유보다는 공유를, 상품보다는 경험을 중시하는 특징을 가지고 있다고 한다. 그러나 이 책의 주인공들은 MZ세대 이상의 철학과 이념을 중시하며, 자신들의 희로애락의 경험을 자기주도적 창업자 관점에서 생생하게 독자들에게 전달하고 있다. 말이 좋아 '자기주도적 창업'이지 이 책의 주인공들은 여성으로서 육아와 창업과 거친 사회를 이겨낸 대한민국 여성 창업의 산증인이요 혁신가들이다.

이들의 '자기주도적 창업'의 스토리 속에는 그들이 책 속에 말로 표현하지 못했던 수많은 눈물과 인내와 고통이 느껴진다. 얼마나 많은 갈등과 얼마나 많은 인고의 시간을 견뎌서 그 자리에까지 갔는지를 생각해 볼 때 각각의 스토리를 만들어 낸 여성 창업가 한 분 한 분에게 깊은 찬사를 보내고 싶다.

그러나 이 책의 주인공들은 그들의 창업 과정을 고통이 아닌 기쁨으로, 일이 아닌 재미로, 경제적 가치가 아닌 사회적 가치로 만들어 가면서 MZ들이 추구하는 개인의 행복 그 이상의 행복을 만들어 내고 있다.

"개인적으로 하나의 기술로, 하나의 직업으로 편하게 오래 돈을 버는 시대는 끝났다고 보고 있다. 아이들은 커가고 있고 인간의 수명은 100세로 연장되었다. 그렇다면 우리는 어떻게 살아야 하는가? 빠르게 바뀌는 세상의 트렌드를 따라잡을 순 없어도 나를 안전하게 지켜 주고 있는 것 같은 틀에서는 벗어나야 새로운 세상을 볼 수 있지 않을까?"라는 김소연 대표의 말이 꼭 나에게 던지는 메시지처럼 다가왔다. 아니 이 시대의 모든 직

씽크 빅, 액트 나우!

장인, 모든 육아맘에게 던지는 메시지처럼 느껴진다.

《씽크 빅, 액트 나우!》는 여성기업가들의 창업 스토리와 역경을 이겨 낸 힘과 노하우가 고스란히 녹아져 있다. 그리고 단순한 지식 전달이 아닌 그들이 창업과정에서 실패를 극복할 수 있었던 '자기주도적 창업 학습 과정'을 진솔하게 독자들에게 전달하고 있다. 창업을 진지하게 준비하는 분이라면, 아직도 창업을 시작할까 말까 망설이는 분이라면, 그리고 나의 직장 생활에 염증을 느끼고 있는 분이라면 이 책을 꼭 읽어보시기 바란다.

《씽크 빅, 액트 나우!》의 주인공들에게 다시 한번 깊은 존경과 찬사를 보낸다.

2023. 7월 어느 비 오는 날
경기콘텐츠진흥원 최중빈 센터장

'이제는 당신 차례'

여성기업가 11명의 창업 스토리에는 이야기를 넘어서는 강한 힘이 있다. 품고 있던 꿈을 기어코 현실로 만들어 내는 미친 실행력 속에는 자기주도적 기업가 육성 과정이 함께하고 있다. 그들이 가고 있는 길은 이전에는 없던 길이며 자신의 경험을 아낌없이 나누고 서로 성장하는 멈추지 않는 연대의 길이다. 그 길에 잠시 경기도일자리재단에 들러주어 영광이었다. 이 책은 '이제 당신 차례다'라고 말하고 있다.

경기도일자리재단 경영기획실장 홍춘희

사업하는 여성을 보면 존경스럽다. 한국에서 여성기업가로 살아가는 게 얼마나 어려운 일인가를 잘 알기에. 이 책에는 당당하게 사업을 시작한 11명 여성기업가의 고군분투 사업스토리가 담겨 있다. 그들이 어떻게 사업을 시작했고 어떻게 어려움을 이겨냈는지 잘 지켜보시라. 그리고 당신도 당신 일과 삶의 주인이 되시기 바란다.

다꿈스쿨 대표 유대열(청울림)

씽크 빅, 액트 나우!

우리는 모두 위대한 존재입니다.

자신의 삶과 사업에서 주도권을 잡아가는

솔직하고 감동적인 이야기는

창업을 꿈꾸는 모든 여성들에게

희망과 용기를 줄 것입니다.

아직도 망설이고 있으시다면

이 책을 읽고 강한 울림을 느껴 보시기 바랍니다.

팬덤퍼널 김윤경 대표

창업이 어렵다는 것은 팩트다. 그럼에도 자기주도적으로 당당하게 창업에 도전한 11명의 여성기업가가 들려주는 솔직담백한 창업 여정 스토리가 여기에 있다. 예비 창업자나 초기 단계 창업자에게 이 책을 추천한다. 이 책을 시작으로 우리나라에서 자기주도형 기업가들이 더 많이 발굴, 육성되고 함께 도우며 응원, 지지하는 창업 성장 커뮤니티 무브먼트가 지속 가능하게 확산되기를 기대한다.

킨스데이 신현정 대표

프롤로그

여성기업가의 힘!

혼자 가면 빨리 가고, 함께 가면 멀리 간다

우리는 〈자기주도적 기업가 육성 과정(PI Training)〉을 통해 만났다. 과정을 진행하며 서로의 고민을 이야기하고 피드백을 반복했다. 그 과정에서 느낀 것이 있다. 누군가는 내 고민에 대한 해답을 갖고 있다는 것이다. 서로 다른 경험을 통해 누적된 지식은 '집단 지성의 힘'으로 발현되어 서로를 성장시켰다.

우리는 빠르게, 그리고 멀리 가고 싶었다. 그러려면 반드시 필요한 것이 있다. 바로 '동료'이다. 사업을 시작한 후 너무 오랫동안 잊고 있었던 것. 때로는 격려를, 때로는 쓴소리를 해 줄 동료가 필요하다. 서로의 지식과 정보를 나누어 줄 동료가 필요하다. 특히 남성 중심의 기업문화 속에서 살아남기 위해서는 여성기업가들의 연대가 절실했다. 그런데 어디에서 동료를 만날 수 있을까?

우리는 먼저 협회를 만들었다. 여성기업가들이 서로를 격려하고 성장시킬 수 있는 다양한 활동을 시작하고자 했다. 그런데 문제가 있었다. 지역이 멀리 떨어져 있는 사업가들에게는 우리의 이야기가 미치지 못했다.

10

씽크 빅, 액트 나우!

온라인상의 모임에서는 한계가 느껴졌다. 우리의 사업 성장에 도움이 된 지식과 사례를 더 많은 사람에게 공유할 수는 없을까? 이런 마음으로 이 책을 기획하게 되었다.

당신도 혹시 '모나리자 신드롬'?

'모나리자 신드롬'이라는 심리용어가 있다. 자기 자신을 인정하지 않고 스스로 제동을 거는 근성을 말한다. 모나리자의 미소를 여성의 굴복으로 해석하여, 자신의 능력을 의심하고, 원하는 목표를 중간에 포기하거나, 충분한 가능성을 다 발휘하지 않고 아주 작은 어려움만 있어도 한계를 느끼는 증상을 일컫는다.

안타깝게도 수많은 여성이 모나리자 신드롬을 앓고 있다. 여성기업가는 남성기업가에 비해 사업에 대한 목표를 낮게 잡는 경향이 있다고 한다. 스스로의 역량을 낮게 측정하고 '안 될 거야'라는 부정적인 미래 예측이 습관화된 것이다. 이런 길들여진 무력감이 내 안의 장애물이 되어 더 큰 성장을 가로막는다.

이 글을 쓰고 있는 우리도 상당수가 위와 같은 증상을 겪었다. 하지만 더 나아가기 위해 가장 중요한 것은 외부가 아닌 내부의 장애물을 제거하는 일이라는 것을 깨달았다.

만약 당신이 조금이라도 이런 증상을 보인다면, 우리의 이야기를 읽어야 한다고 말하고 싶다. 우리가 어떻게 사업을 시작했고, 어떤 어려움을 겪었고, 그것을 어떻게 극복했는지, 그 과정에서 무엇이 필요한지 말해 주고 싶다.

지식 대신 '자기주도성'을 키우기

이 책은 대한민국에서 사업을 운영하는 여성들의 이야기를 다루고 있다. 우리처럼 사업을 하는 이들에게 도움이 되는 내용을 담고 있지만, 단순히 사업에 관한 지식이나 정보를 담고 있는 책이 아니다. 우리는 지식이나 정보가 아닌 '자기주도성'에 대해 이야기하고 있다.

자녀에게 물고기를 낚아 주기보다는 물고기 낚는 법을 알려 주라는 말이 있다. 〈자기주도적 기업가 육성 과정〉이 지향하는 바와 일치한다고 말하고 싶다. 사업을 성장시키기 위해 정보를 찾아서 알려 주는 것도 좋겠지만, 정보를 탐색하는 방법 자체를 알려 주는 것이 더 낫다고 생각한다.

이 책에는 〈자기주도적 기업가 육성 과정〉에 등장하는 주요 역량과 그것을 사업에 적용한 우리의 이야기가 담겨 있다. 자기주도적 여성기업가로 거듭나기 위해 어떤 심리적·행동적 역량을 갖춰야 하는지를 생생한 사례와 함께 담아냈다. 이 책을 읽고 나면 당신의 사업을 성장시키기 위해 가장 중요한 동력이 무엇인지 알게 될 것이다.

한국에서 여성기업가로 살아간다는 것

사업을 하는 사람들의 창업 스토리를 들어보면, '언젠가는 내 사업을 해보고 싶었기 때문에.' 또는 '멋진 사업 아이디어가 떠올라서.'라는 이야기를 많이 한다. 그런데 여성기업가에게 물어보면 이야기가 조금 다르다. 회사를 계속 다니고 싶었지만, 유리천장 때문에, 경력단절 후 재취업이 어려워서, 아이를 맡길 수 있는 곳이 없어서 등 어쩔 수 없는 선택으로 사업

씽크 빅, 액트 나우!

을 시작하게 되는 경우가 적지 않다. 이 때문에 사업적으로 더 많은 좌충우돌을 겪게 되고, 가정 내에서는 육아와 살림살이로 인한 번아웃을 경험하게 된다.

한국에서 여성기업가로 살아간다는 것은 분명 쉽지 않은 일이다. 하지만, 쉽지 않기에 분명한 장점도 있다고 말하고 싶다. 사업은 고객의 문제를 해결해 주는 것이다. 따라서 혁신적인 사업 아이디어는 시장의 문제를 파악하는 것으로부터 시작된다. 그렇다면 우리가 겪고 있는 문제를 하나의 사업 아이디어로 탈바꿈시켜 보는 것은 어떨까. 여성기업가의 문제를 여성기업가의 장점으로 승화할 수 있지 않을까.

문제점을 포착하고 아이디어를 실현하기 위해 한 걸음씩 나아간 우리의 모습, 그 문제를 자기주도적 혁신으로 풀어낸 여성기업가들의 이야기를 듣고 싶은 당신에게 이 책을 추천한다.

여성기업가의 힘을 보여 주자.

2023년 3월, 글쓴이들

자기주도적 기업가 육성 과정(PI training)이란?

　이 책의 본문은 저자들이 사업을 시작하게 된 계기와 〈자기주도적 기업가 육성 과정〉을 통해 학습한 내용, 그 내용을 사업에 적용한 사례로 이루어져 있다. 그래서 이 책을 읽으시는 분들께 〈자기주도적 기업가 육성 과정〉이 무엇인지 소개하고 싶다.

　〈자기주도적 기업가 육성 과정〉은 독일 루파나 대학과 프레세 그룹이 공동 연구·개발한 교육프로그램이다. 영문명으로는 Personal Initiative Training이며, 줄여서 PI training이라고 부른다.

　2017년 〈사이언스〉지에 게재된 연구에 따르면, 전통적인 창업교육을 받은 기업가보다 PI training을 받은 기업가들이 향후 더 큰 사업적 성과를 이뤘고, 특히 여성기업가들에게 긍정적인 효과가 있다는 것이 확인되었다.

　PI training의 가장 큰 특징은 '지식 전달'을 목적으로 두지 않는다는 것이다. 일방적인 주입식 학습이 아니라, 자기주도적 사고방식을 내면화하도록 유도하는 사고형 학습이다. 그래서 교육 내용의 대부분이 실습과 토론, 발표로 이루어져 있다. 교수자 중심 학습에 익숙해져 있는 한국인이

본 교육과정을 접했을 때, 처음에는 당황스러워하거나, 일부는 끝내 적응하지 못하고 중도 하차하기도 했다. 하지만 과정이 진행될수록 학습자들은 자기주도적 사고방식에 동화되었다.

PI training은 코치보다 학습자가 더 많은 이야기를 해야 한다. 코치가 알려 주는 것이 아니라, 학습자가 찾아내게 한다. 답은 어디에도 없다. 모두 함께 토론하며 더 나은 방식을 만들어 가는 과정이다.

PI training의 주요 내용은 '기회 파악하기 → 목표 세우기 → 계획하기 → 피드백 구하기'의 4단계 사업 성장 사이클을 기본 토대로 하여, 여기에 자기주도성(PI)의 3대 요소인 '능동적 행동', '미래 지향적 사고', '장애물 극복'을 각 사이클에 적용한다.

PI training에서는 주제를 진행하기 전, 매번 체크리스트를 통해 자기 자신을 돌아보게 한다. 그때 많은 학습자가 이렇게 말한다.

"나는 내가 능동적이라고 생각했는데, 생각보다 그렇지 않네요?"

이런 말이 나오는 이유는 '능동성'이라는 말을 오해하고 있기 때문이다. 많은 한국인이 '바쁨'과 '능동성'을 헷갈린다. 바쁘게 하루를 보내고 나면, 내가 능동적인 하루를 보냈다고 착각한다. 바쁜 것과 성실한 것은 능동성과 큰 상관이 없다. 그렇다면 진짜 의미는 무엇일까? PI training의 교재에서는 사업가의 발전을 위해 필요한 주요 역량의 의미를 상세히 설명하고 있다. 이 책에는 PI traininig의 교재에서 발췌한 주요 역량의 의미를 본문 내 각 사례마다 첨부하였다. 본문을 살펴보기 전에, 각 주요 역량의 의미를 간단히 소개하고자 한다.

구분	역량	의미
기회 파악하기	능동성	스스로 무언가를 시작하고 새로운 것을 추구하며, 경쟁자들보다 먼저 한발 앞서 나갈 수 있는 능력. 나의 사업을 차별화하고 새로운 기회를 적극적으로 포착하는 태도.
	창의성과 혁신적 사고	고정관념에서 벗어나 엉뚱하고 새로운 아이디어를 시도하는 능력. 사업에서 혁신 가능한 3가지 분야(제품 및 서비스, 사업과정, 마케팅 및 홍보)에서 기존과 다른 방법을 시도해 보는 능력.
	자기 자본 파악	나의 강점, 관심사, 자원을 정확히 알기. 내게 적합한 사업 아이디어를 찾기 위해 가장 중요한 역량은 나의 능력과 한계를 정확히 아는 것.
목표 세우기	정보출처 탐색	기술적 변화, 사회적 변화, 정책 변화 등을 다양한 정보출처를 통해 수집하고, 시장의 문제점과 니즈를 발견하여, 그 안에서 내 사업을 발전시킬 기회를 포착할 수 있는 능력.
	SMART-PI 목표설정	달성할 수 있는 목표와 그렇지 않은 목표의 차이! 스마트 목표설정의 조건에 부합하게 구체적이고 측정 가능한 목표를 설정하고, PI의 3대 특성인 능동성, 미래지향성, 장애물 극복을 반영한 목표설정 기법.
	미래지향적 사고	1~2년 후의 장기적 관점을 늘 갖기. 내가 하는 사업의 목표와 주변 환경의 변화 등에서 이것이 미래에 어떤 영향을 미칠지 예측하는 것.
계획하기	자금출처 탐색	필요한 자금 규모를 예측하고 활용할 수 있는 다양한 자금출처를 식별하고 평가하는 방법(정부지원사업, 각종 예산 등).
	재정적 부트스트래핑	자금에 대한 외부 의존도를 낮추고, 현재 가용한 자금을 통해 독자적인 사업 운영을 하는 기술.
	사업계획	대충 세운 계획이 무계획보다 낫다. 적어도 가장 중요한 이슈에 대해 미리 계획하는 습관을 들이는 것. 또한, 플랜A가 틀어질 것을 대비하여 플랜B까지 생각할 수 있는 기술.

씽크 빅, 액트 나우!

장애물 극복하기	피드백	피드백은 사업의 성장과 개선을 위해 꼭 필요한 중요 자원. 특히 비판적이고 부정적인 피드백 속에서 나의 사업을 개선할 수 있는 역동을 찾아내는 기술.
	장애물 극복	장기적으로 내 사업의 발전을 가로막는 요소는 무엇이 있는지 찾아보기. 그리고 그것을 극복할 수 있는 창의적인 방법을 찾아보는 생각전환기법. 장애물이 오히려 더 큰 혁신을 만들 기회라는 것을 기억하기.

저자들은 모두 혼자서 사업을 시작했지만, PI training을 통해서 동료가 되었고, 지금도 정기적으로 모여 사업 발전을 위한 토론과 피드백을 반복하고 있다. 이 모임은 '자기주도적여성기업가협회(Personal Initiative Women Entrepreneurs Association, PIWA)'라는 이름의 비영리단체로 발전했다. 그리고 더 많은 여성기업가에게 자기주도적 사고방식을 전하고자 모두의 이야기를 묶어 한 권의 책으로 만들었다.

사업에 관심이 있는, 사업에 어려움을 겪고 있는, 사업을 더 발전시키고 싶은 당신이, 자기주도적 사고방식을 내면화하기를 바란다.

우리의 이야기는 계속될 것이다. PI는 끝날 때까지 끝난 게 아니다.

2023년 4월, PI코치 일동

목차

1장 기회 파악하기

2장 목표 세우기

4장 장애물 극복하기

기회 파악하기

능동성 - 윤지혜

창의성과 혁신적 사고 - 임하율

자기 자본 파악 - 고혜미

스스로 만들어 가는 삶

엔드리스 윤지혜 대표

스스로 만들어 가는 삶

능동성: 행동하는 만큼 성장합니다

당신의 선택과 판단을 믿으세요

세상의 어린이들이 꿈을 이루는 과정을 함께하기 위해 어린이들이 스스로 자신의 성장 과정을 기록할 수 있는 어린이 자기주도성장 노트인 〈키즈 바인더〉와 자기주도성장을 돕는 교육 콘텐츠인 〈키즈 포트폴리오〉를 개발하고 있다.

윤지혜 대표는 늘 자기주도적인 삶을 추구해 왔다. 조직 생활 중에도 개인의 '경력 발전' 분야에 집중해 주도적으로 개인의 경력을 개발하는 '프로티언 경력태도'를 주제로 석사 논문을 썼으며, 2019년에는 어린이들이 자기주도적으로 성장할 수 있도록 돕는 어린이 기록장 브랜드 〈키즈 바인더〉를 런칭했다.

이어 2020년에는 초등학생들에게 리더십을 코칭하는 〈초등 셀프 리더십〉 코치 자격을 취득하였으며, 이듬해에는 독일 뤼네부르크 로이파나 대학교(Leuphana University)에서 인증하는 〈자기주도적 기업가 육성 트레이닝〉 전문코치 자격을 취득하여 여성기업가를 대상으로 PI 트레이닝을 진행하고 있다.

저자는 두 딸 아이의 엄마로서 누구보다 깊은 사명감을 가지고 스스로가 브랜드가 되는 이 시대에서는 '주도적으로 성장을 추구'하는 것이 답이라고 여기며, 오늘도 능동적으로 자신의 삶을 개척해 가고 있다.

사랑하는 우리 아이들이 자기주도적인 삶을 살도록 도울 순 없을까? 〈키즈 바인더〉는 우리 아이들이 스스로 자기 삶의 주인공이 되어 꿈을 찾아가는 여정을 돕기 위해 시작되었다. 꿈을 이루기 위해 스스로 질문을 던지며, 답을 찾아가는 여정의 시작은 '기록'이다.

기록은 소중한 경험과 생각을 담고 꿈을 실행하게 하는 강력한 힘이 있다. 키즈바인더는 다양한 기록장을 출시하여 우리 아이들이 기록을 통해 꿈을 향해 성장할 수 있도록 돕고 있다.

• 윤지혜 대표 블로그 blog.naver.com/sophia_endless
• 윤지혜 대표 인스타그램 sophia.endless
• 키즈바인더 홈페이지 www.kidsbinder.co.kr
• 키즈바인더 인스타그램 kidsbinder

꿈을 향해 가는 길

사랑하는 우리 아이들이
자기 주도적인 삶을 살도록 도울 순 없을까?

키즈바인더는 사랑하는 우리 아이들이
스스로 삶의 주인공이 되어 꿈을 찾아가는
여정을 돕기 위해 시작되었습니다.

꿈을 이루기 위해 스스로 질문을 던지며,
나만의 답을 찾아가는 여정,
그 시작은 바로 기록입니다.

기록은 소중한 경험과 생각을 담고
꿈을 실행하게 하는 강력한 힘이 있습니다.

우리 아이들이 기록으로
꿈을 향해 성장 할 수 있도록,
그 시작을 키즈바인더가 함께합니다.

'아이들의 꿈, 그 시작은 기록입니다'

MY DREAM

KiDS BiNDeR

스스로 만들어 가는 삶

"내 인생을 내가 설계할 수 있고,
내가 원하는 인생을 내가 살아갈 수 있다."

- 김형석 -

결핍, 나를 행동하게 하는 힘

사람에게는 모두 자기만의 이야기가 있다. 생김새가 다르듯 삶의 이야기들도 제각각이다. 지금의 나는 다름 아닌 내가 '스스로 선택하고 결정 내린' 결과물이다. 그리고 이러한 나의 선택은 온전히 나의 성장배경과 경험에 의한 것이리라.

지나온 시간을 돌아보면, 사실 나는 부족한 게 많은 사람이었다. 어제보다 조금 더 나은 삶을 살길 바라는 마음으로, 나의 부족함을 채우기 위한 다짐으로 열심히 살아왔다. 내가 지닌 '결핍'은 나를 성장으로 이끄는 가장 큰 원동력이 되어 주었다.

어릴 적 나는 성실한 부모님을 보며 자랐다. 열심히 아끼시고, 모으신 우리 부모님은 엄마 나이 서른에 엄마의 친구들 중에서 가장 먼저 내 집을 마련하셨다고 한다. 양가의 도움 없이 시작하셨던 터라 아이들이 커가는 모습도 제대로 못 보고 밤낮으로 열심히 노력한 보상이었다. 그러나 순수했던 나의 부모님은 가까운 친척의 잘못된 투자 권유로 그간의 노력과 고통이 담긴 소중한 재산을 한순간에 모두 잃었다.

누구나 살면서 지독한 삶의 아이러니를 겪는 법. 나와 오빠는 우리 가족을 곤경으로 몰아넣은 친척에게 보내졌다. 가족이 뿔뿔이 흩어지게 된 것에 대해 나는 부모님이 원망스럽기보단 안쓰럽기만 했다. 그 시절, 내가 깨달은 '돈'의 의미는 '돈'이 없으면 사랑하는 가족과 떨어져 살 수도 있다는 것이었다. 2년 후 우리 가족은 다시 같이 살 수 있었다. 함께 살 수 있는 것만으로도 너무 감사했다.

부모님은 가난에서 벗어나려고 정말 많은 노력을 하셨다. 매일 쉬지 않고 일을 하셨으며, 돈을 한 푼도 허투루 쓰지 않으셨다. 그런 부모님을 보고 자랐으니, 나도 또래보다 성숙하고 성실하며, 검약하는 습관을 가지게 된 건 너무도 당연한 일이었다.

어느덧 청소년이 된 나에게 세간의 통과의례라는 '사춘기의 방황'은 사치였다. 그럴 마음의 여유도 없이 나는 모든 것을 스스로 해야만 했다. 부모님은 우리를 신경 쓸 여력이 없으셨다. 나는 빨리 돈을 벌어야겠다고 마음먹었다. 대학 진학 대신 취업을 선택한 것도 나의 뜻이었다.

그렇게 사회에 나오니 다른 세상에 살고 있는 사람들이 보였다. 유복한 가정 환경에서 좋은 교육을 받고 성장한 사람들, 대화만 해 봐도 알 수 있다. 내가 가진 결핍이 도드라져 보이던 순간이었다. 나는 고민했다. 나와 다른 환경의 사람들을 보며 나 자신과 비교하고, 그들을 부러워하며 살 것인지 아니면 지금까지 살아온 환경에서 벗어나 나 스스로를 새롭게 만들며 살아갈 것인지, 나는 후자 바로 '성장과 변화'를 선택했다.

변화는 자신의 부족함을 아는 것으로부터 시작한다. 나는 내가 지닌 결핍을 정확하게 인지하고 있었다. 불편함과 고통 속에서 '성장'이 이루어짐을 알고 있었지만, 나는 지금보다 '더 나은 나'로 변화하고 싶었다. 능동적인 삶이란 지금까지와는 완전히 다른 삶을 추구하는 것이다.

나는 '배움과 경험'에는 돈을 아끼지 않았다. 특별한 재주가 없던 나는 나의 가치를 올리기 위해 나에게 투자를 아끼지 않았다. 회사를 다니면서 야간으로 대학을 졸업하고, 대학원도 졸업했다. 끊임없이 자기계발을 하고, 경력과 관련한 자격증을 취득했다. 그렇게 열심히 모은 돈으로 학비 내고, 여행 다니고, 하고 싶은 걸 다 하고 살았는데도 결혼 전에 나보다 더 돈을 모은 사람을 여태껏 본 적이 없다. 이 모든 것이 가능했던 것은 '배움과 경험' 외에는 불필요한 지출을 최소화했기 때문이다. 비빌 언덕 없는 내게 배움과 경험은 남에게 빼앗기지 않을 수 있는 온전한 나만의 것이었다.

물론 쉽지만은 않은 생활이었다. 일과 학업, 두 마리 토끼를 잡는 게 어려웠다. 나는 20대 초반이었고, 놀고 싶고, 하고 싶은 것도 많았다. 졸업

즈음에 웹 사이트를 제작하는 학교 과제가 있었는데 이때 동기와 함께 이번 기회를 계기로 쇼핑몰을 시작하려고 준비까지 했었다. 그러나 결국 하지 않았다. 왜냐고? 실패가 두려웠기 때문이다. 만일 실패한다면 지금까지 번 돈을 모두 날리고 처음부터 다시 시작해야 한다는 생각에 도전하지 못했다. 나는 그렇게 늘 스스로를 책임지며, '선택과 집중'을 해야만 했다.

결핍은 진정 나의 힘이다. 돌아보면 결핍이 나를 이렇게 성장하게 만들었구나 싶으면서도 한편으로는 '왜 나는 부족함을 채우기 위해 이리도 열심히 노력했을까' 하는 생각도 든다. 그러나 내가 이루고 싶은 것들에 주도적으로 도전해 왔기 때문에 후회할 일이 별로 없다는 장점도 있다. 지금까지 겪은 어려움들이 나의 성장을 촉진하는 원동력이 되어 왔다. 이런 점에서 돌이켜 보면 현재 진행하고 있는 나의 사업과 비전은 그간 공들인 모든 나의 노력과 시간으로부터 연결되어 있다. 세상의 모든 아이들이 주도적으로 자신의 삶을 살기를 바라는 마음과 맞닿아 있다.

출산과 육아, 진짜 나를 만나는 시간

결혼과 출산 후 아이를 잘 키우고 싶은 마음에 책을 열심히 읽었다. 독서는 나를 불편한 진실과 대면하게 했다. 육아 서적 대부분이 심리학에 기반을 두고 있기 때문에 지금의 내가 왜 지금의 모습으로 성장할 수밖에 없었는지 그 까닭을 알 수 있게 된다.

나는 아이를 키우며 비로소 나의 본모습을 만나게 되었다. 아이를 바라

씽크 빅, 액트 나우!

보며 나는 아직 치유되지 못한 '내면의 아이'가 울고 있음을 발견했다. 육아를 하다 보면 어떤 상황에서 특히 더 힘들고, 참을 수 없는 순간들을 마주하게 되는데, 대부분 그런 상황은 과거의 내가 부모로부터 충분한 사랑과 관심, 이해를 충분히 받지 못했기 때문이라고 육아서에서 말한다. 우리의 부모세대야 이런 육아서도 부족하고, 또 있었다 한들 책 한 권 볼 여유조차 없었지만, 지금의 나는 다른 상황이니 노력해야만 했다. 나 스스로를 돌보고, 안아 주고, 인정해 주면서 아이가 내 품에서 충분히 안정감을 느낄 수 있도록 사랑을 주며 아이와 함께 성장해야 했다.

그런데 책은 또 한 번 나를 불편하게 했다. 아이를 낳으면 자연스럽게 정치, 사회, 경제에 대해 관심이 생긴다. 우리 아이가 살아갈 세상을 생각하면서, 이전에는 별로 관심이 없었던 것들이 새롭게 다가온다. 육아서에서 시작해서 다양한 분야의 책을 구입해서 읽었다. 다양한 책을 읽고, EBS의 〈자본주의〉라는 다큐멘터리를 보며 내가 살고 있는 사회의 룰(규칙)을 충분히 이해하지 못한 채 사회에 뛰어들었다는 것을 깨닫게 되었다. 부모님이 살아오셨던 삶과는 다르게 살겠다고 쉼 없이 달려왔는데, 나 또한 그저 앞만 보고 성실하게 열심히 살아온 것에 불과했다. 열심히 일하는 건 당연하다. 그건 기본이다. 그런데 나는 내가 '일을 하지 않으면 안 되는 삶'을 단단히 구축하며 살아온 것이다. 자본주의에서는 왜 하루 종일 일하는 회사원보다 사장이 돈을 더 많이 버는지, 왜 은행에 돈을 맡기는 사람보다 집, 토지, 부동산이나 주식을 소유한 사람이 더 부자가 되는지를 알려고 노력도 하지 않은 채 말이다.

계속해서 혼란스러운 생각이 들었다. 예전에는 열심히 일해서 돈을 벌고, 학교를 졸업하고, 좋은 직장을 찾아서 결혼하고, 또 열심히 살아가는 것이 내가 지켜야 할 정답인 줄 알았다. 내 인생의 열쇠를 내가 쥐고 있다는 것이 자랑스러웠다. 그러나 이제까지 살아온 내 삶이 진짜 나를 위한 것이었는지, 아니면 사회에서 정해 놓은 것들을 따르면서 남에게 잘 보이기 위해 노력한 것인지 혼란스러웠다. 세상의 법칙을 모르면서, 단순히 열심히 일만 하면서 부를 쌓으려고 했다. 주식은 절대 하면 안 되는 거고, 부동산 투자는 부자만 할 수 있는 것이라 스스로 제단하며 관심을 두지 않았다.

다시 과거를 돌아보는 시간을 가졌다. 20대 초반, 인터넷 쇼핑몰이 하나둘 생기던 시절, 패션에 대한 관심이 많았던 나는 학교 동기와 함께 사업을 계획했다. 성실한 열정으로 주변으로부터 많은 인정을 받았다. 웹사이트도 만들었다. 상품 하나만 제대로 올리기만 했어도 출발할 수 있었을 텐데, 나는 두려움에 사로잡혔다. 당장 좋은 직장에서 월급도 잘 받고 있는데, 괜히 망하면 어떡하나, 지금까지 모은 것을 다 날리지는 않을까봐 불안했다. 얼마 가지고 있지 않은 것들을 잃을까 봐 두려웠다. 내 뒤엔 든든한 버팀목이 없었다. 오롯이 스스로 감당해야만 했다. 결국, 도전하지 못했다. 늘 그때의 내 모습을 회상하면 늘 안타까움이 앞선다.

나는 왜 하고 싶은 것을 하지 못했을까? 생각에 생각을 거듭했다. 내 결핍이 나를 움직이게 하고 성장시킨 것은 사실이다. 그러나 그것이 실제로 내가 원했던 것인지에 대한 의문이 들었다. 보다 나은 삶을 원했던 바람

씽크 빅, 액트 나우!

은, 어쩌면 사회에서 정해 놓은 길을 따라가다 보면 언젠가 나도 성공할 수 있지 않을까였다. 그러나 현실은 달랐다. 나는 내가 잘하고, 좋아하는 일에 도전해야만 했었다. 과거를 후회하거나 부정할 필요는 없다. 다양한 경험으로 나는 성장해 왔으니 말이다.

그러나 내 아이에게는 다른 선택을 할 기회를 주고 싶다. 아이가 자신의 잠재력을 발견하고, 스스로 선택한 삶을 살아갈 수 있기를 바란다. 그래서 나는 다시 한번 변화를 꿈꿨다. 부모의 재정적인 부(富)만 대물림되는 것이 아니라, 삶에 대한 가치관이나 부(富)를 바라보는 사고방식도 함께 전해지기 때문이다.

창업, 내가 만들어 가는 인생

나는 이젠 나 자신에게 집중하며, 수동적인 소비자가 아니라 능동적인 생산자로 거듭나 부자가 되고 싶었다. 책에서는 자본주의 사회에서 부를 축적하기 위해서는 '사업'과 '투자'가 필수라고 강조한다. 나는 사업을 책으로 배웠다. 책을 읽으면 읽을수록 사업을 하지 않을 이유를 찾기 어려웠다. 19세 때부터 직장생활을 하고도 왜 아직 부자가 아닌지 깨달았고, 그 깨달음은 창업으로 연결되었다.

그러나 뭐부터 시작해야 할지 좀처럼 감이 잡히지 않았다. 그래서 책을 읽고, 다양한 강의를 듣기 시작했다. 창업, 블로그, 스마트 스토어, 부동산 투자 등 다양한 분야의 강의를 들으며 창업 아이디어를 찾고자 했다.

나는 사업 아이템을 발견한 뒤에 사업을 시작한 게 아니라 생산자의 삶을 살겠다고 결심한 후 사업의 기회를 찾았기 때문에 나의 창업 아이템을 발견하기까지의 시간이 꽤 오래 걸렸다. 이렇게 계속해서 시간만 낭비하고 있는 것은 아닌가, 이 일을 왜 해야 하는 걸까, 무슨 부귀영화를 위해서 이러는 걸까라는 의문도 들었다. 때로는 좌절하는 순간도 있었다.

그럼에도 불구하고, 나의 능동적인 성향은 계속해서 기회를 찾아 도전하는 것을 멈출 수 없게 했다. 강의를 듣는 것 외에도, 부동산 투자를 시도하고, 직접 사업을 해 보았다. 그중에서도, 20대 때 외국에서의 셰어하우스 경험을 살려 셰어하우스 임대 사업을 시작하기로 했다.

세상에 쓸모없는 경험이란 없다. 셰어하우스를 홍보할 때 그동안 배운 블로그, 네이버 플레이스, 카카오톡 등의 소셜미디어를 활용하여 대학생이나 직장인들에게 방을 임대하고 수익을 창출했다. 모든 것이 신기하게 느껴지는 가운데, 어렵게 느껴졌던 일들도 시도하면 누구나 할 수 있는 것임을 깨닫게 되었다. 2년 동안 창업을 준비하며, 남들에게는 여전히 출발선에 서 있는 것처럼 보였지만, 나는 나만의 속도대로 소비자의 삶에서 생산자의 삶으로 차근차근 변화하고 있었다.

그렇게 창업을 결심하고, 다양한 강의를 무작위로 들으러 다녔다. 위탁 판매, 스마트 스토어, 키워드, 블로그, 사진 강의 등에 고가의 수업료와 시간을 지불했다. 하지만 강의에서 소위 돈 버는 법이라고 알려 주는 것들이 매력적이지 않았다. 이미 잘하고 있는 사람들이 너무 많은 시장에서 다른 사람들과 똑같은 물건을 팔기 위해 시간과 에너지를 투자하고 싶지 않았다. 나 또한 강의를 듣고, 깊이 생각하고 이해하기보다는 단순히 정보를 축적하기만 했다. 결국, 나는 무엇을 해야 할지 막막한 상황에 처해 있었다.

창업 아이템, 내 안에서 찾다

나는 일상에서 불편함을 느끼고 그것을 해결하기 위한 아이디어를 기록하고, 주변 엄마들과 공유하며 블로그에도 템플릿을 공유했다. 하지만 나는 내가 새로운 제품을 만들 수 있을 거라고 감히 생각하지 못했다. 제작은 공장이 소유하거나 그만한 자본이 있는 사람들만 가능한 영역이라고 생각했기 때문이다. 그간 들었던 스마트 스토어 강의도 고정관념 형성에 단단히 한몫했다. 대부분 위탁 판매에 대한 것이라 더욱 그랬다. 이런 생각이 나의 창업 의지를 억누르기도 했지만, 시간이 흐르면서 나는 이전의 깨달음을 다시금 되새기며, 끊임없이 도전하고자 하는 욕구를 다시 불러일으키게 되었다.

나는 더 이상 창업을 지체하고 싶지 않았다. 경기도 새일센터에서 열리는 창업 강의를 신청하였고, 운 좋게도 선발되어 수강할 수 있게 되었다. 이번에는 무조건 창업으로 연결되게 하리라고 다짐했다. 강의장에는 매니저님이 계셨는데, 반장을 할 사람이 필요하다고 부탁하셨을 때 내가 손을 들었다. 그만큼 간절했다. 나의 모든 안팎을 무조건 할 수밖에 없는 환경으로 만들어야 했다. 그래서 진지하게 내 안의 목소리를 듣는 데 귀 기울렸다. 나의 관심사와 장점 등을 파악하고, 지금 당장 시작할 수 있는 쉬운 일들을 적어 봤다.

나는 내 경험을 바탕으로 나의 관심사와 강점이 무엇이 있는지 하나하나 고민해 보았다. 나는 아이들이 주변의 기대나 시선에 맞추어 살아가는 것이 아니라, 스스로 삶을 살아나가길 원했다. 일찍부터 사회생활을 하면서 내가 직접 경험한 어려움들은 아이들 스스로가 왜 공부를 해야 하는지, 또 어떻게 하면 잘할 수 있는지 스스로 성장할 수 있도록 도움을 줄 수 있을 것 같다는 생각이 들었다.

'아이들을 위해 나는 어떻게 도움을 줄 수 있을까?'

나는 고민 끝에 '기록'이라는 해결책을 찾았다. 기록은 강력한 힘이 있어 기록하는 순간 무의식에 새롭게 자리 잡아 행동으로 연결하게 만든다. 그래서 나는 기록하고, 마음먹은 대부분을 이루었다. 실제로 내가 10년 가까이 근무한 회사에서 성공한 분들을 최측근에서 지켜보며 느낀 점은 성공한 이들은 늘 기록을 생활화한다는 것이었다. 또한 '기록'은 이미 다수의 성공학 도서에서 성공의 필수 요소 중 하나로 언급하는 핵심이기도 하다. 나 역시 무엇보다 기록을 소중히 해 왔다. 이러한 고민 속에서 〈키즈 바인더〉라는 브랜드가 탄생하게 되었다.

생각해 보면, 창업을 하기까지 가장 중요한 사업가의 역량은 '열정'과 '능동성'이 아닐까 싶다. 역경이 올 때마다 좌절하지 않고 더 나은 삶을 향

씽크 빅, 액트 나우!

해 나아갈 수 있게 해 준 것도 내 안의 능동성이었고, 그런 나의 특성은 창업 과정에서 고스란히 반영되었다.

그런데 능동성의 중요성에 대해 이야기하면, 혹자들은 '바쁜' 것과 '능동적인' 것의 차이를 헷갈려 한다. 실속 없이 바쁘기만 한 것은 결코 능동적인 것이 아니다. 사업가에게 중요한 '능동성'이란 과연 어떤 의미를 지니고 있을까? 다음 장에는 성공하는 사업을 위해 필수적인 '능동성'에 대해 살펴본다.

능동성
Self-starting

　자기주도적 기업가가 되기 위한 첫 번째 단계는 능동적으로 행동하는 것이다. 사람들은 '능동성'이라는 말을 흔하게 이야기하지만, 그 정확한 의미를 알고 있는 사람은 많지 않다. 능동적인 태도와 수동적인 태도의 차이점을 살펴보며, 자신의 현재 상태는 어디에 해당하는지 생각해 보자.

　능동적 태도를 보이는 사람들은 스스로 뭔가를 시작한다. 주변 환경과 어려운 상황을 직접 변화시키며, 경쟁자들을 앞서 나가 먼저 행동한다. 또한, 적극적으로 새로운 아이디어를 찾고 실행하며, 새로운 방법을 시도한다. 하지만 수동적 태도를 보이는 사람은 대응해야 하는 상황이 올 때까지 그저 기다린다. 불평을 늘어놓으며 상황이 나아지기만을 기다린다. 경쟁자가 먼저 행동하기만 기다리며, 오래된 습관을 고집하여 자신의 아이디어를 그저 하나의 '이상'으로만 내버려 둔다.

씽크 빅, 액트 나우!

처음 사업을 시작하는 사람들은 대개 능동적인 태도를 취하기 위해 노력한다. 새로운 아이디어를 찾고 빠르게 정보를 얻으려 한다. 하지만, 시간이 조금만 지나도 기존에 하던 방식에서 벗어나지 않으려 한다는 것을 알 수 있다.

2019년에 시작된 코로나19 바이러스 확산 사태를 떠올려 보면 쉽게 알 수 있다. 환경이 변화하고 어려움이 시작되자, 재빠르게 새로운 것을 시도하는 사람들은 살아남았고, 불평하며 상황이 나아지기를 바랐던 사람들은 결국 위기를 극복하지 못했다.

사업 성공을 이끌어 내기 위해 능동성은 선택이 아닌 필수이다. 그렇다면 사업을 하는 사람들은 구체적으로 어떤 태도를 취해야 할까?

첫째, 차별화!
능동적인 사업가는 경쟁자들로부터 본인의 사업을 차별화한다.
수동적인 사업가는 경쟁자들과 동일한 제품/서비스를 제공한다.

당신의 사업 아이디어 중에서 경쟁자와 차별화된 제품/서비스는 몇 가지인가? 혹시 어디선가 봤었던 제품/서비스만 가득한 것은 아닌가? 내 사업 아이디어를 차별화하기 위해 무엇을 더 추가해야 하는가? 무엇을 변화시켜야 하는가? 끊임없이 연구해야 한다.

둘째, 마케팅!
능동적인 사업가는 다양한 방법으로 홍보를 시도한다.
수동적인 사업가는 항상 같은 홍보 수단을 활용한다.

당신은 사업을 위해 어떤 홍보 수단을 활용하고 있는가? 얼마나 다양한 마케팅/광고 채널을 활용하고 있는가? 혹시 오로지 하나의 수단만을 고집하고 있는 것은 아닌가? 현대 사회는 수많은 마케팅 채널의 활용이 가능하다. 그중 몇 가지의 채널을 활용하고 있는가는 내 사업의 확장 가능성과 연결되는 부분이다.

셋째, 정보!
능동적인 사업가는 적극적으로 필요한 정보를 구한다.
수동적인 사업가는 다른 사람이 정보를 줄 때까지 기다린다.

당신은 사업을 위한 새로운 정보와 아이디어를 어디에서 구하고 있는가? 사업을 하는 사람에게 정보는 가장 중요한 자원 중 하나이다. 양질의 정보를 획득하기 위해 당신은 얼마나 능동적으로 행동하고 있는가?

넷째, 배움/학습!
능동적인 사업가는 새로운 것을 배울 수 있는 기회를 적극적으로 포착한다.
수동적인 사업가는 적극적인 사업지식 확장을 게을리한다.

당신은 사업의 발전을 위해 얼마나 다양한 학습을 하고 있는가? 한 주에 몇 권의 책을 읽고 있는가? 최근 한 달 동안 교육을 수강한 적이 있는가? 학습을 위한 다양한 기회를 찾아보고 있는가? 이제는 평생교육의 시대가 도래했다. 어린 시절에 학습한 것으로 평생을 살아갈 수 있는 시대는 끝났다. 더욱이 새로운 일을 하기 위해서는 쉼 없이 배우는 것이 중요하다.

씽크 빅, 액트 나우!

당신이 능동적인 태도를 유지한다면, 사업 성공에 한 발짝 가까워지게 될 것이다. 하지만, 수동적인 태도를 유지한다면 사업 실패로 이어질 수밖에 없다. 하지만 능동적인 태도를 끊임없이 유지하기는 쉽지 않다. 더 많은 노력을 수반하기 때문이다.

능동적인 태도를 취한다는 것은 추가적인 에너지를 소모해야 한다는 뜻이기도 하다. 또한, 새로운 것을 시도하는 과정에서 불확실성과 장애물을 직면하게 되기 때문에 어느 정도의 리스크를 감수해야 한다. 그리고 장애물을 마주하는 상황에서도 포기하지 않는 끈기가 있어야 한다.

물론, 힘든 일이다. 체력적으로나 감정적으로 많은 에너지가 소모될 것이다. 하지만 한 가지만 기억하기를 바란다. 성공한 사업가들은 더 많은 에너지를 소모하면서도 능동적인 태도를 유지했다는 것이다.

당신의 사업은 어떠한가? 지금의 상태에서 '조금 더' 능동적인 태도를 갖추기 위해 무엇을 할 수 있는가?

능동성:
행동하는 만큼 성장합니다

바람이 불지 않을 때
바람개비를 돌리는 방법은
앞으로 달려 나가는 것이다.

- 데일 카네기 -

키즈 바인더의 탄생, 머릿속 아이디어를 현실로 만들다

큰아이가 유치원에 다닐 때 책을 읽고 독서 노트에 기록하는 것을 좋아
했다. 6~7세이고 글을 쓰는 것은 어려워서 제목이나 주인공의 이름을 적
거나, 기억에 남는 장면을 그림으로 표현했다. 내가 만들어 준 독서 노트
로 아이는 하루도 빠지지 않고, 즐겁게 기록했다. 신기했다. 꾸준히 자리
잡힌 기록 습관은 훗날 아이에게 분명히 도움이 되리라. 책 내용을 더 오
래 기억할 수 있을 뿐만 아니라, 글쓰기와 읽기 능력도 향상시킬 수 있고,
독서를 통해 다양한 선택지 안에서 더 나은 선택을 할 수 있는 능력까지
갖추게 될 수 있다.

씽크 빅, 액트 나우!

당시 나는 소위 '엄마표' 영어와 교육에 몰두해, 아이들을 위한 독서 기록 형식인 템플릿을 직접 만들었다. 아이들이 자유롭게 생각을 표현할 수 있는 간단한 형식으로 블로그에 업로드하고, 다운로드도 가능하게끔 했다. 이렇게 제작한 독서기록장은 단기간 내에 천 명 이상의 조회수를 기록했다. 그때 블로그 강의에서 천 명 이상의 조회수는 유의미한 수치라고 배웠던 기억이 났다. 이 아이템으로 사업을 해도 괜찮겠다는 생각이 들었다.

'그래, 아이들이 쉽게 기록할 수 있는 독서기록장부터 시작하자!'

여러 번의 검증 과정을 거친 후에 기록과 자기주도성장을 연결시킨 '어린이 자기주도 기록장 시리즈' 〈키즈 바인더〉를 출시하였다.

사업 아이디어를 찾고 싶은데 좀처럼 떠오르지 않을 때, 가장 먼저 '나'로부터 시작해 보자. 내가 잘하는 것은 무엇인지, 요즘 관심을 가지고 있는 것은 무엇인지, 내가 가진 자원은 무엇인지, 나만이 가진 차별성은 무엇인지, 최근에 불편하다고 느낀 것들은 무엇이었는지 생각하고 기록하다 보면 할 수 있는 게 꽤 많이 있다는 것을 알게 될 것이다. 누구나 한 번쯤은 이런 생각을 해 본 적 있을 것이다.

'아, 나도 이런 거 만들려고 했는데.'

'어? 이거 나도 생각했었는데.'

내가 생각만 하던 아이디어가 현실로 나오면 놀랍기 마련이다. 지금 우리가 사용하고 있는 모든 것들은 누군가의 머릿속에서 시작된 아이디어가 실현된 결과물이다. 중요한 것은 그 아이디어를 실제로 실행해 옮겼느냐 아니냐의 차이인 것. 그저 생각으로만 두면 아이디어는 그저 머릿속에서 끝나게 된다. 따라서 능동적인 실행력을 가지고 일을 추진할 수 있는

지가 사업의 성패를 좌우하는 가장 중요한 요소라 할 수 있다.

키즈바인더의 로고와 제품

차별성, 경쟁자와 다르게 하기!

나는 디자이너도 아니었고, 인쇄에 대해서도 전혀 몰랐다. 하지만 일단 시작하니 방법을 찾게 되었다. 친구 동생에게 부탁해 노트를 디자인했고, 을지로, 일산, 파주 등으로 나와 맞는 인쇄소를 찾아 뛰어다녔다. 우리가 시중에서 쉽게 구할 수 있는 저렴한 노트는 몇만 권 단위로 생산되어 전국으로 납품되기 때문에 소비자가가 저렴할 수 있지만 나는 그렇지 않았다. 대기업과는 금액으로 경쟁할 수가 없었다. 소비자는 이 기업이 창업 기업인지 아닌지 관심이 없다. 오로지 제품만으로 판단한다. 제품으로 승

씽크 빅, 액트 나우!

부를 봐야 했다.

디자인만 예쁜 노트가 아니라 아이들이 쉽게 기록 습관을 가질 수 있도록 하는 게 최우선이었기 때문에 관련된 책과 논문을 읽고, 대략적인 템플릿을 완성했다. 아이를 키우는 엄마이다 보니 우리 아이에게 즉각 테스트를 해 볼 수 있었다. 스티커 붙여 보며 아이가 즐겁게 기록을 시작할 수 있도록 동기부여 해 주고, 노트의 스토리를 완성할 수 있도록 디자인했다. 그 후에 유치원부터 초등학생 자녀를 둔 엄마들 20~30명에게 직접 보여 주며 의견을 물었고, 그들의 자녀들이 사용해 볼 수 있도록 샘플을 전했다. 그중에는 '요즘 누가 이런 거 누가 쓰냐?'며 쓴소리를 한 사람도 있었다. 상처도 받았지만, 고객층을 좀 더 명징하게 타게팅할 수 있는 좋은 피드백으로 받아들였다.

이후 나는 내가 만든 기록장이 실제로 초등학생 친구들에게 유용하게 쓰일 수 있는지 초등학교 선생님들을 찾아가 기획안을 보여 드리고, 피드백을 받아 거듭 수정했다. 수정한 샘플 노트를 만들어 사업적으로도 괜찮은 아이템인지 확인받기 위해 〈아이디어 톡톡〉을 신청했다. 〈아이디어 톡톡〉은 소상공인시장진흥공단의 생활 혁신형 창업 지원사업으로, 향후 성장 가능성이 큰 국내외 창업 아이디어를 지원해 준다. 이를 통해 우수 아이디어 기업으로 선정되어 창업 초기 자금 2천만 원을 받아 제품을 제작할 수 있었다. 처음엔 제작 비용만 필요할 줄 알았는데 디자인 비용, 지적 재산권(상표권, 디자인 등록증) 등록 비용, 안전인증 비용, 포장 비용, 각종 수수료 등 모든 게 다 돈이었다.

그 당시 사무실도 없었고, 내가 감당할 수 있는 재고는 우리 집 3평 남짓 작은 방 하나였다. 종류를 다양하게 하고 싶어도 할 수가 없었다. 포기하고 싶을 때 나의 손을 잡아 준 인쇄소를 만났다. 나는 사장님께 현재보다는 미래를 봐달라며 지금보다 더욱 성장해서 도움이 되는 거래처가 되겠다고 어필했다. 처음 몇천 권의 노트가 아파트에 도착했을 때, 이걸 다 어떻게 팔아야 하나 걱정이 되었다. 계속 집에서 할 수 있을지, 이 정도를 팔면서 사업이라고 할 수 있을지 끝없는 고민이 계속되었다.

공간이 주는 힘, 사업을 본격적으로 시작하다

당장 사업과 가정을 분리해야만 했다. 집에서 사업도 아이도 돌보는 것은 생각보다 쉽지 않았다. 나는 경기도일자리재단의 1인 창조기업에 입주를 시작으로 이후 창업보육센터에 입주할 수 있게 되었다. K-Start up이나 각 시/도의 창업 지원 사이트에 방문하면 창업가들을 위해 공간을 저렴하게 임대해 주는 입주 모집 공고를 확인할 수 있다. 입주를 위해서는 사업계획서를 제출하고, 프레젠테이션을 통해 사업의 발전 가능성을 보여주어 선정되어야 한다. 제조업을 주업종으로 하는 나는 집에서 일하다가 10평 정도의 사무 공간으로 이사한 후, 더 많은 제품을 생산할 수 있게 되었고, 그 후에 더 큰 사무실로 이사하면서 공간만큼 사업이 성장하는 경험을 하게 되었다.

정부에서 지원해 주는 창업 센터에 입주하면 좋은 점은 사업화 지원금을 받을 수 있고, 다양한 업종에 종사하는 대표님들과 교류를 하며 정보를 공유할 수 있다. 또한, 정부의 다양한 지원사업에 대한 이해 폭이 넓어져서 사업 운영에 필요한 지원을 받을 수 있다. 그러므로 나와 같이 자본이 충분하지 않아도 내 사업이 가진 혁신성과 명확한 계획, 행동으로 옮길 의지만 있다면 무자본 창업도 가능하다.

능동적으로 사업하는 법, PI(Personal Initiative: 자기주도성)

다른 회사와 차별화된 아이디어, 독특한 홍보 전략, 그리고 우리 기업만의 브랜드 컬러를 내기 위한 배움과 학습과 같은 능동적인 행동들이 사업 성공을 이끌어 내는 데에 큰 도움이 된다. 아래의 전략을 참고하면 당신도 '행동하는 사업가'로의 한 발을 성큼 내딛을 수 있을 것이다.

첫째, 큰 그림을 그려 보는 것이 중요하다. 사업을 통해 궁극적으로 원하는 것은 무엇인지, 원하는 모습은 어떤 모습인지 그린다. 큰 그림을 그리면 실패하더라도 다시 일어설 수 있는 힘을 주는 역할을 한다. 나는 사업을 하면서 아이들에게 내 일을 멋지게 해내는 엄마의 모습을 보여주고 싶었다. 그리고 나는 사업으로 성공하면 그 성공담을 다른 사람에게 전하며 도움을 주고 싶었다. 나도 했으니 누구든 할 수 있다고 용기를 주고 싶었다. 그러나 이제 막 창업을 시작하는 사람들은 이미 성공한 사람보다는 자기보다 조금 앞서간 나에게 이야기를 듣기를 원했다. 그래서 나 스스로도 지속적으로 자기주도적 여성기업가로 성장하고, 또한 여성기업가들이 자기주도적으로 성장할 수 있도록 돕기 위해 '자기주도적 기업가 육성 코치'가 될 수 있었다.

둘째, 명확한 목표를 세운다. 무턱대고 능동적으로 행동할 수는 없다. 내가 달성하고자 하는 목표가 무엇인지 구체적으로 작성해 본다. 뒤에 스마트 목표 파트에서 더 자세히 나오겠지만 SMART-PI 목표 기법을 활용하여 목표를 세우는 것을 추천한다. 목표를 세우면 목표에 따른 세부 플랜을 수립하고, 월별/주별/일별로 분류하여 업무를 진행한다. 디지털 플래너와 실제 플래너를 함께 사용하면 좋다.

셋째, 정부지원사업을 활용한다. 창업을 시작한 지 얼마 지나지 않았을 때 특히 유용하다. 당장 뭐부터 시작해야 할지 모르겠다면 내 사업에 활용할 수 있는 정부지원사업이 무엇인지 각 시도에서 운영하는 창업 유관 사이트에 들어가 파악해 본다. 정부지원사업은 기한이 있기 때문에 그 안에 반드시 결과물을 내야 한다. 비용을 아낄 수 있는 점도 큰 장점이다. 그러나 정부지원사업에만 매달리다 보면 정작 수익을 창출하는 일에는 게을러질 수 있으니 잘 판단해야 한다.

넷째, 저비용 고효율 마케팅을 활용한다. 창업 초기 마케팅 비용 중 마케팅 비용이 가장 부담되었다. 어느 정도로 효과가 나타날지 도무지 감이 잡히지 않았기 때문이다. 그럴 때는 우리 회사와 함께할 때 시너지가 나는 회사에 콘택트해서, 협업을 제안하는 것을 추천한다. 바터 제휴(물물교환)를 통해 각 브랜드의 제품을 교환하여 마케팅 및 홍보 수단으로 활용하거나 타깃팅이 비슷한 회사와 함께 라이브를 진행할 수도 있다. 키즈바인더도 다양한 출판사와 함께 바터 마케팅을 진행했으며, '책 짓는 달팽이', '꿈몰다', '몽뜨허브'와 같은 브랜드와 함께 콜라보레이션을 진행하여

씽크 빅, 액트 나우!

신규 고객을 유입하고, 홍보했다.

〈자기주도적 기업가 육성 과정〉에서의 능동성이란 환경적 변화나 외부의 요청이 있기 전에 먼저 적극적으로 행동하는 것을 의미하며, 항상 경쟁자보다 앞서는 것을 추구한다. 능동성은 '미래 지향성', '장애물 극복하기'와 함께 자기주도적 사고를 위한 핵심요소라고 할 수 있다.

능동적인 태도는 많은 에너지를 수반한다. 능동적으로 하는 모든 시도가 성공하지 않을 수 있다. 그러나 성공에 더 가까워지는 분명한 계기가 되어 준다. 우리는 실패 속에서 더 많은 걸 배우고, 장애물을 극복하면서 더 큰 성장을 이루기 때문이다.

당신의 선택과 판단을 믿으세요

"중요한 것은 먹는 것이 아니고 나는 거야.
얼마나 멋지게 비행할 것인지 말이지."

- 소설 《갈매기의 꿈》 중에서 -

　　의기양양하게 창업을 했는데 얼마 지나지 않아 새로운 깨달음을 얻게
되었다. 왜 사업을 하는 사람이 늘 소수일까 말이다. 아마도 사업이란 매
순간 스스로를 담금질하고, 하나부터 열까지 모든 것을 능동적으로 행동
해야 하는데 그럼에도 불구하고 결과는 미지수이기 때문이 아닐까. 결과
(매출)는 쉽게, 또 금방 나오지 않는다. 기다림의 시간, 흔히 말하는 인고
(忍苦)의 시간이 필요하다. 각 부서에서 나누어 하던 일을 혼자 A to Z로
다 해야 하니 사업은 절대로 내가 나태에 빠지게 만들지 않는다.

　　그렇다 보니 주변 대표님들과 이야기를 나눌 때마다 나오는 말이 꼭 있
다. "이렇게 힘든 줄 알았다면 시작하지 않았을 것"이라고.

50　　　　　　　　　　　　　　　　　　　　　　　씽크 빅, 액트 나우!

이게 끝이 아니다. 고개를 돌려 옆 사람과 비교하면 늘 내 사업은 더디게 성장하는 것 같다. 하지만 어제의 나와 비교하면 나는 사실 매일 성장하고 있는 것이다. 불과 10년 전만 하더라도 나는 내가 노트 만드는 사업을 하리라고는 상상하지 못했으니 말이다.

그러나 창업은 내가 온전히 나로 살 수 있는, 좋은 기회임은 분명하다. 내가 결핍을 극복하기 위해 한 발짝 나아갈 용기를 냈던 것처럼 사람마다 각자 자신만의 동기가 있다. 잠재력, 가능성, 열정과 같은 보물들이 내 안에 이미 다 갖추어져 있으니 꼭 그것을 꺼내어 이 세상에 반짝반짝 빛을 발하도록 꼭 도전하길 바란다. 우리의 삶은 능동적으로 행동하는 만큼 성장하는 법이니까. 당신의 선택과 판단을 믿으셔도 좋습니다.

마지막으로 지면을 빌려 사랑하는 두 딸들에게 전하고 싶다.

"엄마가 늘 성장할 수 있는 건 너희들 덕분이야. 우리 딸들에게 언제나 당당하고 멋진 모습을 보여 주기 위해 엄마는 최선을 다할 거야. 너희들도 마음껏 도전하고 즐기는 삶을 살길 바라며, 작은 행복한 순간들을 놓치지 않도록 감사한 마음으로 매일을 살아가길 바라. 가장 중요한 건 너희 자신을 아끼고, 사랑하는 거야. 엄마는 항상 너희를 응원하고 사랑해! 사랑해요. 우리 딸들!"

많은 경험이 많은 역량을 만든다

솔레마망 임하율 대표

시작이 꼭 창대할 필요는 없다,
네 끝은 창대할 테니

창의성과 혁신적 사고:
발명이 아니라 발견, 불편함 노트

토끼의 속도와 거북이의 끈기를 가져라

솔레마망은 임산부, 아이들, 노약자들이 생활 속에서 반복적으로 겪는 불편함을 개선할 수 있도록 참신한 아이디어로 상품을 만들어 판매하고 있다. 솔레마망은, 이를 '임아노라이프'라고 부르고 삶의 질 향상을 추구한다고 말한다. 온라인을 비롯해, 전국 주요 대형 백화점에서 제품을 판매 중이며, 특히 40~50대 주부들에게 많이 공감받는 제품들로 사랑받고 있다.

• 임하율 대표의 수상 내역
양성평등 사진전 우수상 수상
경력단절예방수기 공모전 우수상 수상
예스파크상점가 유튜브 공모전 우수상 수상
세계 여성 발명왕 엑스포 금상_캥거우비/은상_바망 2관왕 수상
2022년 스포츠서울 홈리빙부문 대상

· 인터뷰 기사

다음 〈스타트업 창업가 이야기〉 메인

〈이코노미뷰〉 잡지

〈스포츠서울〉 신문

· 여성 창업에 관한 활동

2021~23년 여성새로일하기센터 선배창업가 강의

2021년 자기주도적 기업가 육성 코치 자격 취득

2022년 경기도 여성기업가 우수 지원 사례 발표

2021년 경기도 도지사와 함께하는 여성 창업인 간담회 참여

2019년 창업토크콘서트_한신대학교 창업 강의

- 솔레마망 홈페이지 www.solemaman.com
- 솔레마망 인스타그램 solemaman
- 임하율 대표 인스타그램 sol3yul

시작이 꼭 창대할 필요는 없다, 네 끝은 창대할 테니

약점을 보완하기보다 강점을 살리는 편을 택하다

나는 내가 관심 있는 것과 없는 것에 대해서 온도 차가 큰 편이다. 책상에 앉아 공부하는 일은 관심이 없었지만, 아이디어를 내고 이것저것 만들어 보는 것을 유독 좋아해 손으로 만드는 건 뭐든 금세 뚝딱뚝딱 잘 만들어 냈다. 초등학교 1학년 때엔 강아지 집도 나무에 못을 박아서 직접 만들어 줬을 정도였다. 17세가 될 무렵, 지방 소도시에 살고 있던 나는 전문직 취직을 위해 대도시의 고등학교로 전학을 가고자 했다.

다행히 부모님은 내 결정을 존중해 주셨고, 나는 그렇게 부모님과 떨어져서 이른 나이에 자취를 시작했다.

부모님 나이 마흔이 넘어 겨우 생긴 늦둥이 외동딸로 귀하게 자라, 난 어려서부터 꽤 게을렀다. 엄마는 그런 날 위해 할 수 있는 건 뭐든 해 주시던 분이셨다. 식사 시간에 춥다고 이불 덮고 엎드려 있으면 밥을 굶을까 봐 일일이 떠먹여 주신 때가 많았을 정도였다. 시집가면 평생 집안일할 거라며, 설거지나 청소도 전혀 시키지 않으셨다. 지금 생각하면 어찌 그런 불효가 있을까 싶은데도, 그런 내 모습도 항상 믿고 지지해 주신 것에 대해 한없이 감사하다.

많은 경험이 많은 역량을 만든다
많은 시도가 많은 결과를 만든다

혼자 독립한 이후부터, 홀로 살아가야 하는 방법을 독하게 배워 나갔다. 독감에 걸려서 몇 날 며칠 동안 하늘이 뱅뱅 도는 아픔에 쓰러질 듯한 날에도 부모님께는 알리지 않고 혼자 앓았다. 주말에는 아르바이트를 하고, 평일엔 학교에 다니며 비교적 어린 나이부터 혼자 살아가는 방법, 동시에 돈을 버는 재미를 알게 됐다.

따지고 보니 대학교 졸업 전까지 경험해 본 아르바이트는 종류만 10가지가 넘었다. 게다가, 배우는 것이 좋아서 수료하거나 취득한 자격증도 20개가량, 다녔던 직장도 7군데 정도 된다. 대표적으로 파리크라상 MD매니저, 삼성전자 상품 강사로 근무했다.

창업을 하고 보니, 기획·생산·포장·배송·CS 등 모든 과정을 혼자 해

씽크 빅, 액트 나우!

야 하니 과거에 취득해 둔 여러 자격증과 다양한 곳에서의 아르바이트 및 직장 경험은 온전히 유용한 경험으로 남아 많은 도움이 되었다.

제품을 만들며 컬러를 정할 때는 컬러리스트 산업기사 자격증을 취득했던 것이 도움이 되었고, 제품 진열을 할 때는 MD매니저로 일했던 경험이 도움이 되었다. 예를 들면 컬러리스트 자격증의 경우 여러 색의 활용을 응용해 제품을 출시할 때 소비자의 요구에 맞는 컬러를 적용할 수도 있고, MD매니저의 경험은 백화점 진열 시에 주요 고객 동선에 따라 제품을 다르게 비치하는 것에 도움을 받았다.

이렇게 매일매일 도움이 되는 내 이력이다.
많은 경험이 많은 역량을 만든다.
좋았다면 추억이고, 나빴어도 경험이다.

내가 선택할 수 있는 유일한 가족은 남편이다

어릴 때부터 나는 다정하고 좋은 사람을 만나 20대에 결혼하고 싶었다. 운이 좋게 지금의 신랑을 만나 결혼하게 되었고 지금은 세 아이의 엄마가 되었다.

첫아이를 임신했을 때 나는 새로운 세상을 만났다. 평소 없던 겁이 많아졌고, 유달리 예민해졌다. 살림살이 중 가능한 건 순면 제품으로 물건들을 바꾸고, 다 삶고 정리해서 최대한 깨끗한 집으로 만들어 아이를 맞고자 했다.

그중 한 가지가 바로 발 매트를 바꾸는 것이었다. 아기가 기어다니기 시작하면 아무거나 입에 넣는데 발 매트를 입에 넣어서 너무 놀랐다는 카페 글을 보고 나도 뜨끔했다.

"어? 우리 집 발 매트도 그럴 수 있나?"

욕실 앞, 발 매트 냄새를 맡아 보니 퀴퀴한 냄새가 났다. 도톰하고 촉감은 좋았지만, 아랫부분이 미끄럼방지 기능을 위해 단단한 고무로 되어 있어서 세탁이 쉽지 않은 제품이었다. 그래서 순면 발 매트를 구입했다.

그러던 중, 임신 중기가 지나고 배가 제법 나왔을 때쯤 욕실에서 씻고 나오자마자 순면 발 매트를 밟고 미끄덩하고 넘어질 뻔했다. 다행히 중심을 잡았지만, 지금 생각해도 아찔한 경험을 했다. 그 순면 발 매트를 창고에 접어 넣으며 생각했다.

'나중에 다시 써야지.'

출산하고 아기가 기어다니고 뛰어다니는 기간 동안은 그 순면 발 매트를 쓸 수 없었다. 여전히 미끄러웠으니까.

마르지 않는 창업 아이템 북이 된 불편함 노트

나는 다이어리 맨 뒤 페이지부터 시작해, 거꾸로 불편한 것들을 적는 습관이 있었다. 일명 '불편함 노트'.

예를 들면, '순면 발 매트를 미끄럽지 않게 할 방법 없을까?'라는 식으로 불편함을 해결해 보고자 적었던 물음표가 많은 노트였다.

'블랭킷, 흘러내리지 않게?'
'배 나오니까 세탁기 빨래 꺼내기 힘든데?'
이런 식으로 간단하게 기록했다.

2019년 3월. 시간이 흘러서 둘째와 셋째 아이까지 어린이집을 가게 된 날이었다. 7년간 집에서의 독박육아가 어느덧 끝이 보이며, 희망이 찾아온 날. 나에게도 시간이라는 것이 생겼다. 그동안은 삼 남매를 키우며 혼자 있는 시간이 거의 없었다. 큰애가 100일 즈음일 때부터 아동복 쇼핑몰을 창업해서 1년간 운영하긴 했었지만, 그 후론 둘째와 셋째 육아만 하느라 눈 뜨고 잠들 때까지 생애 가장 바쁜 나날을 보냈다.

그러다 아이들이 어린이집을 가니 시간이라는 게 생겼다. 내가 해 보고 싶은 걸 해 볼 수 있는 내 시간, 친구를 만날 시간, 그냥 쉬어 볼 시간. 그게 7년 만에 오는 거였으니까.

2018년 12월부터 다이어트를 하며 조금씩 사회로 나갈 준비를 시작했다. 당시 나는 통통하고 자신감 없고 씻을 시간도 겨우 내는 그런 아줌마였다.

2019년 3월 아이들이 어린이집을 가자마자 나는 재취업/창업교육을 들으러 갔다. 그곳에서 여러 교육을 들으며 과연 중요한 게 무엇인지 스스로 알아 가는 시간을 가졌는데, 내게 중요한 건 명예나 많은 월급이 아니라 그저 아이들이 어린이집에 가 있는 동안만이라도 일할 수 있는 것이었다. 문제는, 그런 일을 찾는 것이 매우 어렵다는 점이었다.

이력서 점검시간에 담당 과장님께서 내 이력에 담요 특허 실용신안이 있는 것을 보시고는 정부지원사업으로 창업을 해 볼 것을 추천해 주셨다.

'정부지원을 받아서 창업?'

그렇게 창업 센터 매니저를 소개받아 정부지원사업이라는 것이 있다는 것을 알게 되었고, 지원 후 선정이 되어 지금의 솔레마망을 창업하게 되었다.

처음에는 접으면 가방, 펼치면 담요가 되는 '스마트 블랭킷'으로 창업을 하였는데 당시 봄이어서 담요를 출시하기에는 계절이 맞지 않았다. 어떻게 하지? 고민하다가 그때 불편함노트가 떠올랐다.

그것을 펼치자 지난 내 7년간 주부경력, 육아경력을 통해 얻은 노하우로 만들 수 있는 제품들이 보였다. 당시 가진 돈은 결혼할 때 어머니가 주신 500만 원이 전부였다. 첫 창업인 아동복 사업 때는 30만 원의 자금으로도 시작했는데, 500만 원이면 충분하다는 생각이 들었다.

60

'시작이 꼭 창대할 필요는 없어.
내 끝을 창대하게 내가 만들 수 있을 테니!'

갈 곳이, 할 일이 생겼다는 것만으로 그저 행복했다

처음 창업을 하고 아무것도 없었지만 행복했다. 판매할 수 있는 제품도 없고, 매출도 없고, 시간도 적고, 방법도 모르고! 어쩌면 가능성이 없는 거 아닌가……. 좌절할 수도 있는 상황에서도 행복할 수 있었던 이유는 오로지 한 가지였다. 집이 아닌, 갈 곳이 생겼다는 것, 할 일이 있다는 것, 그것만으로도 충분히 행복했다.

창업하고도 한 달 정도 더 들었던 고학력 경력단절여성 취창업 교육. 그곳에서 좋은 대학을 나오고 좋은 이력까지 가졌지만, 육아를 하며 직장생활을 그만둔 여러 선배 주부를 만났다.

그중 송 선생님이라는 분이 내게 해 주신 이야기가 있는데, 지금도 종종 그 이야기를 떠올리며 스스로 마음을 다잡곤 한다. (이분은 지금도 여전히 날 응원해 주는 감사한 분이다.)

"아이가 건강한 것에 감사하세요. 나는 일하고 싶어도 아이 몸이 약해서 돌보느라 할 수 없었어요."

이 이야기를 들었을 때 큰 충격을 받고 스스로 반성했다. 당시 세 아이를 키우면서 정부지원사업에 선정되어 창업에 성공한 날 스스로 대견하다 생각할 시기였기 때문이다.

"내가 남들보다 부지런해서, 혹은 간절해서, 또는 잘나서 창업한 게 아니다. 나는 운이 좋았을 뿐이다."

매달 생활비를 꼭 벌어야 하는 상황도 아니었고, 아이를 옆에서 항상 돌봐야만 하는 상황도 아니었다. 여성 재취업/창업교육을 모르는 상황은 더더욱 아니었다. 이 중 하나라도 나에게 해당되는 상황이었다면 아마 창업을 할 수 없었을 것이다.

많은 여성이 각자 처한 여러 가지 문제로 쉽게 창업하지 못한다는 것을 알고 있고, 언제나 이 점을 잊지 않고 있다.

지금도 나는, 나와 같은 경력단절여성 혹은 다시 일하고 싶은 주부들과 함께 일하고 있다. 생활 속 불편함을 개선할 수 있는 아이디어 상품을 만들면서, 아이 등하원도 직접 가고 있고, 아이들과 함께 저녁이 있는 삶을 살고 있다. 방학에는 적게 일해야 하면 그럴 수 있는, 일도 하고 육아도 할 수 있는 그런 회사를 만들고 싶어서 더 분발하고 있다.

부모는 평일에도 은행 업무나 학교 상담처럼 해야 할 일이 많이 있다. 그래서 월요일부터 목요일까지 주 4일만 근무할 수 있고, 아이 하원을 직접 할 수 있는 시간 조율이 가능한 회사, 그런 엄마들의 꿈의 회사를 만들었다.

쉿! 비밀, 3년은 취미 생활한다고 생각해 줄래?

솔레마망을 창업했을 때 남편 말고 다른 가족에게는 말하지 않고 조용히 시작했다. 남편에게 3년간은 내가 돈을 벌 수도 있는 취미 생활을 하는 것이라 생각해 달라고 했다. 왜냐하면, 첫 아이를 임신한 6개월 첫 쇼핑몰 교육을 듣고 출산 후 아동복쇼핑몰을 창업했었는데, 그때 주변 사람들로부터 "아직은 아이를 키울 때다. 아이 키우면서 창업은 어렵다. 벌이가 적어도 안정적으로 돈 받는 아르바이트가 낫다."는 말을 많이 들었기 때문이다.

그리고 창업이라는 게 수익이 바로 나지 않을 때도 있는데,
"얼마 버니?"
"애 키우는 게 돈 버는 거다."
"그거 벌어서 뭐하게?"
이런 말을 많이 들었다. 그런 것이 적잖은 스트레스였다. 내 마음을 나약하게 만들고 '정말 안 되는 걸까?' 부정적인 생각이 들었다. 매출이 적은 것보다 그런 상황자체가 많이 힘들고 부담됐다. 그래도 창업을 멈추지 않았다.

나무도 뿌리를 내릴 시간을 줘야 하듯 창업도 시간이 필요하다

어리숙했던 나의 첫 창업을 통해 배운 것은 다음과 같다.

첫째, 가족 모두에게 말하지 말자.

둘째, 아동복이나 폰케이스, 속옷 등 사이즈가 다양한 건 하지 말자.

넓은 공간을 확보할 수 있고, 관리가 가능하고, 상대적으로 경쟁이 덜 치열한 것을 찾는다면, 어쩌면 위 아이템이 될 수도 있겠다. 당시 나는 서울 한복판 작은 집에서 살며 아동복 사업을 하자니 공간이 부족해서 정말 힘들었다.

그럼에도 나는 다시 창업을 해야만 했다.

아무리 생각해도 나는 돈을 많이 주는 일보다 시간 조율이 가능한 일이어야 했고, 명예가 있는 일보다 자유가 있는 일이어야 했다. 창업은 아이가 아플 때 방학일 때 등 여러 가지 상황에서도 눈치 보지 않고 할 수 있기 내 일이었기 때문이다.

또한, 내게 강점이 있다고 생각했다. 생활 속에서 느낀 불편함! 그걸 개선하면 나와 같은 엄마들이 좋아하는 제품이 될 것으로 생각했다.

창업을 하고 좋은 점은, 들인 노력만큼 성과가 나는 것. 내가 만든 제품을 필요로 하는 사람이 있다는 것, 도움이 필요한 사람에게 작은 나눔을 할 수 있다는 것이다. 그것으로 아이들에게 멋진 인생 선배가 되고, 성공한 엄마가 될 수 있다는 희망이 내 행복 중 하나이다.

하지만 창업이 내 생각처럼 쉽지만은 않았다. 제조업 창업에 대해 그동안 몰랐던 부분이 많았기 때문이다.

"내가 만들고 내가 파니까, 눈치 볼 것 없이 편하겠다."
"이 제품은 나만 만드는 거니까 잘 팔릴 거야."
"처음만 힘들지!"

첫 번째, 처음엔 혼자여서 편했고 눈치 볼 상사 없으니 퇴근 시간도 자유로워서 마냥 좋다고 생각했다. 하지만 사업을 하다 보니 나의 단점을 보완해 줄 동료가 있다면 정말 좋겠다는 생각이 들었다.

두 번째, 독창적인 제품일수록 성과가 날 때까지 인내할 시간이 필요하고 매달 변수가 많기에 심적인 부담이 있다. 나무도 뿌리를 내릴 시간을 줘야 하듯 제품 홍보와 마케팅도 그렇다. 우리 제품을 예로 들면, '캥거우비'나 '바망' 등 알려지지 않은 제품명으로 검색될 리가 없으니, 새로운 제품을 만들 땐 급하게 성과를 내려는 생각은 하지 않는 것이 좋다. 빠른 성과를 얻는다면 감사한 일이지만!

세 번째, 처음이 힘들지 자리 잡으면 그다음은 편할 거라는 생각은 잘못된 생각이다. 처음 위기는 작은 위기지만 갈수록 위기도 커지고 투입금액도 커진다. 전에는 제조업은 진짜 잘될 때가 진짜 위험하다는 말을 이해 못 했는데 지금은 이해한다. 예를 들면 매출이 천만 원이다가 갑자기 1억 원이 되었을 때, 그 매출을 감당할 만큼 재고를 보유하고 있어야 하기에 10배 더 넓은 공간과 함께 일할 동료가 필요해진다. 게다가 백화점에서 판매한 매출금이 다음 달 말일에 들어오므로 자금이 묶여 있는 상황에서 제품을 추가 생산해야 한다. 실제로 내 매출이 껑충 뛰었을 때 자금회전이 안 된다는 게 힘들다는 말이 무엇인지 이해했다.

최고의 커리어는 '주부'라는 경력이다

나는 의외로 걱정이 아주 많은 타입이다. 한 가지가 잘돼도 그다음을 준비하고 또 그다음을 보기에 마음이 안정적이고 편할 때가 잘 없다. 그러나 나는 그 과정도 결국 즐겁다. 그다음을 준비할 때는 막막하지만.

언제나 잘 마무리되도록 실행을 다른 사람보다 10배는 많이 하니까. 내게 창업은 30대 중반에서야 찾은 내가 하고 싶은 일이고, 희망이고, 기쁨이다.

지난 4년간 사업을 하면서 사람 때문에 상처도 받았고, 돈만 받고 제품을 만들어 주지 않아서 소송을 알아보기도 했고, 샘플과 전혀 다른 제품이 나와서 폐기해 본 경험도 있다. 여러 가지 일로 인해 내가 지칠 때 다시금 힘을 나게 하는 건 가족이다.

나는 가족을 위해 늘 애쓰는 남편의 짐을 조금은 나누고 싶다는 생각이다. 남편에게 같이 성장하는 동료이자 아내가 되고 싶고 아이들에게 멋진 엄마가 되고 싶다. 특히 엄마가 되고 나는 일 욕심이 생겼다. 아이들이 아니었다면 나는 이렇게 열심히 열정적으로 살 이유도 모른 채 살았을 거다. 확실히! 또한, 주부로 엄마로 지내지 않았다면 이런 제품이 필요하겠다는 아이디어를 모아 둔 불편함 노트도 없었을 것이다.

'주부'라는 경력은 나의 최고의 커리어이자, 나의 창의력의 원천이었다.

창의성과 혁신적 사고
Creativity & Innovation

모든 사업은 발전될 수 있고 또한, 반드시 발전되어야 한다. 하지만 그렇게 되기 위해서는 사업가에게 창의성과 혁신적 사고가 필요하다. 간혹 자신은 창의성이 없어서 고민이라고 하는 사람이 있다. 그렇다 할지라도 걱정할 필요는 없다. 창의성과 혁신 또한 훈련을 통해 만들어 갈 수 있다.

먼저 창의력을 깨우기 위해 가장 중요한 것은 당신 안에 자리 잡은 고정관념을 깨는 것이다. 기존의 지식이 당신의 사고방식을 제한하지 못하게 해야 한다. 고정관념과 관습에 방해받지 말고, 창의적이고 독창적으로 생각해야 한다. 문제는, 자신이 어떤 고정관념을 가졌는지 파악하기 어렵다는 것이다.

사고의 한계를 깨기 위해 몇 가지 방법을 시도할 수 있다. 첫 번째는 다양한 사람들과 사업 아이디어에 대해 토론하는 것이다. 이때, 가능한 한 엉뚱하고 재미있는 아이디어를 가지고 이야기해 보자. 가장 중요한 규칙은 '비판하지 않는 것'이다. 실현 가능한지를 생각하지 않고 무한대로 사고를 확장시켜 보는 것이다. 특히, 평소에 만나던 사람들이 아닌 새로운 사람들과의 대화는 창의력을 확장하는 데 도움이 된다.

두 번째 방법은 기존의 아이디어를 조합해 보는 것이다. 생각을 무한대로 확장하는 것은 너무 막막하게 느껴질 수 있다. 그럴 때는 기존의 아이디어를 내 사업에 적용해 보는 것이다. 요즘 가장 잘나간다는 음악, 최근 떠오르는 디저트, 아니면 그냥 길에서 본 가로수 하나라도, 내 사업에 억지로 끼워 넣어보는 상상을 하는 것이다. 창의성은 아무런 제약이 없을 때보다, 약간의 제약이 있을 때 더 활발해진다고 한다. 일상생활 속에서 마주치는 다양한 상황을 내 사업의 아이디어로 발전시켜 보자.

이렇게 생각을 확장하고 사업 아이디어를 떠올리면, 혁신이 가능한 세 가지 카테고리에 아이디어를 적용할 수 있다.

첫 번째, 제품/서비스의 혁신.

내가 제공하고 있는 제품/서비스 외에 어떤 신제품 또는 새로운 서비스를 제공할 수 있을까? 경쟁자들에게 없는 나만의 새로운 제품은 무엇이 있을까? '혁신'을 한다고 하면 거창한 것을 떠올리는 사람들이 많지만, 생각보다 혁신은 일상생활 가까이에 있다. 기존의 제품에서 무엇을 개선하면 좋을지, 고객의 관점으로 접근해 볼 수 있어야 한다.

두 번째, 사업과정의 혁신.

사업과정의 혁신은 제품을 생산하는 방식, 제품을 제공하는 방식 또는 결제하는 방식 등을 바꿔 볼 수 있다. 예를 들어, 오프라인 판매를 하던 매장이 온라인 상점을 추가로 운영하거나, 배달서비스를 도입해 볼 수도 있다. 또는 매장에서 제공하던 서비스를 방문서비스로 제공할 수도 있다. 그 외에도 적립금이나 멤버십 제도를 도입하거나 펀딩 등을 통해 기존의 결제 방식을 바꿔볼 수도 있다. 특히 현대 사회는 소비자들의 요구가 다원화되면서 '무엇'을 제공하는가뿐 아니라 '어떻게' 제공할 것인지도 중요해지고 있다. 따라서 사업의 발전을 위해서는 끊임없는 과정적 혁신이 필요하다.

　세 번째, 마케팅 및 홍보의 혁신.
　수많은 제품이 쏟아지고 있는 현대 사회에서 마케팅은 사업의 성공전략이라고 할 수 있다. 이미 잘 알려진 브랜드조차 꾸준한 마케팅 혁신을 통해 소비자에게 다가가고 있다. 하지만 효율적이며 효과적인 마케팅은 쉬운 일이 아니다. 소비자들의 미디어 소비방식이 그에 따른 마케팅 트렌드도 끊임없이 변화해야 하기 때문이다. 이러한 시대를 살아가면서 한 가지 방식의 홍보 마케팅을 고집하는 것은 사업 실패의 지름길이 될 수 있다. 언론 보도, SNS, 동영상 제작, 라이브 커머스 등. 당신은 얼마나 다양한 마케팅 채널을 활용하고 있는가.

　혁신이 가능한 분야에서 쉬지 않고 창의성을 발현시켜야 한다. 창의성과 혁신적 사고는 경쟁자들을 앞서나가고 내 사업을 발전시킬 수 있는 핵심적인 부분이다.

창의성과 혁신적 사고:
발명이 아니라 발견, 불편함 노트

나의 창의력의 원천인 불편함 노트에서 찾은 첫 번째 아이템은 발 매트였다.

순면 발 매트의 장점은 그대로 살리고, 단점인 미끄러움을 보완한 제품을 만들어 보자. 그래서 순면 발 매트 아래 깔아 두고 사용하면 미끄럼방지와 함께 에어 층으로 물기건조에 도움을 주고, 폭신한 사용감을 주는 세탁할 수 있는 반영구적인 논슬립 에어 패드를 만들게 되었다.

두 번째는 빨래바구니 통째로 세탁하는 '바망'이었다

임신 중 배가 나오니 빨래를 꺼내는 일이 힘들었던 경험이 있었다.

'신랑 오는 시간 맞춰서 세탁기 돌려야겠다. 다들 이렇게 불편한데 출산 때까지 참고 사는 거지.'라고 생각했다. 그런데 그 후 키가 작은 우리 엄마도 통돌이 세탁기에서 빨래를 꺼내기 힘들어서 빨래집게와 발판을 사용하는 것을 보고 빨래바구니 통째로 세탁하는 '바망'을 만들었다. 바망이라는 이름은 '바구니'와 '세탁망'을 합쳐서 만든 제품명이다. 임산부뿐 아니라 노약자와 어린이도 필요하겠다는 생각이 들었다.

빨래바구니 통째로 세탁할 수 있게 만든 '바망'

2019년 11월, 나는 바망과 발 매트를 대량 생산하기 위해서 대출을 받았다. 내 계획은 많은 전시회를 다니며 제품 홍보를 하겠다고 마음먹었었는데 코로나19가 확산되며 전시회에 참가할 수 없었다. 솔레마망은 인지도도 온라인 홍보 기반도 없던 터라 온라인 판매에도 어려움을 겪으며 몇천만 원어치 제품이 거의 그대로 쌓여 있었다.

'언제 다 팔지? 어떻게 팔지?'라고 생각하며 잠시 마음이 힘든 적도 있었

씽크 빅, 액트 나우!

다. 지금도 큰돈이지만 당시에도 내게는 이 돈을 회수하지 못하면 정말 망할지도 모른다는 불안감이 들었을 만큼 부담스러운 액수였다.

처음에는 금방 괜찮아질 줄 알고 한 달 정도는 마음 편히 보냈다. 그런데 두 달, 석 달……. 그렇게 시간이 지나도 마스크를 벗고 지내는 일상이 돌아오지 않았고 감염이 무서워서 일회용 마스크 한 장 가격이 오천 원이 되며 '금스크'라고 불렸다. 돈을 내고 사고 싶어도 쉽게 살 수가 없어서 사람들은 약국 앞에 줄을 서서 겨우 몇 개씩만 살 수 있었다.

그러던 어느 날 아이가 놀이터에서 놀다가 친구랑 부딪쳤는데 두 아이 마스크가 바닥에 툭- 떨어졌다. 하얀색 마스크는 모양도 색도 같아서 어느 아이 것인지 확실하게 알 수가 없으니 눈물을 머금고 금스크를 버려야 했다.

'정말 아깝다. 이제 꺼내서 쓴 건데.'라는 생각을 하며 놀이터를 둘러보니 떨어진 마스크가 여러 개 보였다. '저 집도 우리 상황과 같았나 보다.'라는 생각을 하다가 문득 아이디어가 떠올랐다.
'아! 이거다. 마스크 분실방지 끈을 만들 수 없을까? 안경 걸이나 선글라스 걸이처럼.'

그리고 다음 날 아이들과 같이 동대문시장에 갔다. 끈을 사고 금속 알레르기를 유발하지 않는 고리와 접착제를 사서 그 자리에서 아이들에게 대어 보며 사이즈를 정하고 마스크홀더를 2개 만들었다.
그리고 그날은 아이들 사진을 찍기로 한 날이라서 스튜디오에 갔다. 아이들이 사진 촬영을 하는 것을 기다리며 스튜디오 대기석인 패브릭 소파 위에 마스크 끈을 올려 두고 사진을 찍었다. 이 사진을 스마트 스토어와 쿠팡에 올렸다.

'몇 명이라도 필요하다고 느낄까?'라고 생각하며 큰 기대가 없었다. 하지만 다음 날 아침 핸드폰을 보고 놀랐다. 전화가 울리는 줄 알았는데 주문 알림이었다. 쉬지 않고, 멈추지 않고 울리는 주문 알림.

'무슨 일이 생긴 거지?'

컴퓨터를 켜서 보니 밤새 몇백 개 주문이 들어왔고 그 이후로도 들어왔다. 재고가 없었기에 놀라서 품절 처리하고 제품 판매를 멈췄다. 그리고 마스크 끈 재료상에 모두 연락해서 재료를 주문하고 아르바이트도 구했다. 그렇게 며칠간 주문을 여닫으며 수천 건의 주문을 배송했다. 학교에서는 단체 주문 건도 많았다. 이때 솔레마망 전시회에서 쓰려고 만들어 두었던 리플렛 및 홍보물을 같이 넣어 보내며 회사를 알렸다. 결이 비슷한 다른 사업을 하는 대표님들과 각자 제품 소개하는 리플렛을 만들어서 택배에 함께 넣어 보내기도 했다. 이왕이면 이렇게 한 번에 알릴 기회가 왔을 때 다른 분께도 도움이 되면 좋으니까.

이후에도 엄마와 아이가 함께 입는 우비를 만들었다. 이 제품의 아이디어가 나온 건 어느 날 갑자기 내린 비에 아이들과 내가 우산이 없어서 당황했던 경험으로부터 시작했다. 차에 하나 있던 미니 우산은 막내가 썼고

74

둘째 아이와 나는 어떻게 어린이집까지 걸어갈까를 고민하고 있었다.

그러다가 차에 뒀던 우비가 생각났다. 가운데가 찢어져서 버리려고 하던 우비.

"준아, 엄마 방법이 생각났어. 잠시만 기다려 봐."

내가 그 우비를 입고 말했다.

"준아, 엄마 배 속으로 쏙~ 들어올까?"

둘째가 우비 속으로 들어와서 그 찢어진 틈으로 밖을 보며 함께 걸었다. 그 시간 우리는 정말 행복했다. 내 배 속에 있던 아기가 훌쩍 컸지만, 다시금 아이를 품고 있다는 기분을 느꼈다. 아이도 엄마와 캥거루 아기 주머니 같다며 좋아했다.

비 오는 날의 등원 길, 아이도 엄마도 쉽지 않은 날임을 직감하는 날이다. 우산을 써도 아이 마스크가 자주 젖었고, 우산에 시야가 가려서 위험했고, 우산으로 인해 아이와 가까이 걷기가 힘들었다. 우비를 입히면 답답해했고, 아이가 크면서 매년 새로 사야 하는 것이 아까웠다.

어린이집 선생님은 젖은 우비를 어린이집에 보관하기 어려우니 다시 우비를 가져가라고 하셨다. 또 젖은 우비를 입고 통원 차량에 탑승하면 우비를 입지 않은 다른 아이 옷이 젖었다. 이렇듯 많은 엄마가 우비는 필요한데, 기존의 우비를 사용하면서 여러 불편함을 느꼈다.

'이거다!'라는 생각이 들었다. 가까운 거리를 도보로 등하원하는 경우 나와 같은 불편함을 느끼는 엄마가 분명 있을 거다.

바로, 그 우비를 '캥거우비'라 이름 지었다. 2023년 4월에 와디즈를 통해서 런칭했다. 캥거우비를 통해서 엄마와 아이가 조금 더 교감하고 비 오는 날도 즐거운 날이 되길 바라는 마음이다.

이렇듯 내 사업 시작은 생활 속 반복되는 불편함을 개선하고자 시작되었다. 혁신과 창의력은 멀리에 있지 않다. 본디 아이디어라는 말은 '보다'라는 뜻의 고대 그리스어에서 나왔다. 아이디어는 갑자기 생겨나는 것이

씽크 빅, 액트 나우!

아니라, 주변을 잘 관찰하는 것으로부터 얻을 수 있다. 그렇게 나는 내가 조금 더 편해지기 위해서 우리 가족이 조금 더 안전하기를 바라는 마음으로 주변을 바라본 덕분에 창의적인 제품을 만들 수 있었다.

토끼의 속도와 거북이의 끈기를 가져라

첫 창업을 했을 때 스스로에게 3년 동안은 돈 벌 생각보다 차별화되는 좋은 제품을 만들고 판매처를 늘리자고 생각했다. 빨리 터지는 한 가지 대박 제품도 좋지만, 하지만 연관 있는 좋은 제품으로 성과는 더딜지언정 한번 달리면 효율적으로 움직이는 큰 기차를 만들겠다고 생각했다. 지금에 와서 돌이켜 보니 그것이 브랜딩인 것 같다.

솔레마망의 수건 이름이기도 한 모소 밤부

모소 대나무는 처음 몇 년 동안은 3cm밖에 자라지 않는다. 그러다 4~5년쯤 지나면 하루에 30cm씩 자라 웅장한 대나무숲을 이룬다. 그럴 수 있는 이유는 지난 시간 동안 깊이깊이 뿌리를 내린 덕분이다.

씽크 빅, 액트 나우!

당장 눈에 보이는 성과가 없다고 속상해하는 분이 있다면, 모소 대나무와 나, 임하율을 기억해 주었으면 좋겠다.

창업 첫해에 코로나가 시작되고 몇백만 원이 연 매출이었다. 2년, 3년, 힘든 시기도 많았지만, 꾸준히 제품 개발을 했고, 경쟁이 심한 온라인보다는 모두 다 손을 놓고 있던 오프라인에 집중하기로 했다.

코로나19가 한창이었던 시기라 백화점에도 사람이 없던 때였다. 쟁쟁한 업체들이 빠지면서 행사에 빈자리가 많이 생겼고, 덕분에 진입장벽이 낮았다.

사람이 많이 없어서 나온 자리라고 해도, 어느 한 곳도 마다하지 않고 오프라인을 통해 열심히 한분 한분께 브랜드를 홍보했다. 처음엔 당연히 매출이 많지 않았다. 그래도 괜찮았다. 한 명 두 명 고객에게 제품을 알릴 기회라고 여겼다. 그런 시간 덕분에 이제 백여 가지 이상의 제품을 가진 솔레마망이 되었다.

이 책을 읽는 분들이 가는 길에 언제나 꽃길만 펼쳐질 거라고 말할 수는 없다. 수많은 고비가 있을 것이다. 하지만 할 일이 있다는 것이 얼마나 각자에게 위로와 동기부여가 되는지 알았으면 좋겠다.

여러분이 앞으로 걸어가실 길을 응원합니다.

임하율 드림

경력단절 싱글맘의 사업 도전 성공기

텐코코 고혜미 대표

사랑만 믿고 끝냈던 나의 커리어,
그 혹독한 대가

자기 자본 파악: 내가 못하는 것을
빨리 포기할 줄 아는 것도 능력이다

'경력단절여성'이 아닌 '경력보유여성'입니다

tenkoco

1. 텐코코의 주요 사업

텐코코는 로레알 출신 뷰티 전문가가 설립한 화장품 브랜딩, 제품기획, 디자인, 제작 토탈 솔루션 업체이다. 또한, 해외 시장 진출에 특화된 경력과 독보적인 기획력을 가지고 있다.

최근에는 해외 바이어와의 연결 서비스를 오픈하여 국내 중소, 인디 화장품 브랜드의 글로벌 시장으로의 진출을 돕고 있으며, A부터 Z까지 원스톱 솔루션을 제공한다는 점이 텐코코의 차별점이다.

2. 텐코코를 설립한 계기

10여 년간 화장품 업계 기획팀, 마케팅팀, 해외 영업팀에서 일하던 중 그녀는 K-beauty의 글로벌 시장에서의 무한한 가능성을 보았다. 특히 2019년 두바이에서 해외 뷰티 인플루언서들을 대상으로 진행했던 영어 브랜드 프레젠테이션이 있던 날 스스로의 가능성을 보았다.

브랜드 피티 중인 고혜미 대표

〈월간 리더스〉에 게재된
고혜미 대표의 프로필사진

너무 긴장한 나머지 와인 한잔을 쭉 들이마시고 청중들 앞에 나와 약 30분간 진행한 프레젠테이션 후 박수갈채를 받았고, 청중들은 한국 화장품과 그녀의 프레젠테이션에 굉장한 관심을 보였다.

"K-beauty의 저력 플러스 저의 자신감이 폭발했던 날이었달까요? 이 정도의 인사이트를 가지고 있으니 이제 '나의 회사를 꾸려 나갈 수 있겠다'라는 확신이 들었습니다."

3. 텐코코 운영에서 가장 중요하게 여기는 원칙

회사 운영에 각별히 신경 쓰는 원칙은 '직원들이 행복하게 일해야 한다'는 것이다.

여성들이 대부분인 업계이다 보니 직원들의 다수는 누군가의 엄마인 경우가 많고, 특히 한창 일할 나이인 5~10년 차의 직원들은 자녀가 아직 어린 경우가 대부분이다. 텐코코에서 재택근무는 자유로이 가능하고 회의도 줌으로 진행한다.

창립 시기도 코로나19가 확산되던 시기였기에 모든 회의는 처음부터 줌으로 진행하였지만, 업무 능률에 지장이 전혀 없다는 것을 우리 스스로 입증하였다.

또한, 상품 기획자나 디자이너에게 가장 중요한 것은 '창의력'이다. 창의력을 북돋아 주기 위해 자유로운 근무 공간도 중요하다고 생각하기에 근무 공간에 제약을 두지 않는다.

좋은 기획안, 획기적인 디자인을 위해서 카페나 집이 도움이 된다면 얼마든지 그 공간을 활용하도록 권장하고 있다.

- 텐코코 홈페이지 www.tenkocobiz.com
- 고혜미 대표 이메일 natalie@tenkocobiz.com

사랑만 믿고 끝냈던 나의 커리어, 그 혹독한 대가

나의 전남편은 잘났었다. 명실상부 한국 최고 대학에서 박사를 마치고 입사한 회사에서 억대 연봉을 받았다. 나는 남편의 능력을 믿고 회사를 그만두었다. 사실, 커리어를 유지하고 싶은 마음도 있었지만, 임신 초기 지하철에서 기절까지 해 본 나는 회사를 계속 다닐 수 없다고 판단했다.

하지만 '당신이 고생하는 게 싫어'라며, 청혼하던 그는 곧 '능력이 없어서 집에서 애나 보는 주제에'라며 나에게 이죽거리기 시작했다.

남편은 퇴근하고 집에 들어올 때 내가 환하게 웃으며 반겨도 인사를 받거나 대꾸해 주지 않았고 본인이 집에 돌아온 이후로는 서재로 바로 들어가 본인에게 일체 말을 걸지 못하도록 했다. 이유도 말해 주지 않았다.

남편은 꾀죄죄한 몰골로 갓난아이를 안고 어르는 나를 보며 자주 인상을 구겼고, 아이를 낳더니 뚱뚱하고 여성스럽지 않아졌다며 나를 외면했다.

내 자존감은 무너져 내렸다.

출산 전 글로벌 화장품 회사 마케팅팀에서 분 냄새를 풍기며 일하던 나는 이제 돈도 벌지 못하고, 사랑받지도 못하는 그저 아이를 키우는 포유류로서의 어미와 다를 바가 없어졌다.

한약 먹고, 러닝머신을 대여해서 뛰며 독하게 살을 뺐다. 임신, 출산으로 살이 쪄 당장 맞는 옷도 거의 없었기에 외모에서의 자존감 회복도 우선 중요했다.

일단, 돈을 벌어야 했다

미친 듯이 일했다. 아이가 있었고 이 아이를 이제 혼자 책임져야 했기에 돈을 벌어야 했다. 남자의 사랑을 믿고 내 커리어를 멈췄었지만, 이제는 또 다른 사랑인 아들을 위해 내 커리어를 다시 시작해야 했다.

혼자 어린아이를 키우며 시간제 영어 강사로 일하다 보니 밥 먹을 시간이 안 나서 삶은 계란을 대충 삼키다 죽을 뻔한 적도 있었고, 마음이 회복되지도 않은 상태에서 그저 돈을 벌기 위해 사회성 제로인 상태로 꾸역꾸역 회사에 다니다 보니 사내에서 왕따도 당했다. 나중에 심리상담 검사로 알게 되었는데 전남편에게 정신적으로 심하게 시달려서 그 당시 내가 분노 조절 장애가 가장 상위 단계인 3단계였다고 한다.

그럼에도 일단, 돈을 벌어야 했다.

이혼 후 일하게 된 첫 화장품 회사

어렵게 작은 화장품 회사에 재취업을 했다. 그때는 까칠하게 구는 것이 일을 잘하는 것인 줄로만 알았다.

하지만 추후에 깨달은 점은 어차피 일은 '사람'이 한다는 것이다. 인간관계만 신경 쓰면서 회사에 다니는 것도 좋게 보이지 않지만, 너무 날을 세울 필요도 없었던 것이었다. 뭐든지 '중용의 미'가 중요하다. 넘치지도 모자라지도 않게! 또, 혹시 모르는 것이다. 그 사람들이 추후에 내 고객사가 될지도!

엄마 & 가장의 역할을 동시에 해내기 위해 시작한 것 = 사업

한국에서 회사에 다니다 보면 6시 정각에 퇴근한다는 것은 어불성설이라는 사실은 금세 알게 된다.

부랴부랴 퇴근 후 카레이서처럼 차를 몰아서 아이를 픽업해 와도 전쟁같이 저녁을 차려 먹이고, 씻기고, 쌓여있는 설거지를 끝내고 이제 좀 누워서 쉴까 하면, 아이가 놀아 달라고 하고…. 아무튼, 내 체력에는 한계가 있었고 출퇴근에 소요되는 하루 2시간이라도 아껴야 했다.

나는 내 능력을 믿었고, 사실 꽤 오래전부터 사업이 하고 싶었다.

까칠했을지언정 그래도 독하게 일은 잘했던 것인지 커리어를 살려 사업을 시작한 후 나를 믿고 전 직장 대표님, 후배, 단골 에스테틱 원장님 등 주변에서 일을 의뢰해 왔다. 또한, 사업을 시작한 뒤 사업으로 인해 알게 된 많은 친구가 생겼다.

나는 일로써 다시 심신의 안정을 찾았고 아이는 자라면서 드디어 '말을 할 줄 아는' 존재가 되어 이제 내가 보살펴야만 하는 한 생명체가 아니라 나와 대화를 할 수 있는 친구가 되어 주었다. 이제는 내가 집안일 하다 발등이라도 찍혀서 "아야!" 하면 걱정스러운 얼굴로 "엄마, 괜찮아?" 하고 물어보는 존재가 함께 있어서 더는 외롭지가 않다.

그동안 길고 긴 어둠의 터널을 지나온 기분이다.

나는 다른 멋진 여성 CEO처럼 거창한 목표나 철학, 큰 인생 계획이 있어서 사업을 시작하지는 않았다.

어쩌다 보니 인생에 고난이 닥쳤고 어찌 보면 그 덕에 안일했던 내 뒤통수에 프라이팬으로 누가 퍽! 하고 크게 한 방 쳐준 것처럼 각성이 되어 사업을 시작했다.

씽크 빅, 액트 나우!

그리고 성공적으로 사업을 운영하고 있다.

나는 귀차니스트다

너무 귀찮아서 최대한 모든 일을 고효율로 세팅해 놓아야 마음이 편하다. 처음 허들을 넘는 것이 어려워서 그렇지 어떠한 업무를 처음에 머리를 싸매고 시스템화해 놓으면 다음번부터는 몸과 마음이 편하다.

타고난 기질도 있겠지만 환경이 나를 이렇게 바꾸기도 했다. 초등학교 때도 누가 시킨 것도 아닌데 생활계획표를 30분 단위로 나누어서 작성할 정도로 시간을 허투루 쓰는 것을 싫어했다. 이런 내가 중요도가 낮은 일에 시간을 할애하는 것을 싫어하는 것은 어찌 보면 당연하다.

'백지장도 맞들면 낫다.'라는 속담을 들어봤을 것이다. 그런데, 싱글맘이 되어 보니, 맞들 사람이 없기에 경제활동과 육아를 혼자서 100% 해내야만 했다.

이런 상황에서 내가 선택한 '덜 중요한 일에 쏟는 시간을 절약하는 법'은 다음과 같다.

첫째, 집안일을 외주화하는 것이다. 모든 집안일은 기계에 맡기자. 주 1회 정도는 '당신의 집사' 등의 앱에서 가사 도우미를 구해서 쓰자. 또한 수고스럽지만 맘카페를 활용해서 근거리의 주부를 가사 도우미로 직접 고용하면 플랫폼에 지불할 수수료를 절약할 수 있다.

둘째, 육아는 정부의 도움을 받아라. 초등학생 이상의 자녀를 둔 경우라면 지역사회마다 '다함께돌봄센터'를 운영하고 있고 무료로 아이를 맡길 수 있다. 영유아의 자녀를 둔 경우에는 정부에서 관리하는 아이돌보미가 집으로 직접 찾아와 육아 서비스를 제공하는 '아이돌봄서비스'를 활용하길 바란다. 인터넷에 각각 '다함께돌봄센터'와 '아이돌봄서비스'라고 검색하면 쉽게 찾을 수 있다.

출산·육아로 경력이 단절되었다가 아이가 어느 정도 자라고 나서 경제적 문제로 돈을 벌고 싶어 하는 주변인들이 나에게 조언을 구할 때가 있다. 그들의 억울함이나 어려움을 나 또한 깊이 공감하고 있다. 그들의 실정을 왜 모르겠는가.

하지만,
"집안일에 제가 손을 놓으면 집이 엉망이 되어 버려요."
"알아봤는데 아이 맡길 곳이 없더라고요."
"애 맡기고 나가서 일해 봤자 돈이 더 나가고 집에서 애 보는 게 돈 버는 거예요."와 같은 말을 하는 것은 제대로 알아보지 않고 하는 말이다.

집안일은 처음에 돈이 조금 들더라도 식기 세척기, 로봇 청소기, 세탁물 건조기에 외주를 줘 버리면 된다. 돈이 아까운가? 당신의 인건비는 집안일을 맡기기 위해 가전제품을 구입하는 비용보다 훨씬 값어치가 있을 것이다.

씽크 빅, 액트 나우!

또한, 아이는 신생아가 아니고서야 앞에서도 언급했듯이 정부에서 지원하는 서비스들이 있다.

이와 같은 말을 할 바에는 솔직하게 "아직은 일하기 싫고 전업주부의 삶이 편하다."라고 하는 것이 낫다.

그게 아니라면 "일을 하고 돈을 벌고 싶지만 내가 무엇을 잘하는지, 과연 지금에 와서 내가 돈을 벌 수 있을지 겁이 나요."라고 자존심을 내려놓고 본인의 현 상황을 깔끔하게 인정해야 한다.

우선 일을 해야겠다, 돈을 벌어야겠다는 생각이 들었으면 핑계를 대지 말고 열심히 정보를 긁어모으고, 자기의 강점을 파악하고, 적극적으로 돈 벌 궁리를 해 보기 바란다. 당신은 이미 당신 안에 자기 자본을 가지고 있다.

어쩌면 당신도 모르는 자신 안의 자원이 있을지도 모른다!

그렇다면 지금부터 자기 자본을 어떻게 파악해야 하는지 알아보자.

자기 자본 파악(강점, 관심사, 자원)
Strengths, Interests and Resources

사업의 지속적인 발전을 꾀하고 새로운 사업의 기회를 파악하기 위해서는 시장 환경의 변화에 민감해야 하고, 사업에 영향을 주는 각종 정보를 빠르게 찾아낼 수 있어야 한다. 그런데 이 모든 변화와 정보를 파악하게 전에 반드시 알아야 하는 것이 있다. 그것은 바로 '자기 자신'이다.

사업가가 새로운 사업의 기회를 포착하기 위해 갖춰야 할 중요한 역량 중 하나는 바로 '자신을 잘 이해하는 것'이다. 나의 장점은 무엇인지, 나는 무엇에 관심이 있는지, 내가 활용할 수 있는 자원은 무엇인지 먼저 파악해야, 내 사업의 발전 가능성과 나의 한계를 명확히 인식할 수 있고, 내게 적합한 사업 아이디어를 찾을 수 있다. 그래서 사업을 하는 사람은 자기 자본을 파악하기 위해 노력해야 한다.

그렇다면 구체적으로 어떤 것을 파악해야 할까? 이를 3가지로 나누어 이야

씽크 빅, 액트 나우!

기하고 싶다.

첫 번째, 나의 강점에 주목해야 한다.

내가 잘하는 것에 나의 시간과 자원을 투자해야 한다. 내가 못하는 일에 시간을 투자한다면 노력을 통해 평균적인 능력을 발휘할 수 있지만, 내가 잘하는 일에 시간을 투자한다면 경쟁자보다 앞서나갈 수 있다.

두 번째, 나의 관심사에 주목해야 한다.

사람은 자신이 좋아하는 일을 할 때 가장 많은 노력을 쏟아붓게 된다. 알기만 하는 자는 좋아하는 자를 이기지 못하고, 좋아하기만 하는 자는 즐기는 자를 이기지 못한다고 했다. 누가 시키지 않아도 밤을 새워서 할 수 있는 일, 나에게 정말 관심 있는 일은 무엇인가? 그것을 내 사업과 어떻게 연결할 수 있을지 고민해 보자.

세 번째, 현재 이용 가능한 자원에 주목해야 한다.

이미 가지고 있는 자원을 활용한다면 아이디어를 더 빠르고 쉽게 실행할 수 있다. 하지만 많은 사람이 '나에게는 자원이 없다'라고 말한다. 그것은 사업에 필요한 자원을 너무 편협한 관점으로 바라보기 때문이다. 사업에 필요한 자원은 단순히 돈이나 사무실 같은 자산의 개념만이 아니다. 이미 내가 획득한 사회적 지위, 나의 경험, 취득한 학위나 자격증, 어학이나 컴퓨터 등의 활용능력, 집에 있는 전자기기나 남는 공간 등. 활용하고자 한다면 모든 것이 자원이 될 수 있다. 어떤 이는 우울증을 극복한 경험을 자원으로 삼아, 책을 쓰고 강연을 한다. 어떤 이는 집에 있는 청소도구를 활용해 청소대행

일을 시작하기도 한다. 당신에게는 이미 많은 것이 있다. 어떤 창의적인 활용법이 적용되느냐에 따라 그것은 자원이 되기도 하고, 휴짓조각이 되기도 한다.

씽크 빅, 액트 나우!

자기 자본 파악:
내가 못하는 것을
빨리 포기할 줄 아는 것도 능력이다

운을 거꾸로 하면 공이다

사업의 지속적인 발전을 꾀하고 새로운 사업의 기회를 파악하기 위해서는 시장 환경의 변화에 민감해야 하고, 사업에 영향을 주는 각종 정보를 빠르게 찾아낼 수 있어야 한다.

공을 들여야 운이 온다. 나는 요즘 유행하는 MBTI를 십수 년 전에도, 아이 낳고도 몇 번이나 이미 받아 보았다. 홀란드 직업적성검사도 마찬가지이다.

나는 그만큼 적극적인 사람이었다.

당신의 강점을 파악하기 위해 적극적으로 알아보기를 바란다. 입 벌리고 누워서 감 떨어지기만을 기다리는 것은 어리석은 짓이다. 지금이라도 인터넷에 접속하면 양질의 무료 콘텐츠들이 널렸다. 이 중 몇 개만 소개하겠다.

플랫폼	채널 운영자	주요 내용
클래스101	드로우앤드류	인스타그램 퍼스널브랜딩
	라이프해커 자청	더 새로운 창업·부업 경제적 자유
유튜브	뭐해먹고살지?	퍼스널브랜딩 SNS 마케팅
	MKTV 김미경티비	하루 20분 성공 습관
	업플라이	사업가 마인드셋

유튜브는 무료로 제공되는 강의가 많고, 클래스101은 적절한 비용으로 한 달 동안 모든 강의를 들을 수 있는 서비스를 제공한다. 이와 같은 플랫폼들을 적극적으로 활용해서 먼저 당신의 관심사가 무엇인지 알아보라.

내가 잘하는 것, 좋아하는 것을 구별하라

내가 좋아하는 것, 관심사와 잘할 수 있는 것, 즉 강점은 다를 수 있다.

우선 나의 성향부터 객관적으로 파악해 보고, 나에게 어울리는 직업군이 무엇일지 공신력 있는 테스트를 받아 보는 것도 도움이 된다.

추천하는 검사는 워크넷 홈페이지에서 제공하는 '직업심리검사'이다.

고용노동부에서 청소년과 성인을 대상으로 총 20여 종의 심리검사를 개발하여, 무료로 서비스를 제공하고 있고 만약 지필검사를 원하면 가까운 고용센터에 방문하여 받아 볼 수 있다.

씽크 빅, 액트 나우!

공신력 있는 검사로 나의 성향, 내가 좋아하는 것, 내가 잘할 수 있는 것을 파악해 보자.

지나간 것은 쳐다보지 말자

나는 우울증으로 6개월을 침대에 누워 허송세월을 보냈다. 하지만 그 6개월 때문에 내 인생이 남들보다 뒤처진 것은 아니다. 아깝게 허비해 버린 시간은 빨리 떨쳐 버리면 된다.

그리스 신화 중 하나인 오르페우스의 이야기를 보면 오르페우스가 저승의 왕인 하데스에게 간청하여 목숨을 잃었던 아내를 데리고 지상으로 올라올 수 있게 된다. 하지만 하데스는 한 가지 조건을 거는데, 이는 바로 지상으로 올라가는 동안 오르페우스가 아내가 잘 따라오고 있는지 절대 뒤를 돌아보면 안 된다는 것이었다.

애니메이션 〈센과 치히로의 행방불명〉에서도 하쿠는 센에게 인간 세계로 향하는 터널을 빠져나올 때 절대 뒤를 돌아보지 말라고 한다.

이는 아마 보다 일찍 세상의 진리를 통달한 이들이, 이미 지나가 버린 시간과 과거에 대한 미련이나 후회는 빨리 떨쳐 버리라는 진리를, 과거의 신화나 현대의 작품을 통해 우리에게 메시지를 보내는 게 아닌가 싶다.

나는 뒤를 돌아보느라 너무 많은 후회와 아픔의 시간을 보냈다. 이 책의 읽고 있는 당신이 혹여나 그런 아픔이 있다면 빨리 떨쳐 냈으면 하는 마음에 따뜻한 격려와 위로를 보낸다.

나의 글이 나보다 연륜이 있는 분께는 도움이 안 될지도 모르겠다. 다만 2030 여성이 간접적으로 타인의 인생을 경험해 보며 본인들의 미래를 가늠해 보았으면 하는 바람이다.
나 같은 시행착오는 덜 겪었으면!

내가 못하는 것을 빨리 포기할 줄 아는 것도 능력이다

본인이 원하는 목표에 다가가기 위해 첫째, 본인의 강점을 파악하는 데에 집중해야 하고, 둘째, 버릴 것을 빨리, 잘 버려야 한다.

강점에 집중한다는 것은 다른 말로는 '약점'을 파악해서 버려야 한다는 뜻이며 그냥 버려서도 안 되고 '빨리' 버려야 한다는 뜻이기도 하다. 왜냐하면, 눈에 보이는 현금 등의 물질적인 자원뿐 아니라 눈에 보이지 않는 시간 또한 자원이며, 이는 한정적이기 때문이다.

물론 선택이라는 것에 대해서 신중한 태도는 중요하다.

하지만 A와 B의 갈래에서 무엇을 선택하는 것이 나에게 유리할지 고민하다 아무것도 선택하지 못하는 사람의 심리를 들여다보면, 아주 '조금도 손해 보지 않으려는' 마음이 기저에 깔려 있다. 그 '조금도 손해 보지 않으

씽크 빅, 액트 나우!

려는' 마음 때문에 결국은 '아무것도 하지 못하는' 것이다.

조금은 손해 볼 것을 감수하고 일단 '결정'을 내려야 한 걸음 앞으로 나아 갈 수 있을 것이다.

버릴 것은 빨리 버리고 '선택'을 하자.

자기 안의 자원 찾기

친한 언니가 있다. 그녀는 이혼 후 혼자 아이를 키우는 싱글맘이며 동네 조그만 카페 직원으로 일하고 있었다.

월급은 월 150만 원, 정규직이 아니기에 4대 보험 미적용 상태였고 카페 사장님과 사이가 좋다고는 하지만 카페 상황도 썩 좋지는 않아 인건비 절감을 위해 사장님이 그만두라고 하면 언제든 실직할 수 있는 상황이었다.

하지만 그녀는 본인은 자영업을 할 돈도 없고 그럴 능력도 되지 않는다며 현재 상태에 만족한다고 늘 말했다.

나는 가까이서 유심히 관찰한 결과 그녀 안에 뛰어난 자원이 있음을 발견했다.

첫 번째, 그녀에게는 미적으로 우수한 안목, 즉 심미안이 있었다. 사진 전공자로서 기본적인 미적 감각을 지니고 있었으며, 따로 스크랩 폴더를 만들어 놓았을 정도로 그녀 스스로가 매장 인테리어에 관심이 많았다.

두 번째, 호불호가 나뉘지 않는 둥글둥글하고 유순한 성격이 그녀의 또 다른 자원이었다. 일하던 카페에 그녀의 친절함이 좋아 찾아오는 단골들이 많았던 것만 봐도 알 수 있었다.

두 가지 자원에 대해 언급하며 나는 그녀가 본인의 가게를 차리기를 적극적으로 권했다. 망설이던 그녀는 나의 말에 용기를 얻어 다음 날부터 소상공인 대출과 가게를 열기 좋은 위치를 알아보기 시작하더니 곧 남자친구와 함께 작은 샐러드 가게를 차렸다.

아담한 가게 안에는 예쁜 그림들과 깔끔한 가구들이 배치되었으며(내가 선물로 사다 준 소화기 컬러까지 지정해 줄 정도로 그녀는 인테리어에 세세하게 신경을 썼다) 그녀 특유의 차분한 음성으로 활짝 웃으며 손님들은 맞이하였다.

그렇다면 결과는?
오픈 이후 지금까지 약 1년간 그녀는 매장 임대료, 원재료 값 등을 제외한 순수익으로 월 천만 원씩을 벌고 있다.
'나는 잘하는 게 없어'라며 수줍게 말하던 그녀가 지금은 샐러드 외 추후 사업 아이템까지 구상하는 당당한 포스의 사장님이 되었다.

씽크 빅, 액트 나우!

'경력단절여성'이 아닌
'경력보유여성'입니다

창업을 준비하는 한국의 여성들에게 하고 싶은 말이 있다면,

첫째, 본인의 커리어를 우습게 여기지 말라.

세상에 변하지 않는 한 가지 진리가 있다면 '세상 모든 것은 변한다'는 것이다. 남편을 육아 휴직시켜서라도 본인의 커리어를 이어 나갔으면 한다. 나의 돈 벌 수 있는 능력을 우습게 여기는 것은 예측할 수 없는 미래를 대비하기에는 위험한 행동이다.

또한 변화하는 사회에 유연하게 대처하며 본인이 쌓았던 커리어를 어떻게 창업에 활용할지를 고민해 보자.

둘째, 여성의 섬세함을 장점으로 승화시킬 줄 알았으면 좋겠다. 화장품

업계 일이나 디자인, 카피라이팅처럼 여성이 특히 '잘하는' 직업군들이 있다. 이러한 직업군에서는 여성들이 보수도 더 많이 받는다.

유리천장이 짜증 난다면 굳이 정면으로 부딪치지 말고 유리천장이 없는 곳으로 진취적으로 나아가는 것도 방법이라고 생각한다. 애초에 유리천장이 없는 업계에서 커리어를 시작한 나로서는 진급이 어렵거나 재취업이 어려워 눈물짓는 주변인들을 보며 안타까웠던 적이 많았다.

마지막으로, 나에게 창업과 사업이란 나를 치유해 준 과정이었다.
물이 끓어오르기 전엔 눈으로 그 차이가 보이지 않는다.
당신은 어쩌면 물이 끓기 위해 필요한 마지막 1도에 다가와 있는지도 모른다. 그러니 너무 실망하거나 지치지 말고 앞으로 계속 정진했으면 좋겠다.

또한 본인이 좋은 재능을 가지고 있어도, 좋은 사람을 만나야 빛을 발한다. 그러니 계속해서 열심히 두드리고 사업으로 연결된 새로운 사람을 만나길 바란다.

전국의 많은 경력보유여성, 싱글맘들에게 나의 글이 조금이나마 위로가 되었으면 한다.

2장

목표 세우기

정보출처 탐색 – 박지현

SMART-PI 목표설정 – 박가현

미래지향적 사고 – 길진화

꾸준한 거북이가 달리는 방법

떨림과 성장 박지현 대표

긍정으로 삶을 짓다
정보출처 탐색:
정보의 바다에서 해답을 찾다
사업은 원래 어렵다

23년간 대기업에서 영업관리 및 교육 운영을 담당하였다. 기업에서 근무한 경험을 바탕으로 현재는 교육 및 컨설팅을 전문으로 하는 떨림과 성장 대표로 활동 중이다. 주로 일반기업과 공공기관에서 소통과 리더십 관련 교육을 진행하고 있으며 리더십과 코칭 석사를 전공하고 전문코치로도 활동 중이다. 저서로는 인간관계에서 발생하는 심리 게임을 다룬 《이상한 대화의 비밀》이 있다.

2020년 코로나19의 확산과 함께 심각한 위기를 맞이하였으나 사업의 다각화를 꾀하며 모바일 시장으로의 확대를 통해 위기를 기회로 전환하였다. 이를 계기로 앞으로 다가올 미래의 변화에 빠르게 대응하고 사업의 방향을 다양한 관점으로 바라보기 위해 2022년 〈자기주도적 기업가 육성 과정〉을 수료하였고 본 과정에서 배우고 익힌 내용을 바탕으로 능동적인 여성사업가로서의 길을 걷고 있다.

떨림과 성장

떨림과 성장은 2018년 5월에 설립된 교육 및 컨설팅 전문기업으로 기업과 공공기관에 출강하고 있다. 떨림과 성장이 추구하는 교육의 궁극적인 목표는 학습자의 긍정적 행동 변화이다. 학습자의 긍정적 행동 변화를 이론과 경험의 조화로운 학습이 필요하다. 이를 위해 다양한 학습이론 및 참여형 교수법을 활용하고 있다. 떨림과 성장의 핵심가치는 행동하는 긍정, GRIT, 교학상장(教學相長), 도전이다. 그중에서도 교학상장은 공유의 힘으로 학습자와 학습자 사이, 학습자와 교수자 사이의 성장을 이끌고 상호 선한 영향력을 미친다는 믿음을 추구한다.

퍼실리테이터로 활동 중인 박지현 대표

떨림과 성장은 법무부, 관세청, 공정거래위원회, 한국도로공사, 우정공무원교육

원, 한국서부발전, 한국중부발전, 국립종자원, 농림축산검역본부, 한국고용정보원, 춘천도시공사, 부산시, 안산시, 상주시, 충청북도, 장흥군, 광주시, 경기소방학교, 중앙소방학교, 평택교육지원청 등 공공기관과 삼성화재, LG전자, 유한건강생활, 현대모비스, MG새마을금고, 흥국화재, 메리츠화재, 서울보증보험, 멀티캠퍼스, 롯데손해보험 등 다양한 기업에 출강했다.

이러닝 촬영 중인 박지현 대표

떨림과 성장의 주요 교육 콘텐츠는 공감대화법, 코칭대화법, 피드백 코칭, 멘토링 코칭, MBTI, 에니어그램, 교류분석 등 성격유형 이해를 통한 소통법, 갈등관리 커뮤니케이션, 갑질 예방 교육 등의 소통 분야와 셀프리더십, 팔로워십, 중간관리자리더십 등 리더십 분야 고객응대 서비스, 불만고객응대 서비스, 비즈니스 매너 등 CS 분야이다.

• 박지현 대표 블로그 blog.naver.com/positivetainer
• 박지현 대표 홈페이지

긍정으로 삶을 짓다

스스로를 가두던 마음의 빗장을 열다

나의 첫 직장은 보험회사였다. 동종업계에 다른 회사에 비해 급여나 근무조건이 좋은 편에 속했다. 나는 열심히 일했고 능력을 인정받아 승진도 빨랐다. 27살에는 영업관리자로 발령받고 매출목표 달성을 위해 열심히 일했다. 인정받는 직원이었지만 나의 마음은 차가운 얼음과 같았다. 그 시절에 만났던 분들이 지금의 나를 보면 "네가 이렇게 웃을 줄도 알고 재미있는 사람이었어?"라고 묻는다. 왜 그랬을까? 왜 그렇게 장벽을 치고 차갑게 굴었을까? 그 이유는 바로 두려움이었다. 그 당시 나는 스스로를 신뢰하지 못했다. 자존감이 매우 낮았다. 실수나 실패가 찾아오면 스스로를 비난하며 자학했다. 나의 마음속 깊은 곳에서 나는 부족한 사람이기에 사람들이 나의 실체를 알면 실망할 것이고 결국 나를 비난하거나 떠나게 될 것이라는 두려움이 자리 잡고 있었다. 나는 그 두려움을 드러내지 않으려고 부단히 애썼다. 마치 겉으로는 고상하게 물 위를 거니는 거위가 물속에서 엄청난 물갈퀴질을 하는 것처럼 말이다.

이런 나에게 변화를 가져다준 사람은 지금의 남편이다. 남편을 처음 만났을 때 나는 그를 의심했다. 나를 좋아할 이유가 없다. 분명 저 사람도 나에게 실망해서 나를 떠나게 될 것이라고 말이다. 그런 나에게 그는 변하지 않는 믿음을 보여 주었다. 어릴 적 양육자가 아이에게 무한한 사랑으로 애착을 확인해 주어 안정감을 찾듯 남편은 나에게 "당신은 사랑받아 마땅한 사람이야." "당신은 존재 자체로 소중한 사람이야."라고 느끼게 해 주었다. 잘나거나 예뻐야 사람들에게 사랑받은 것이 아니다. 나는 존재만으로도 소중하다는 것을 깨닫게 되었다. 그렇게 나는 누구에게 보이는 삶이 아닌 나의 삶을 살고 싶어졌다. 그렇게 내가 원하는 삶을 찾아 10년 동안 열심히 일했던 첫 직장에 미련 없이 사표를 던졌다.

나를 행복하게 하는 것을 발견하다

첫 직장을 그만두면서 10년 동안 내가 어떤 일을 할 때 가장 행복했는지를 돌아보았다. 내가 좋아하고 잘하는 일을 찾아서 인생을 살아가고 싶었기 때문이다. 그렇게 지난 시절을 돌아보니 1995년 처음 보험회사에 입사해서 고생했던 때가 떠올랐다. 그때만 해도 전산 시스템이 지금처럼 발달하지 않아서 직원들이 수기로 챙겨야 할 업무가 상당히 많았다. 보험상품도 다양하고 선배들도 취급해 보지 않은 상품을 전산에 입력할 때면 보험설계사는 독촉하고, 물어볼 데는 없고. 정말 발을 동동 굴러야 했다. 그렇게 고생하면서 일을 배우고 나니 나중에 또 같은 업무가 발생하면 참고할 수 있도록 매뉴얼을 만들어 놓아야겠다는 생각이 들었다. 그래서 A4 용지에 화면을 출력해서 붙이고 수기로 업무처리 순서와 입력 방법, 주의 사항 등을 정리하기 시작했다. 시간이 지나면서 나는 동료들이나 후배들에게 매뉴얼을 보여 주면서 알려 주고 있었다. 그러자 후배들이 입사하면 나에게 3개월씩 교육을 보내셨다. 내가 가르친 후배가 각자의 자리에서 잘 자리 잡은 모습을 보면 뿌듯함과 애정이 느껴졌다. 그렇게 소문이 나기 시작했고 다른 부서에서도 연락이 오기 시작했다.

그러던 어느 날 보험설계사분들 대상으로 강의를 해 달라는 요청이 들어왔다. 그렇게 나는 22살에 처음 강의를 시작했다. 그런데 그게 그렇게 행복할 수가 없었다. 다른 직원들은 모두 안 한다고 했던 일이다. 귀찮고 사람들 앞에서 말하는 것이 적성에 안 맞는다고 말했다. 그런데 외향적이지도 않은 내가 많은 보험설계사 앞에서 강의를 했다. 떨리는 데도 술술 말을 하고 있었다. 그때의 떨림은 아직도 내게는 생생하다. 아! 이것이 나의 사명이구나! 나의 사명은 떨림을 전달하는 사람이 되는 것이다. 내가 느꼈던 그런 두근거림이 내 안에서 메아리처럼 울리고 다른 사람들에게도 그 떨림을 전달해서 성장하도록 돕고 싶고 그런 일을 할 때 내가 행복하기 때문이다.

남들이 가장 싫어하는 일을 하라

첫 직장에 사표를 냈을 때 나는 30살에 두 아이의 엄마였다. 경제적으로 여유로워서 사표를 낸 것은 결코 아니다. 내 적성에 더 잘 맞는 교육팀으로 발령을 받고 싶었지만 쉽지 않았다. 교육팀으로 가고 싶은 사람은 나 말고도 많았고 나보다 능력이 있는 사람은 더 많았다. 나는 고민에 빠졌고 결론을 내렸다. 내가 좋아하는 일을 하고 싶다면 꼭 이 회사일 필요는 없다. 물론 급여 차이는 각오해야 했다. 그렇게 퇴사를 결정하고 주변에 알렸을 때, 내 주변의 많은 사람이 아주 강력하게 반대했다. 심지어 제대로 고민한 것이 맞냐며 화를 내는 분도 계셨고 바깥세상은 춥고 전쟁 같다며 걱정해 주는 분들도 계셨다. 그분들의 우려와 걱정처럼 퇴사하고 힘든 일도 많았다. 하지만 다시 그때로 돌아간다고 해도 나는 퇴사를 결정할 것이다. 그때 내 인생이 힘들었던 것은 내가 퇴사를 해서가 아니라 인생이라는 과정에서 언제든 나타날 수 있는 장애물을 만난 것뿐이라고 생각한다. 중요한 것은 내가 진정으로 행복한 일을 하고 있는가에 대답을 할 수 있느냐이다.

그렇게 퇴사 후 다른 보험회사에 면접을 보러 다녔다. 마음속으로는 영업관리자까지 했는데 당연히 뽑겠지라는 안일한 생각도 했다. 그런데 계속 고배를 마셨다. 면접이 끝난 후 조심스럽게 여쭤보니 보험설계사분들을 교육하고 코칭해야 하는데 나이가 어려서 휘둘릴 것 같다는 이유였다. 그래서 나는 결단을 내렸다. 가장 급여가 낮고 일이 많은 회사를 찾아가자. 급여가 적다 보니 지원자가 많지 않았고 내 나이는 신경 쓰지 않았

씽크 빅, 액트 나우!

다. 업무도 많다 보니 내게 미안해하면서 배려도 많이 해 주셨다. 나는 오히려 기회로 생각했다. 나는 그 회사에서 처음부터 하나하나 배워 나가고 경력을 쌓아 나갈 수 있었다. 3년을 넘게 근무하면서 급여는 2배로 올랐고 인정도 받았다. 그렇게 나는 더 좋은 조건으로 스카우트 제의를 받고 이직할 수 있었다.

나는 일을 할 때 남들이 가장 싫어하는 일을 찾아서 하는 편이다. 남들이 다 잘하는 것을 잘해 봐야 나는 보통의 사람이다. 하지만 남들이 싫어하는 일에 투자하면 내가 바로 전문가가 될 수 있다. 물론 노력해야 하고 고생은 감수해야 한다. 그것이 내가 지금까지 성장할 수 있었던 가장 큰 전략 중 하나이다. 두 번째 직장에서 나는 능력을 인정받았고 남들에게 보이는 모습이 아닌 진정한 나의 모습을 조금씩 바라보기 시작했다.

나는 누구인가?

나는 꿈이 무엇이냐는 질문이 항상 어려웠다. 그냥 나에게 주어진 삶을 충실하게 살았더니 어느 순간 그 자리에 있었다. 첫 직장에서의 10년은 양쪽 눈을 가리고 앞을 향해 달리는 말과 같았다. 자신이 원하는 것을 모른 채 앞만 보고 달리다 비로소 두 번째 직장을 선택할 때 처음으로 내가 좋아하는 것과 잘하는 것에 대해서 진지하게 고민하게 되었다. 그 이후 나는 나에 대해 더 궁금해졌다. 그래서 다양한 성격유형 진단 도구에 관심이 생겼다. DISC, 에니어그램, MBTI, 홀랜드 등을 공부하게 되었다. 성격유형 진단 도구는 나를 객관적으로 바라볼 수 있게 도와준다. 내가 스스로 느끼는 나의 특징을 확인받기도 하고 나는 내가 모르는 나를 확인하기도 한다. 이렇게 자신을 이해하게 되면 가장 큰 효과는 나에 대한 너그러움이 생긴다는 것이다. 물론 그것이 과한 자기애로 번지는 것은 위험한 일이지만 자신에 대해서 이해하게 되면, 공감하게 되고, 너그러운 마음도 생기게 된다. 그렇게 나는 나 자신과 조금씩 가까워지고 있었다.

긍정심리를 만나 나의 강점으로 삶을 짓다

내 인생의 변화를 가져다준 한 가지는 바로 긍정심리학이다. 2015년 처음 긍정심리학을 만나고 나의 성격 강점에 대해서 진단을 해 보았다. 한국형 강점검사 도구인 〈스트렝스5〉에서는 사람은 누구나 25가지 성격 강점을 모두 가지고 있다고 말한다. 그중에서 대표적으로 사용하는 5가지 성격 강점을 대표 강점이라고 하는데 나의 경우는 신중, 탐구, 책임, 판단, 감탄이다. 그중에서도 신중과 탐구는 가장 많이 사용하는 성격 강점이다. 신중함을 통해 나는 주변의 신뢰를 얻었다. 지키지 못할 약속은 잘하지 않고 내가 뱉은 말은 책임을 지기 위해서 노력한다. 내가 맡겨진 일에 대해서는 정확하고 실수 없이 업무를 처리하려고 노력하고 많은 준비를 한다. 신중과 책임이 함께 작용할 때가 많다. 주변 사람들이 "다른 사람 말은 못 믿어도 박 대표가 하는 말을 내가 믿지."라고 말을 해 주시기도 한다. 그런데 그런 말을 듣고 난 나의 반응은 "아니에요." "안 그래요." 하면서 나의 강점을 인정하지 않을 때가 많았다. 어느 날 교육을 받던 중에 강사님께서 주변에 친한 사람들에게 본인의 강점이 무엇인지 물어보는 미션을 주셨다. 가장 친한 친구에게 문자를 보냈는데 답장이 왔다.

"계획적이고, 치밀하고, 긍정적이고, 독립적이며, 책임감이 강하다."

"배려심도 있고 유머러스하며 분위기를 탈 줄 알고 센스도 있음."

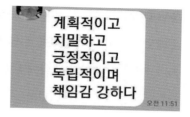

나의 강점에 대해서 이렇게 피드백을 받으니 기분이 좋아졌다. 내가 믿고 신뢰하는 사람이 주는 피드백은 기분 좋게 받아들일 수 있었다. 그런데 나는 그동안 내가 정말 안전하다고 믿는 사람을 제외한 누군가의 피드백을 차단하고 있었다. 혼자서 해결하고 극복해야 하는 일이 많기도 했지만, 피드백을 받는 것이 두려웠다. 우선 긍정적 피드백을 받으면 나에 대한 상대의 칭찬이 진짜가 아니라고 의심했다. '그냥 인사치레로 하는 얘기겠지.'라고 생각하기 일쑤였다. 부정적 피드백을 받으면 먼저 나에 대한 비난으로 들렸고 내게 진짜 문제가 있을 경우 그것을 스스로 인정하는 것을 상당히 힘들어한다는 것을 깨달았다. 그래서 피드백을 받지 않기 위해 미리 준비하고 완벽하게 처리하려는 애씀이 나를 괴롭히고 있었다.

긍정이라는 단어의 뜻을 검색해 보면 '그러하다고 생각하여 옳다고 인정함'이다. 뭔가 인위적인 노력이 필요한 것이 아니다. 긍정은 있는 그대로 수용함으로써 시작된다. 나는 긍정심리학에서 말하는 성격 강점을 통해 있는 그대로의 나를 인정하는 법을 배웠다. 신중함이 때로는 주변 사람들에게 답답함을 줄 수 있고 우유부단할 수 있으며 복잡하지 않은 단순한 문제까지 완벽함을 추구하는 문제를 만들 수 있다는 것을 인정했다. 그리고 나는 완벽함에 대한 자유를 얻었다. 과거에는 나의 작은 실수도 용납할 수 없었다. 부정적 피드백을 받고 싶지 않기 때문이다. 이제는 '실수해도 괜찮아'를 스스로에게 말해 준다. 그러면 안심이 되면서 위로를 받는다. 이제는 내 안에서 나에 대한 자비로움이 번져 나가기 시작했다.

불안 속에서 안전한 삶을 추구하다

신중의 성격 강점은 계획적인 준비와 철저함으로 신뢰를 주지만 나도 모르게 동반되는 감정은 바로 불안과 두려움이다. 불안과 두려움이 항상 나쁜 것은 아니다. 우리가 불안이나 두려움을 느끼지 못한다면 위험한 상황에 놓여도 겁이 사라질 테니 말이다. 과거에는 나에게 찾아오는 이 불안과 두려움 때문에 우울할 때가 많았다. 남들에게는 여유롭게 보이려고 노력했지만 내 삶을 긴장의 연속이었다. 이런 불안과 두려움을 없앨 수는 없다. 그렇다면 나의 관점을 바꾸기로 했다.

나의 관점을 바꾸기 위해 나는 나에게 질문을 던졌다. '나의 불안과 두려움을 나는 나의 어떤 강점으로 극복할 것인가?' 내가 내린 결론은 '탐구'였다. 탐구는 새로운 것을 관찰하고 배움을 실천하는 성격 강점이다. 나의 미래가 불안하고 두렵다면 나는 새로운 지식과 경험을 탐구하면서 그 탐구의 즐거움으로 미래를 준비할 수 있고 그 탐구를 통해 나는 성장할 수 있겠다는 답을 얻었다. 결국, 내 안의 장애물을 내 안의 강점으로 극복 가능한 것이다. 내 삶을 돌아보면 나의 성격 강점은 언제나 나와 함께했다. 슬플 때도 기쁠 때도 내가 성취감을 느꼈을 때도 실패에서 다시 일어설 때도 말이다. 나는 나의 강점을 통해 자신감을 얻고 미래를 개척해 나갈 힘을 얻었다. 그렇게 나는 23년간의 직장생활을 끝내고 1인 기업가의 길로 첫발을 내디뎠다. 이제 나는 있는 그대로의 나를 사랑하고 믿는다.

좋아하는 것과 잘하는 것

사업가로 살아간다는 것은 매력적이지만 외롭고 힘들 때도 많다. 내가 외롭다고 느낄 때는 의사결정이 오롯이 나만의 몫일 때이다. 미래가 불투명한데 어디로 가야 할지 막막할 때가 많다. 나는 사업을 시작하기 전에 방향을 어떻게 잡을지에 대한 고민이 많았다. 앞장에서도 보았듯이 목표가 확실해야 나아갈 수 있을 테니 말이다.

목표설정에 있어 나의 고민 중 하나는 바로 내가 좋아하는 것과 잘하는 것 사이에서의 갈등이었다. 내가 좋아하는 일을 할 때 행복하겠지만 내가 좋아한다고 해서 잘하는 것은 아닐 수 있다. 우리는 그것을 간과해서는 안 된다. 마이클 조던은 어린 시절 농구뿐만 아니라 야구도 좋아했다고 한다. 그러나 그는 전설적인 농구선수가 되었다. 아마도 잘하는 것을 선택한 결과가 아닐까 싶다. 그런데 나에게 고민은 좋아하는 것과 잘하는 것이 다르다는 데 있었다. 고민을 거듭하던 어느 날 대학원 교수님께 코칭을 받을 기회가 있었다. 나는 그날 받은 코칭을 나와 같은 고민을 가진 사람에게도 도움이 되도록 소개하고자 한다. 코칭의 핵심이 되는 질문은 다음의 4가지였다.

1. 좋아하는 것은 무엇인가요? 그것을 한 문장 또는 한 단어로 정의해

보세요.

2. 잘하는 것은 무엇인가요? 그것을 한 문장 또는 한 단어로 정의해 보세요.

3. 좋아하는 것과 잘하는 것을 연결하여 한 문장으로 완성해 보세요.

4. 이제 그것을 실행하기 위해 무엇을 할 수 있을까요?

나의 경우 내가 좋아하는 것 즉, 하고 싶은 콘텐츠는 사람과 사람 사이 일어나는 갈등관리를 도와주는 강의였다. 반면 내가 잘하는 것은 어떤 일을 순서대로 정리하고 프로세스화하는 재능이었다. 이 두 가지를 연결했더니 "인간관계의 갈등에 도움을 주는 대화 프로세스를 만들자."였다. 좋아하는 것과 잘하는 것이 일치하면 정말 좋겠지만 좋아하는 것과 잘하는 것이 다르다면 한 번쯤 이 질문에 답을 해 보고 작성해 보라. 그리고 실행하기 바란다. 인간관계의 갈등에 도움을 주는 대화 프로세스를 만들기 위한 나만의 실행 방법은 다음 장에서 자세히 소개하려고 한다.

씽크 빅, 액트 나우!

정보출처 탐색
Identify Sources of Information

　쏟아지는 정보의 홍수 속에서 양질의 정보를 선별하고 활용방안을 모색하는 것은 생존을 위한 필수적인 활동이라고 할 수 있다. 특히 사업을 할 때는 하나가 아닌 다양한 정보출처를 활용할 필요가 있으며, 얻기 힘든 정보를 찾아내는 것은 혁신에 필요한 강력한 힘을 줄 수 있다.

　다양한 정보출처를 통해 적극적으로 필요한 정보를 탐색하는 활동을 하며, 가깝거나 먼 미래에 유용하게 활용될 수 있는 정보를 파악할 수 있어야 한다.

　당신이 지금 활용하고 있는 정보출처의 종류는 몇 가지나 되는가? 우리가 정보를 얻을 수 있는 곳은 다양하다. 인터넷 검색, 문헌 자료, 동료 사업가, 동종업계 종사자와의 모임이나 인터넷 카페 활동 등. 당신이 정보를 얻기 위해 하는 활동, 이용하는 정보의 창구는 몇 가지인가? 각각의 정보출처를 나열하고, 그곳에서 얻을 수 있는 정보의 종류를 파악해 보자. 그리고 그 정보들은 내 사업에 어떻게 활용될 수 있는가?

　정보출처를 파악하는 과정에서 두 가지 중요한 요건이 있다. 첫 번째는 다양한 출처를 활용해야 한다는 것이다. 한 가지가 아닌, 다양한 정보출처를 활용했을 때, 더욱 다양한 정보와 관점을 획득할 수 있다. 신문을 읽을 때도 한군데의 기사만 읽는 것이 아니라 성향이 다른 여러 신문사의 기사를 함께 읽는 것이 좋다. 같은 사건을 어떻게 다른 관점으로 해석했는지 비교해 볼 수 있기 때문이다. 또한, 인터넷 검색 결과라 할지라도 검색엔진 별로 결과물에 차이점이 있다. 그리고 현대 사회에서 다양한 정보공유의 창이 되고 있는 SNS도 종류별로 얻을 수 있는 정보특성에 차이가 있다. 맛집 정보가 가득한 블로그, 비슷한 업종의 사람들이 질의응답이 있는 카페, 예쁜 요리나 패션 사진이 가득한 핀터레스트, 그 밖의 트위터, 인스타그램 등. 종류별로 얻을 수 있는 정보의 질과 특징이 달라진다. 이런 웹상의 정보는 수시로 업데이트되고 있으므로 각각의 정보출처마다 얻을 수 있는 정보의 특성과 활용 가능 여부를 판단하고, 그 정보를 활용하여 어떤 혁신적인 아이디어를 얻을 수 있을지도 고민해 봐야 한다.

　두 번째 요건은 얻기 힘든 정보를 찾아야 한다는 것이다. 집에서 쉽게 찾아볼 수 있는 정보가 아닌 다른 사람들이 쉽게 접근할 수 없는 정보를 찾아냈을 때, 이것이 혁신에 필요한 강력한 힘을 가지고 있을 때가 많다. 그렇다면 우리에게 혁신을 가져다줄 수 있는 가장 강력한 정보출처는 어디에 있을까? 사업의 종류와 특성에 따라 달라질 수 있지만, 핵심적인 정보출처는 대부분 '사람'일 때가 많다. 고객, 업계관계자, 경쟁자 등. 사업가가 다양한 사람을 만나고 연대해야 하는 이유는 여기에 있다. 핵심적인 정보는 손가락이 아닌 발로 뛰어서 얻어야만 알 수 있을 때가 많기 때문이다.

이렇게 양질의 정보출처를 파악해 놓으면 이는 곧 새로운 사업의 가능성을 발견할 수 있는 창구가 될 수 있다.

정보출처 탐색:
정보의 바다에서 해답을 찾다

내가 처음 강사로서 꿈을 갖고 준비를 시작했을 때 나에게는 어떤 콘텐츠도 없었다. 사내강사로 활동했지만, 보험회사에서만 사용 가능한 콘텐츠였다. 하드웨어는 있지만, 소프트웨어가 없는 상태인 것이다. 정말 막막했다. 정답이 있는 길이라면 참 좋겠지만 정해진 답을 찾기란 쉽지 않았다. 정답이 없다면 나만의 답을 찾자고 다짐했다. 나에게 맞는 해답이 누군가에게 정답이 될 수도 있으니 말이다. 각자 분야가 다르기에 정보의 출처는 다를 수 있지만 내가 시도했던 방법을 통해 아이디어를 얻을 수 있기를 바란다.

씽크 빅, 액트 나우!

나의 강점으로 나아가다

나는 2018년 프리랜서 강사로 활동을 시작했다. 그러나 절대 어느 날 갑자기 시작한 것은 아니다. 2015년부터 3년 동안 체계적으로 준비한 결과였다. 체계적으로 준비한다고 해도 쉽지 않은 것이 사업이다. 어떤 사업을 시작하고 싶다면 그 사업에 대한 정보를 탐색하는 것은 필수과정이다. 언젠가 유명한 요식업 전문가가 방송에서 식당을 시작하는 사장님들이 상권과 고객을 분석하고 그에 맞는 메뉴도 개발하여 점포를 열 것 같지만 실제로는 너무나 단순한 생각으로 시작한다는 이야기를 들었다. 나 또한 막연한 생각으로 사업을 시작하는 오류를 범할 수도 있다고 생각했다. 사내강사나 교육담당자로 근무하다 호기롭게 프리랜서 강사로 전향했다가 다시 직장인으로 돌아간 경우를 쉽게 찾아볼 수 있다. 적어도 나는 그렇게 되지 말자고 다짐했다. 그렇다면 나는 어떻게 해야 할까? 여기서도 나의 강점이 발휘되었다. 나는 탐구의 강점을 가지고 있다. 배움을 멈추지 않는 것도 탐구의 강점 덕분이고 새로운 정보를 찾아서 분석하고 나만의 것으로 만드는 것도 바로 탐구의 강점이 작용된 것이라고 생각한다. 이런 나의 탐구 강점을 활용해서 우선 최대한 정보를 탐색하고 그중에서 나에게 필요한 정보를 선별하기로 했다.

유에서 유를 창조하는 방법

한국형 강점검사 〈스트렝스5〉는 우리의 성격 강점을 25가지로 나누는데 나의 스물다섯 번째 강점이 바로 '창의' 강점이다. 내가 정보를 열심히 탐색한 이유도 바로 여기에 있다. 나의 제품이 무에서 유를 창조한 세상에 유일하고 누구도 따라올 수 없는 고유성을 가지고 있는 경우도 있지만, 보편적인 제품을 보유한 경우도 있을 것이다. 김치찌개는 전 국민이 사랑하는 메뉴이지만 그 메뉴를 판매하는 경쟁자는 많다. 그렇다면 남들과 다른 김치찌개를 만들어야 한다. 이때 전해 새로운 아이디어를 통해 메뉴를 탄생시키는 경우도 있지만, 누군가의 아이디어에서 영감을 얻어 익숙함에 새로움을 가미한 제품을 만드는 경우도 있다.

나의 경우 무에서 유를 창조하는 것이 쉽지 않았다. 강의 콘텐츠라는 것이 사람들에게 필요한 것이어야 하는데 사람들에게 필요한 콘텐츠는 삶의 일상적인 부분이다. 대표적인 콘텐츠가 바로 커뮤니케이션이다. 일상에서 대화는 필수이고 인간관계에서 의사소통의 어려움을 겪는 사람들이 많다 보니 그에 대한 강의도 많다. 그 얘기는 강사도 많다는 얘기다. 내가 커뮤니케이션 강의를 시작한다면 경쟁의 파도 속에서 살아남기도 어렵다는 얘기이고 사업에 실패할 가능성이 크다는 결론이 나온다. 그렇다면 나는 어떻게 해야 할까? 나는 유에서 유를 찾기로 했다. 그러기 위해서는 먼저 시장에 대한 정보를 탐색해야 했다. 지피지기면 백전백승이니까 말이다.

확산하고 수렴하기

정보탐색을 위해서는 우선 많은 정보를 찾아내는 것이 중요하다. 나는 이것을 "확산"이라고 부른다. 확산을 통해 많은 정보를 찾았다면 그 정보를 선별하는 과정이 필요한데 이것은 "수렴"이라고 부른다. 창의적 아이

씽크 빅, 액트 나우!

디어로 문제를 해결할 때도 우선 많은 아이디어를 내고 선별해 내는 과정이 필요한 것처럼 사업에 대한 정보출처도 그러하다. 시장은 계속 변화하기 때문에 반복적인 정보의 확산과 수렴과정을 통해서 사업은 성장할 수 있다.

정보의 바다에서 엑기스를 뽑아내기

기업교육 강사로 활동하기 위해 처음 정보를 탐색했던 첫 번째 단계는 바로 유명한 강사들의 프로필(강사소개서)을 탐색하는 것이다. 이때 중요한 것은 최대한 많은 정보출처를 통해 많은 정보를 수집하는 것이 중요하다. 내가 활용했던 방법은 다음과 같다.

1. 강사들의 홈페이지나 블로그 등 SNS를 방문하여 강사 프로필을 탐색했다. 예를 들어 "소통강사", "기업교육강사"로 검색하여 탐색하는 것이다.
2. 강사를 소개해 주는 플랫폼을 찾아 분야별 전문가로 등록된 강사 프로필을 탐색했다.
3. 유명교육회사 홈페이지에 들어가 교육프로그램에 소개된 강사 프로필을 탐색했다.
4. 정부 기관이나 지자체, 기업의 홈페이지나 SNS에서 강연 정보를 찾아 강사 프로필을 탐색했다. 무료 강연도 정말 많다.
5. 클래스101 같은 온라인플랫폼에 들어가 자기계발 분야에서 강사 프로필을 탐색했다.

6. 온오프믹스 같은 모임 플랫폼에서 강사 프로필을 탐색했다.

첫 번째 단계에서 확산했다면 두 번째 단계에서 다시 수렴해야 한다. 두 번째 단계는 강사들의 프로필에서 중요한 몇 가지 핵심단어를 추출한다. 이 핵심단어가 중요한데 우선은 프로필에서 다양한 키워드를 최대한 추출한 뒤 내 사업에서 필요한 부분이 무엇인지는 각자 선별해 낼 수 있어야 한다. 나는 '경력, 자격증, 주요 강의 분야'를 추출했다.

세 번째로 추출한 핵심단어와 관련된 내용을 다시 세부적으로 검색했다. '자격증'을 예로 들자면 강사 프로필에서 강사들이 취득한 자격증을 모두 탐색하는 것이다.

네 번째 단계는 세 번째 단계에서 추출한 정보에서 엑기스를 뽑아내는 것이다. 예를 들어 '자격증'에서는 '코치자격, 퍼실리테이터, MBTI'라는 세 개의 단어를 추출해 냈다. 이렇게 추출한 정보를 바탕으로 나는 회사를 다니면서 2015년 25개, 2016년 38개, 2017년 62개의 교육을 수강했다. 저녁 시간도 주말도 쉬지 않았다.

교육을 수강하러 다니니 또 다른 정보출처가 생겼다. 함께 교육을 받던 분 중에는 나보다 먼저 강사의 길을 가고 있는 분도 계시고 기업의 교육담당자도 있었다. 기존에 강의를 하고 있는 강사에게 얻을 수 있는 정보는 이미 실패경험이나 성공 경험을 제공받을 수 있다. 기업의 교육담당자에게 얻는 정보는 나의 고객이 원하는 것이 무엇이고 시장에서 원하는 콘텐츠가 무엇인가에 대한 정보이다. 여기서 만난 분들의 조언으로 나는 2016년 대학원에 진학하여 코칭을 전공했다. 모두에게 석사취득이 필수는 아니다. 나에게는 강사로서 성장하는 데 큰 도움이 되었다. 더 넓은 눈으로 시장을 볼 수 있었다. 만약 많은 정보를 탐색하지 않았다면 그런 결과는 얻을 수 없었을 것이다.

나의 가치관과 방향성을 놓치지 마라

나의 정보에서 엑기스를 뽑아낼 때 중요한 것이 하나 있다. 가끔 "강사를 하기 위해 어떤 자격을 취득해야 하나요?"라는 질문을 받는다. 자격증이 많으면 좋을까? 이에 대한 답은 회사에서 면접위원으로 참여한 경험이 도움이 되었다. 계약직 직원을 채용하는 데 컴퓨터 활용과 관련하여 다양한 자격증을 취득한 면접자가 있었다. 면접위원 중 한 분이 이런 질문을 던졌다.

"혹시 피벗 테이블을 할 줄 아나요?"

면접자는 대답하지 못했고 결국 채용되지 못했다. 경력은 정말 화려했지만, 실전에는 적용할 줄 모르는 경력인 것이다. 강사는 교육생이 행동하도록 돕는 직업이다. 행동을 돕지 못하는 자격증이나 경력을 스펙으로 늘어놓고 자랑하고 싶지 않았다. 진짜 교육에 정말 필요한 자격을 취득하고 싶었다. 이렇듯 사업에는 나의 가치관과 그에 따른 방향성이 중요한 몫을 한다고 생각한다. 나의 경우 "떨림을 전달하는 사람"이 되기 위해 정보를 탐색하고, 선별한 정보로 바탕으로 실행하면서 지속적으로 발전시켜 나갔다. 엑기스를 뽑아내기 위해서는 나를 지탱하는 가치관과 방향성을 명확히 하는 것이 가장 중요하다.

위기가 기회가 되려면

사업을 시작하고 그다음 해에 코로나19가 찾아왔다. 대면 강의는 중단되었고 강사들은 일자리를 잃었다. 비대면 강의가 활성화되기 전 6개월 정도 어떤 연락도 없었다. 한동안은 정신이 나간 상태였다. 가족들에게도 미안했다. 언제 올지 모를 연락을 기다리다 지쳐 다시 구인 플랫폼을 검색해 보기도 했다.

'그럼 그렇지. 내가 무슨 사업이야. 다시 직장으로 돌아가라는 하늘의 뜻인가 보다.'

그러다 문득 '이렇게 힘들 때 나는 어떤 강점으로 이겨 낼 수 있을까?' 스스로에게 질문을 던졌다. 역시 '탐구'였다. 대면으로 교육생을 만날 수 없다면 비대면으로 만날 방법을 찾아야 했다. 그렇게 또 정보탐색을 시작했다. 그때 나는 큰 깨달음을 얻었다. 바로 버티는 힘이 중요하다는 것이다. 정말 놀라운 것이 힘들 때 꾸역꾸역 배워 두었더니 그것과 일과 관련된 일이 나에게 찾아왔다. 만약 포기하고 손 놓고 있었더라면 강의요청이 들어왔을 때 수락할 수 없었을 텐데 버티면서 노력하니 기회가 찾아왔다. 디지털하고 전혀 친하지 않던 내가 강사들에게 디지털 교육 도구를 교육하게 된 것이다. 위기가 기회가 되려면 정보를 탐색하고 탐색한 내용에서 엑기스를 뽑아내고 그 내용을 바탕으로 실행해야 한다. 그것이 주도적인 사업가의 행동이 아닐까 생각한다.

더 넓은 시장으로 확대하다

코로나19 시기에 나의 정보출처의 큰 비중을 차지한 것은 '유튜브'였다. 그곳도 정말 정보의 바다였다. 6개월 동안 나는 다시 확산과 수렴을 반복했다. 그래서 얻은 결과는 유튜브 채널 개설, 3개월 동안 블로그에 매일 글쓰기 및 애드포스트 등록, 책 출판, 스마트 스토어 개설 및 판매, 라이브 커머스 쇼핑 호스트 활동이다. 이 결과물은 나에게 두 가지 큰 전환점이 되었다. 직접 만나서 진행하던 대면 강의에서 비대면 플랫폼으로의 확대와 강사라는 직업에서 다른 직업으로의 확장이다. N잡러로 소득을 창출할 수 있는 채널이 다각화된 것이다. 예를 들자면 MBTI 교육을 대면으로만 진행해 오다가 스마트 스토어에서 진단하고 프로파일을 제공하는 온라인 판매 채널을 확보하게 된 것이다. 또한, 스피치 능력을 활용하여 모바일 쇼핑 호스트로의 활동을 시작하게 되었고 그 경험을 바탕으로 소상공인을 위한 라이브 커머스를 활용한 판매 교육까지 확대할 수 있었다. 이런 사업의 성과는 정보탐색에서 시작되었다.

두드려라! 그러면 열릴 것이다

정보탐색을 위한 정보의 출처는 계속 변화한다. 간혹 정보탐색을 하기 위해 일을 하는 건지 일을 하기 위해 정보탐색을 하는 것인지 목적을 잊는 경우도 있다. 최대한 많은 정보를 수집하지만, 더 중요한 것은 정보를 선별하는 것이라는 것을 잊지 말기 바란다. 정보를 선별하는 눈은 경험에서 나온다. 세상에는 정말 많은 정보가 존재하고 그 정보가 정말 나에게 도움이 될지 안 될지는 내가 발품을 파는 만큼 보인다.

사업은 원래 어렵다

보험회사에서 영업관리자로 일하면서 정말 많은 보험설계사를 만났다. 보험영업은 참 매력적이다. 사람들에게 안심을 선물할 수 있는 직업이니 말이다. 하지만 보험은 사고가 났을 때 비로소 상품의 가치를 인식할 수 있다. 그 말은 아직 사고가 닥치지 않은 고객에게 판매하기란 쉽지 않다는 얘기다. 그래서 많은 분이 보험사업에 도전하지만, 많이 포기하는 사업 중 하나이다. 그렇게 많이 포기하는데 왜 많은 사람이 시간을 투자할지를 생각해 보면 그 일에 장점만 보기 때문이다. 예를 들어 시간을 자유롭게 조절할 수 있다는 점에 매력을 느끼지만, 전문적인 상품공부와 경험을 쌓고 고객을 설득하는 일련의 과정의 어려운 점은 축소해서 보는 면이 있다. 보험영업만 그럴까? 모든 사업이 이와 비슷하다고 생각한다. 그러면 도전하지 말아야 할까? 아니다. 도전하라고 말하고 싶다. 여러분이 고

씽크 빅, 액트 나우!

민하고 도전하는 모든 사업은 가치롭다. 그 가치를 실현하기 위해서 잊지 말아야 할 것은 사업은 쉽지 않다는 것이다.

"사업은 원래 어렵다!"

우리는 기대에 따라 다른 만족의 결과를 얻는다. 이 일이 어려울 것이라고 생각했는데 생각보다 쉽다면 재미도 있고 성취감도 생길 수 있다. 하지만 이 일이 쉬울 거라고 생각했는데 막상 닥쳐 보니 어렵다면 빨리 포기하게 될 가능성이 크다. 만약 지금 너무 힘든가? 포기하고 싶은가? 그렇다면 이상한 게 아니다. 사업은 원래 어렵다. 우리는 지금 어려운 길을 나아가는 중이다. 우리는 어렵다고 생각하면 철저하게 준비하게 된다. 더 많은 자료를 찾아볼 것이고 더 많은 사람에게 자문을 구할 것이고 더 많은 아이디어를 창출하려고 노력할 것이다. 어려움을 뛰어넘어야 우리에게 달콤한 선물이 찾아온다. 그리고 사업이 원래 어렵다는 것을 인정하게 되면 이런 위안을 얻을 수 있다.

"맞아! 사업은 원래 어려운 거야, 나만 힘든 것은 아니구나!"

이런 위안을 통해 다시 도전하는 것이 중요하다. "사업은 원래 어려운 건데 내가 쉬운 길로 가려고 했구나. 더 노력하자!"라고 말이다. 그 어려운 걸 해내는 여러분을 항상 응원한다.

'나' 활용법

㈜메타 박가현 대표

하루 천만 원 셀러, 사회적기업가가 되다

SMART-PI 목표설정:
다시, 마음속에 발전기를 집어넣다

'나'이기에 가능한 일이 분명 있습니다,
'나'로 사세요!

• 본인에 대한 소개

개구쟁이 아들의 엄마로, 새로운 분야에 관심을 갖게 되면서 ICT기업과 사회적 협동조합 그리고 출판사업을 동시에 운영 중인 감성 가득한 개발자이다.

• 사업에 대한 소개

㈜메타는 메타인지에서 가지고 온 사명으로 디지털기술로 사회적 소외계층을 돕는다는 소셜 미션을 가지고 있다.

마인드랩사회적협동조합은 4차산업 관련 교육을 일회적 경험에 그치지 않고,

주체적으로 기술을 이용할 수 있도록 하는 교구들을 직접 개발하는 제조기업이다.

출판사 소리는 우리 주변의 귀한 이야기(소리)들을 담고 싶어 만들었다.

• 제품에 대한 소개

㈜메타는 3D, AR/APP/BIGDATA 기술을 활용하여, 발달지연 아동을 위한 D.A.B SOLUTION을 개발하고 있다. D.A.B SOLUTION의 의미는 해당 솔루션에 적용되는 기술들의 이니셜을 의미하며, 발달지연아동 및 양육자들에게 대안이 되는 답을 제시한다는 의미로 '답'을 소리하는 대로 표기하였다.

D의 경우, 3D모델링 기술을 의미하며, 아동이 미술치료과정에서 그린 그림들을 3D모델링 기술을 통해, 아이의 특성에 맞는 연계놀이치료 교구로 특수 제작한다. 또한, 본 기술을 통해 아이가 직접 그린 그림이 앱(Application)의 콘텐츠 주인공으로 활용되어, 교육환경에서의 친밀감을 통해 교육적 효과를 증대하는 기술이다.

이러한 모델링된 콘텐츠(object)를 가지고 AR로 구현하여, 보다 다양한 방식으로 교육을 접할 수 있도록 한다.

B의 경우 빅데이터 분석(BIGDATA)기술은 소아과 등이 많이 없는 지역에서도 아이들이 치료의 골든타임을 놓치지 않고 현 상태를 파악할 수 있도록, 앱과 교구, 콘텐츠로 제공되는 모든 정보들을 분석하여 제공하며, 향후 적용될 AI기술의 기반으로 활용된다.

그 외에, 느린 학습자를 위한 AI튜터, 치매 예방을 위한 기능성 Application 등을 출시할 예정이다.

마인드랩사회적협동조합은 블록체인, 빅데이터, AI, 코딩 등 개념적으로 접근이 어려운 부분을 교구로 개발하여, 더욱 쉽게 디지털기술을 학습할 수 있도록 교육과 교구를 제공하고 있다.

• 박가현 대표 이메일 inmeta@naver.com

하루 천만 원 셀러,
사회적기업가가 되다

장사도 사업도 유전인가요?

크지 않은 시장골목, 22살의 나의 어머니는 생선가게와 채소가게 가운데 위치한 화장품 매장을 오픈했다. 50kg도 되지 않은 얇상한 몸에 당시 큰 키로 태평양(현. 아모레퍼시픽)에 조기 선발로 입사를 한 후, 배가 불러와 나를 낳기 위해, 그리고 살기 위해 작은 상가를 계약했다. 8평이 되지 않는 상가 뒤편에 방이 하나 있었는데, 창고나 낮잠용으로 쓰는 임시 공간과 채 1미터도 되지 않는 간이주방이 연결되어 있었다. 물론 씻을 수 있는 공간도 개별 화장실도 없었다. 그 4평도 안 되는 방을 둘러싼 모든 벽면에는 아버지는 화장품을 보관하기 위한 수납공간을 각목이나, 철재를 잘라 만들었고, 그 공간 중앙에서 나는 태어났고, 자랐다.

시장은 내 부모에게는 생존을 위한 전쟁터였고, 지독한 가난을 벗어나기 위한 희망의 공간이었지만, 어리고 철없던 나에게는 그저 놀이터였고, 내 지나친 호기심들을 채워 줄 수 있는 장소들이었다.

나는 썩 말괄량이였고 장난꾸러기여서 이런저런 사고들로 엄마를 곤란하게 하는 일이 많았다. 그래서 엄마는 방에서 가게로 나오는 문을 밖에서 잠가 두고 장사를 했었는데, 내가 불안해할까 봐, 안에서만 밖이 보이는 거울을 붙여 두고 방 안에서도 가게를 볼 수 있도록 해 두었다.

그럴 때면, 나는 그 문에 몇 시간이고 매달려서 엄마와 사람들이 이야기하는 모습들을 자연스럽게 볼 수 있었다. 그렇게 유치원에 다니기 시작할 무렵의 6살의 나에게는 3살 터울의 여동생이 생겼고, 나는 여전히 장난 가득한 아이였다.

그날도 역시, 엄마는 매장에서 손님을 상대하고 있었고, 나는 동생과 장난을 치고 있었다. 화장품을 진열하는 예전 진열장은 셀러와 손님을 구분하는 허리 정도 되는 투명 유리장으로 만들어졌는데, 보통은 섀도나 고가의 화장품, 색조화장품들이 진열할 수 있었다.

무슨 이야기를 나눴는지 정확하게 기억이 나지 않지만, 왔던 사람은 삿대질하며 엄마를 향해 큰소리 내며 화를 내었고, 동생은 무서워서 방으로 숨었고, 나는 그 순간 발이 얼어붙어 한 걸음도 떼지 못하고 그저 서 있었다. 그 사람을 향해 매섭게 얘기하던 엄마는 진열장 뒤로 털썩 주저앉아

씽크 빅, 액트 나우!

버렸다.

나는 그 순간, 보았다. 투명 진열장 뒤로, 소리 하나 내지 않고, 세상의 모든 서러움을 온몸으로 표현하고 있는 27살의 엄마의 모습을.

작은 화장품 판매장 안은 반짝반짝 빛나는 것들이 참 많았다. 찾는 물건이 없으면 그때마다, 아빠가 새벽잠을 이겨 내며 남대문, 동대문을 거쳐 액세서리나 화장품들을 떼어 와서 진열해 놓았기 때문에, 시장골목에서도 이쁜 물건이 참 많은 가게였다.

그중에 액세서리가 참 많은 가게였다, 액세서리는 비품(B품)이 있는데, 철제 부분과 리본 등의 장신구가 떨어지거나 큐빅 등의 일부 부속품이 빠져 있는 것들만 골라 더욱 싼 값에 아버지가 도매시장에서 사 오시고, 이를 고쳐 주셨고 이를 엄마가 화장품과 함께 판매하셨다.

옆 가게가 문을 닫는 날이면, 아버지는 은색 돗자리를 펼쳐 주었고, 나는 고쳐진 액세서리를 앞에다 깔아 두고 지나가는 사람들에게 팔았다. 머리에는 알록달록한 핀들을 꽂고 "사세요~ 2개에 5백 원이에요."라고 말했다. 꽤나 장사 수완이 좋아 장사를 잘한다는 말들을 듣기도 했다. 그때 내 나이가 11살이었다.

전쟁터에 나가는 원시 부족민처럼

시장에서 누가 입다가 작아진 옷을 받아다가 2벌을 번갈아 세탁해서 입으며, 악착같이 살았던 부모님은 새로 생긴 신도시에 메인상가 1층에도 화장품 매장을 얻었다. 그리고 화장품 매장을 점차 늘려 가면서 프랜차이즈처럼 운영하시기 시작했다.

청춘과 바꾼 가난의 프레임을 벗는 일은 가난의 거죽들까지 손쉽게 벗겨 내진 못했다. 일궈 놓은 삶의 터전이었던 매장을 단순히 아들에게 상가를 넘겨준다고 한 푼도 받지 못하고 쫓겨나야 했던 때를 의식적으로 기억하려고 하는 듯이, 치열했던 삶이 언젠가 신기루처럼 흩어져 버릴까 싶어, 부모님은 하루도 쉬지 않고 일을 했다.

부모님은 화장품매장을 운영했지만, 샘플로 받은 화장품을 공병에 부어 넣고 사용했다. 엄마는 하얗고 이쁜 화장대 대신 낡은 서랍장 위에 거울을 하나 얹어 두고 화장을 했다. 유난히 속눈썹이 길었던 엄마를 보고 마스카라(속눈썹을 길게 보이게 하는 제품)를 구입하는 사람들이 많았기에, 알록달록한 눈화장을 하는 엄마의 모습을 어깨너머 볼 때면, 전쟁터에 싸움을 나가기 전, 치장하는 원시 부족민 모습이 겹쳐 보였다.

아주 자연스럽게, 중학교에 진학해서도 교복을 입은 채로, 부모님의 일을 돕기 위해 매장에 가서 일손을 도왔고, 고등학교에 올라가서도 반장과 학년 회장을 할 정도로 학교생활이 좋았지만, 매장이 여러 개라, 사정이 있

씽크 빅, 액트 나우!

는 직원들을 대신해서 학원에 가는 것 대신 나가서 물건을 팔기도 했다.

배움과 결핍의 K-장녀

3남매를 키워 내면서 제대로 쉬지도 못하고, 아이 낳는 날까지도 매대 위에서 물건을 팔았던 엄마는 결국 암이라는 큰 병을 얻게 되었다.

스스로에 대한 보상과 같은 것으로 진학하지 못한 대학을 다니고 싶다고 하셨다. 물론 피부관리실을 운영하기 위한 절차적인 부분도 있었지만, 내심 고졸이라는 꼬리표들이 더 따라다니는 것이 싫다고 하셨고, 암이라는 큰 병으로 인해 고통받고 심적으로 부서졌던 엄마에게 누구 하나 그 선택을 반대할 수 없었다.

동시에 법학대학을 다니고 있던 나는, 입학과 동시에 등록금들을 벌기 위해 아르바이트(돈가스집 등)와 붐처럼 막 시작하고 있던 인터넷 사업을 시작하였으나, 엄마의 부재로 문제가 생기는 매장들을 두고 볼 수 없어서 엄마 대신 매장을 지키기도 했다.

매장은 장사가 정말 잘되었다. 은행에서 매번 돈을 맡길 때, 봉지째로 들고 오니, 세어서 가져다 달라고 돈 세는 기계를 직접 주기도 했다. 그래서 밤마다 우리 집에서는 관례처럼 '다라라락' 돈 세는 소리가 들렸다.

이렇게 바쁘니 하루는 3주간의 시험 기간에도 너무 바빠 매장을 봐 달라고 하실 때도 있어서 진열장 위에 올려 두고 책을 보기도 했고, 다음 날 시험이었지만, 직원이 무단결근해서 시험을 보지 못한 경우도 많았다.

그도 그럴 것이, 어려서부터 장사수완이 좋았던 나는, 매장에서 한자리에서 몇백만 원씩 팔기도 했고 하루 천만 원 가까운 매출을 올리기도 했기 때문이다. 아마, 부모의 입장에서도 가장 가깝고 언제나 대기조인 직원이었지 않을까.

한국의 장녀, 그리고 자수성가 한 부모 밑에서 너무 가까이서 그 삶을 바라봐야 했던 나는 그 모든 상황에서도 나만을 위한 선택은 할 수가 없었다.

결핍은 결핍을, 치유된 결핍은 절실함을 낳는다

가족에 대한 헌신 등을 갑자기 떠맡게 된 나는, 채워지지 않은 부분을 무엇으로 막아야 할지 모르고 방황하기 시작했다.

내 안에 있는 결핍이 어떤 것에서 비롯되었는지에 대한 원인이 있었는지 잘 몰랐기 때문에, 그리고 그것들을 채워 줄 사람들이 곁에 없었기 때문에⋯. 다양한 이유로 깊고 길게 방황했다.

이렇게 방황을 하는 동안 집중했던 것들이 있는데, 교육 봉사활동이었다.

'내가 장사 말고, 쓰임 있는 활동들이 무엇이 있을까?'에 대한 고민을 하였고, 우선 시작해 보자 했던 것이 방과 후 보육센터에서 2007년쯤 간헐적으로 교육 봉사를 시작했다.

2012년부터는 한국과학창의재단에서 주최하는 SOCSOC CAMP 등을 기획하기도 하였고, 前 미래창조과학부의 대한민국 대학생 교육 기부단의 집행부로 활동하면서, 대학생 400명 앞에서 강의하기도 하였다.

단순히 나의 내면적 결핍을 치료하기 위해서 시작했던 교육 봉사활동은 사회적기업의 박람회 행사를 돕는 서포터즈 활동으로까지 이어졌고, JA-KOREA 등을 통해서 지방으로 교육을 가기도 하였다.

많은 초중고등학교를 방문해서 사회, 법, 수학, 영어, 경제 등을 가르쳤는데, 아직도 기억나는 봉사 캠프가 있다.

3박 4일의 교육 캠프였는데, 교육 봉사하는 사람들이 모여 있는 팀이 대절한 고속버스를 타고 내려가서 지방에 있는 학교에서 낮에는 수업을 저녁에는 모여서 회의하고 수업 방향을 잡아 나가는 것이었다.

교육 봉사활동을 한 곳은 '서산초등학교'. 이곳에서 나는 정말 특이한 경험을 했다.

5학년 아이들에게 경제교육에 관한 강의를 진행했는데, 다른 아이들은 신나게 따라 하기도 하고, 교재의 경제 보드게임에 몰두하여 진행하기도 하는데 한 여자아이가 자꾸만 싫다고 하는 것이다.

곧잘 따라 하는 듯하다가, 쉬는 시간이면 나를 찾아와 "하기 싫어요." "이거 왜 해야 해요?"라고 했고, 단순하게 학습에 흥미를 덜 느낀다는 것보다 다른 문제가 있는 것처럼 느껴졌다.

수업이 끝나서 회의시간이 되면 팀원들에게 이야기를 나누면서, 방법을 찾으려고 했지만, 다음 날이면 나를 또 찾아와 30분이고 1시간이고… "싫어요. 나, 이거 싫어요." 등을 복도고 교무실 앞이고 찾아와서 말하는 아이를 보면서 '아, 내가 봉사활동을 너무 쉽게 생각했구나. 아이들에게 상처를 주는 행동을 하지 말아야겠다.'라고 다짐했다.

캠프의 마지막 날이 찾아왔고, 그날은 그 아이가 나와 수업 도중에 눈을 마주치지 않으려고 했다. 나는 3일 동안의 고민 끝에 미안함이 가득 담긴 작은 편지와 함께, 그날의 수업을 간신히 마치고 고속버스에 몸을 실었다.

그때, 드라마 같은 일이 벌어졌다.

아이는 고속버스 입구에서 나를 안아 주었고, "선생님을 많이 좋아해요."라고 말해 주었다. 인사를 길게 하지 못하는 상황이라 짧은 인사 끝에 버스를 탄 후 창문 밖을 바라보니, 그 아이가 버스를 쫓아오면서 뛰고 있

씽크 빅, 액트 나우!

었다. 나는 그날 서울로 올라오는 버스 안에서 정말 서럽게 울었다.

정말 아이러니하게도, 나의 결핍이 그날 모두 해소되었다. 누군가에게 진정으로 인정받는 일, 쓰임이 있는 일을 해야겠다는 생각이 들었다. 내가 결핍으로부터 벗어나는 순간, 모양은 달리한 결핍은 간절함으로 내 곁에 머물기 시작했다.

창업은 모든 선택지의 1번에 넣어라

모 금융사의 취업설명회에서 본사 인사과 팀장님이 나와 설명회를 마치고 Q&A 시간이었다. 당시 전국 경제동아리의 회장이었던 나는 '증시에 대한 불안전성에 대한 질문'을 던졌다.

두 가지의 의문을 담고 있었는데, '왜 사람들은 자본의 축적을 예금 혹은 적금을 우선시할까'였고, '유동성 자산으로의 투자보다 부동산 투자가 더 많은 한국의 상황에서 봤을 때, 투자자 입장에서 가장 먼저 배제되어야 하는 불안전성이 무엇일까?'였다.

안전자산 확보를 위한 두려움으로 통상적인 저축으로 이어졌을 때, 일본이 겪고 문제점을 한국도 결국 그것을 답습하지 않을까 싶었고, 개인적으로는 단순히 취업하기 전에 회사가 경영을 배울 수 있는 공간인가 확인하고 싶었다.

설명회를 마치고 강단에서 내려온 팀장님은 어디에서 인턴을 했는지, 내가 무슨 활동을 하고 있는지 간략하게 묻고는 꼭 본사에 방문하라며, 개인적인 명함을 주고 자리를 떠났다. 그 명함은 아직도 가지고 있지만, 한 번도 연락하지 않았다.

회사의 시스템 안에 들어가서 일을 하기 시작하면 내가 할 수 있는 일들을 다 할 수 없다는 것을 인턴 생활을 하면서 익히 알고 있었고, 질문에 대한 대답을 찾아가기만도 바쁜 회사 생활보다는 창조적인 일을 하고 싶다는 생각을 하게 되었다. 그리고 항상 내 선택지 안에는 창업이 있었다.

혹자는 두렵기도, 무조건 망하기도 한다는 창업을 단돈 30만 원으로 시작해 보기로 했다.

당시 2015년 한국여성발명협회에서 앱 개발 아이디어로 은상을 수상했던 나는 회사를 운영할 수 있는 자본금이 턱없이 부족했고, 당장 무엇을 할 수 있을까, 많은 돈을 벌 수 있을까를 고민했다.

그리고 가장 잘하는 것을 선택하기로 했고, 화장품 도매와 의류 도매를 하기로 했다. 나는 그날 새벽녘, 짧은 고민을 마치고 그 길로 짧은 미니스커트를 입고 10㎝의 힐을 신고 화곡동으로 향했다.

늘 고마웠던 사람에게

창업가들의 책들을 보다 보면, 항상 귀인들에 대한 감사함을 담은 글들이 기록되어 있다. 결국, 사람이 어떠한 결정을 하기까지, 스스로에 대한 경험, 그 경험 안에서 만났던 사람이 필요하기 때문이다.

나 역시 흔들리는 모든 과정에서 나를 붙잡아 주던 사람이 있었다. 나의 방향에 대해 물어보았고, 그 방향들을 변경할 때에도 묵묵히 그 길을 응원해 주었다.

도매는 남자들의 세계라고 할 정도로 드센 곳이었고, 가끔은 여기저기 물고 뜯겨서 감정적으로 너덜거리는 상태로 돌아왔을 때, 나를 부드럽게 다독여 주었고, 내게 전해 준 말들조차 책임을 지고자 하는 사람이었다.

그 사람은 증권사에서 소위 파생상품 '딜러'라고 불리는 직업을 가지고 있었고, 짧은 시간에 많은 돈을 벌어들이는 사람이었다. 아침 일찍 커피한 잔을 하자고 그 사람을 건물 앞에서 기다리고 있으면, 30분 뒤에 나와서 "나 방금 2천만 원 벌었어."라고 말할 정도였다.

그의 삶을 찬찬히 들여다보면, 그 아픔이나 그 깊이가 나와 비슷해서 점차 서로에게 물들어 갔고, 가깝게 지낼 수 있게 되었다. 경제 관련한 봉사활동을 하다 보면 자연스럽게 그와 관련된 직업을 가지고 있는 사람들과 연을 맺게 되었는데, 약간의 허상 내지 허풍을 가지고 있는 사람들과는 다르게 성실하고 내면이 단단한 사람이었다.

그가 어느 날 내게 물었다.
"나중에 어떤 사람이 되고 싶어?"
그의 질문에 나는 뒤통수가 얼얼했다.

직업과 사업의 아이템이 아닌, '나'에 대한 질문을 하는 처음의 사람이었다. 오랜 침묵 끝에, 나는 대답했다.

"쓰임이 있는 사람."

그 사람을 다시 한번 더 만난다면 묻고 싶다. 내가 가고 있는 길들이 맞는 것인지, 그는 답을 알고만 있을 것 같다.

사회적경제기업 설명회에서 ㈜메타의 제품과 서비스를 설명하고 있는 박가현 대표

씽크 빅, 액트 나우!

컴퓨터도 1도 모르지만 ICT 창업은 하고 싶어

봉사활동은 나를 증명하는 시간적인 경험의 누적이었다. 슬프고 아픈 삶의 무게를 가지고 만난 이들은 나와 이야기를 하면서 그 무게를 줄이기도 하였고, 아이들을 만날 때는 메마른 화분에 물을 주고, 애정을 부으며 함께 햇빛이 드는 들판을 쫓아다니며, 꽃이 필 때까지 기다리는 즐거운 작업이었다.

그렇게 교육 현장에서 컴퓨터 교육 등을 진행하면서 컴퓨터에 대해서 어느 정도 친숙하다고 생각했지만, IT 창업을 하기에는 부족한 부분이 많았다.

또한, 이러한 것들을 2025년 교육개정안에 포함된 컴퓨터 활용능력, 코딩에 대한 부분이 점차 공교육의 과정 안에 편입되면서, 사교육 시장에서의 격차, 부모의 경제력에 따라 더 많은 차이로 이어지는 것에 대한 복합적인 고민을 하기 시작했다.

직접 교구를 개발하여, 어려운 블록체인, 드론 등의 개념을 쉽게 알 수 있도록 하고 싶었고, 경제적으로 풍족하지 않은 친구들도 의지만 있으면, 배울 수 있었으면 하는 바람이 있었다. 교육에 대한 문제점뿐만 아니라 기술이 필요하다고 느낀 계기가 있었다.

교육 봉사활동을 오래 하다 보니, 경험상으로 정상 수준보다, 학습능력이 저하되어 있는 아이들을 만나는 일이 잦았다. 처음에는 단순히, '아이가 조금 느리구나' 생각했는데, 가만히 생각해 보니, 나같이 이 아이에게 관심을 두는 사람이 주변에 없다면 발견이 쉽지 않겠다는 것을 고민하게 되었다.

그리고 내가 아이를 낳은 이후, 정말 큰 문제점을 발견하게 되었다. 아이가 이상하다는 것을 인지하면 아이가 정상 발달을 하고 있는지 매번 체크해야 하는데, 지방 소도시는 소아과 병원이 많지 않아, 대기가 길고 자주 방문하기 어렵다. 이렇게 양육자가 아이 발달에 대한 막연한 두려움을 해소할 길이 없어 맘 카페 등에 질문을 하게 된다는 것을 알게 되었다.

문제점을 인지하고, 실행으로 바꾸는 데는 오래 걸리지 않았다. 미니스커트 입고 하이힐을 신고 화곡동 시장으로 향했을 때처럼, 오전은 센터에서 컴퓨터 언어를 배우고, 오후에는 사업장에서 사업을 하고, 저녁에는 기계 관련 언어를 공부했다. 주말에는 시간을 쪼개 빅데이터 실무교육하고, 틈이 나는 대로 다른 컴퓨터 언어도 추가로 공부했다.

이러한 바람으로 기초학력 수준 저하에 대한 문제점을 근본적으로 해결하고자, 발달지연 아동에 대한 통합서비스를 제공하고 싶었다. 이것은 우리의 가설인 '발달지연을 치료 적기에 발견하여 조기 치료한다면, 발달은 정상 발달로 보다 빨리 돌아올 수 있다.'라는 것과 현재의 K-DST(영유아발달검진)가 2014-2016 연구를 통해 정상 아동과 장애아들을 판별하고, 의료보험수가를 목적으로 만들어 낸 지표이니만큼 '정상-발달지연-발달장애' 안에서 '발달지연 아동들만을 위한 조기선별지표를 개발'해 내서 아이가 발달지연의 치료 적기를 놓치지 않도록 하는 모듈을 개발했다.

성남시의회에서 느린 학습자 및 장애청(소)년에 대한 의견을 발표하고 있는 박가현 대표

이후 경기콘텐츠진흥원의 제조+콘텐츠 분야에서 최우수상과 대상을 받았고, 성남산업진흥원에서 전문 3D 모델링 강사로 활동했다. 서울특별시와 청년 허브의 지원을 받아 디지털 포럼을 기획하고 경기경제과학진흥원에서 우수기업으로 선정되어 기업의 투자를 받기 위한 IR을 하기까지 ICT 회사를 하려고 생각하고 약 6개월의 시간이 소요되었다. 그사이 나는 특허출원을 2개 더 진행했고, 그리고 지금 나의 2개의 회사는 사회적협동조합과 ICT 소셜 벤처로 나아가고 있다.

이후 경기콘텐츠진흥원의 제조+콘텐츠 분야에서 최우수상과 대상을 수상했고, 성남산업진흥원에서 전문 3D 모델링 강사로 활동했다. 서울특별시와 청년 허브의 지원을 받아 디지털 포럼을 기획하고 경기경제과학진흥원에서 우수기업으로 선정되어 기업의 투자를 받기 위한 IR을 하기까지 ICT 회사를 하려고 생각하고 약 6개월의 시간이 소요되었다. 그 사이 나는 특허출원을 2개 더 진행했고, 그리고 지금 나의 2개의 회사는 사회적협동조합과 ICT 소셜 벤처로 나아가고 있다.

만약, 내 글을 보는 당신이 컴퓨터를 잘 모르지만, ICT기업을 생각하고 있다면, 무조건, 가능하다고 자신 있게 말할 수 있다.

그럼에도, 창업을 하고 싶은 당신에게

우선, 힘든 길을 선택한 당신에게 열렬한 응원을 보낸다. 정부에서 다양한 지원들을 제공해 주고 있긴 하지만, 사업계획서를 작성하는 것부터 투자를 위해 단상에 서는 것까지 어느 하나 쉬운 것이 없다.

나 또한 부족한 시간 속에서 초심을 잃지 않고 나아갈 수 있었던 이유는, 명확한 목표를 설정했기 때문이다. 쉽지 않은 창업가의 길에서 목표를 달성하고자 하고, 실패를 조금이라도 줄이기 위해 SMART-PI 방법론을 활용했던 경험을 소개하고자 한다.

SMART-PI 목표설정 기법

SMART-PI Goal

성공적인 사업 운영을 위해 '목표설정'이 중요하다는 것에는 누구도 이견이 없을 것이다. 그 때문에 많은 사업가가 사업에 관한 다양한 목표를 설정한다. 하지만 '어떤 목표를 세울 것인가.'보다 더 중요한 부분이 '어떻게 목표를 세울 것인가.'라는 부분이다. 목표를 어떻게 세우느냐에 따라 추후 목표 달성 여부와 사업에 미치는 영향이 달라지기 때문이다.

이러한 이유로 다양한 목표설정 기법이 소개되고 있다. 그중 실현 가능한 목표를 설정하기 위한 대표적인 기법인 'SMART' 기법을 소개하고 싶다.

SMART 기법이란 조지 도란(George T. Doran)이 한 경영학 저널에서 처음 소개한 것으로, 목표설정에 있어 중요한 5가지 요소의 앞글자를 따서 이름 붙여진 목표설정 기법이다. SMART 기법의 다섯 가지 요소는 다음과 같다.

첫째, Specific! 구체적이어야 한다.

성취하고자 하는 것을 명확하게 설명할 수 있어야 한다. 달성 가능한 목표는 구체적이다. '성공적인 사업가'라는 식의 막연한 목표보다는 '연 매출 10억을 달성하는 사업가'처럼 구체적인 목표를 작성해야 실현 가능성이 커진다.

둘째, Measurable! 측정 가능해야 한다.

그 목표에 도달한 순간에 정확히 알 수 있도록 수치로 목표를 세워야 한다. 명확한 숫자, 퍼센트 등의 단위를 활용할 수 있다. 구체적인 측정 내용으로 금액, 증가율, 고객 수 등 수치화할 수 있는 단위를 찾아 나의 목표 달성 여부를 측정할 수 있어야 한다.

셋째, Ambitious! 야심 찬 목표여야 한다.

이미 이루어 본 적이 있는 목표, 쉬운 목표를 정하는 것은 성장하고 있는 것이 아니다. 내가 도전해 본 적이 없는 일 또는 달성해 본 적이 없는 정도를 목표로 삼아야 한다. 그렇다면 어느 정도의 목표가 '야심 찬' 목표일까? PI training에서는 '실패할 확률이 80% 정도 되는 목표'를 야침 찬 목표라고 이야기한다.

넷째, Realistic! 현실적이어야 한다.

종종 큰 꿈을 가져야 한다고 생각하면서, 말도 안 되는 목표를 세우기도 한다. 큰 꿈과 비현실적인 꿈은 다른 것이다. 내가 도달해 본 적이 없으나, 현실적으로 달성 가능한 정도 내에 있어야 한다.

다섯째, Time-bound! 제한된 시간이 있어야 한다.

마감 시한은 종종 사람의 능률을 극대화한다. 시간제한이 없으면 한도 끝도 없이 늘어지기 쉽다. 막연히 '1년 안에' 같은 방식이면 안 된다. 목표에 달성할 정확한 날짜를 기록해서 남은 시간을 계산할 수 있어야 한다.

목표는 막연하게 세우면 결과도 막연해진다. SMART 기법에 맞추어 달성 가능한 목표를 세우는 것은 장기적인 성장을 위해 매우 중요한 요소이다. 〈자기주도적 기업가 육성 과정〉에서는 여기에서 한 걸음 더 나아가 위의 다섯 가지 항목에 자기주도성(Personal Initiative)을 추가해 SMART-PI 목표를 설정하고 있다.

자기주도성(PI: personal initiative)의 3대 요소인 능동성/미래지향적 사고/장애물 극복하기를 접목했다.

첫 번째, 능동성은 지금까지 반복해 왔던 것이 아닌 뭔가 새로운 것을 제시하는 것이다. 경쟁자의 것을 따라 하지 않고, 남들이 움직이기 전에, 나만의 창의적인 목표를 설정해 보는 것이다.

두 번째, 미래지향적 사고는 앞으로 1~2년간의 장기 목표를 함께 세우는 것이다. 1~2년 후의 장기 목표를 세우고, 관련하여 6개월~1년의 중기목표와 1개월~6개월 사이에 이룰 수 있는 단기 목표를 기간에 따라 다르게 세우는 것이다.

세 번째, 장애물 극복하기는 현재 마주하고 있는 장애물을 능동적으로 극복하기 위한 목표를 설정하는 것, 혹은 목표 자체가 향후 닥쳐올 수 있는 장애물을 미리 예방하는 성격을 띠고 있는 것이다.

 당신이 이미 세워 놓은 목표가 있다면, 한 가지씩 살펴보며, 앞에서 이야기한 '좋은 목표'의 조건에 부합하는지 점검해 볼 것을 권한다. 만약 조건에 부합하지 않는다면 그것을 SMART-PI 목표설정 기법에 적용해 보자. 부족한 부분이 있다면 보완하고 재설정하면서 더욱 달성 가능한 목표로 업그레이드할 수 있을 것이다.

SMART-PI 목표설정:
다시, 마음속에 발전기를 집어넣다

내가 돈이 없지, 꿈이 없나

여느 청년들과 다르지 않게, 얼마 지나지 않아, 나는 결혼이라는 선택을 하게 되었다.

아이가 태어난 지 10개월이 되던 때, 신랑의 외벌이만으로는 생활이 힘들겠다는 생각을 하게 되었다. 하지만, 아이를 낳고, 제대로 된 산후조리도 할 수 없었고, 생계를 위해 너무 어린 나이부터 사람들 앞에 서야 했던 나는 '마음동력기'인 마음 발전기를 잃어버린 것 같았다.

반복되는 무기력한 날들 속에 어느 날 하루가 다르게 커 가는 아들을 바라보며, 문득 이런 생각을 하게 되었다.

'네가 성장하는 만큼, 엄마도 성장해 보고 싶어.'

우선, 추상적인 목표를 설정하고, 실현 가능한 목표를 설정하기 위해서 내가 고려해야 할 부분을 기록해 보았다.

1. 아이와 보내는 시간을 할애할 수 있을 것,
2. 사회에 의미 있는 일을 할 것,
3. 노력한 만큼 보상이 돌아오는 일을 할 것이었다.

이 조건은 직장인으로 생활하면, 지켜 낼 수 없거나 혹은 무엇인가 포기하는 부분이 생길 것 같았다. 이렇게 몇 가지의 제약조건을 통해 필수적인 부분들을 추려 내고, 명확한 목표를 단계적으로 세우니, 뿌옇게만 느껴졌던 앞길이 또렷해지는 것 같았다.

이를 SMART-PI 목표설정 기법에 적용해 보면 다음과 같다.

Specific (구체적)	사회적으로 필요한 일을 하면서, ICT 기술을 활용하는 기업을 운영하는 개발자가 되고 싶다.

Measurable (측정 가능)	5년 플랜 중 정량적 측정치
	
	- 기업의 숫자: 총 3개 기업을 계속 운영
	- 매출액: (5년째 되는 해) 100억
	- 증가율: 각 기업 300% 성장
	- 3년 동안의 추가고용
	  ㈜메타: 3명의 개발자 및 인원고용 10명
	  마인드랩사회적협동조합: 사회적 취약계층 고용 10명

씽크 빅, 액트 나우!

	출판사 소리: 디자이너 및 행정·사무 인력 3명 - 사회적 인증 및 수상경력: 30회 이상 - 기능성 APP 및 콘텐츠: 30개 이상 개발
Ambitious (야심찬)	아기유니콘을 거쳐 유니콘기업으로의 성장 엄마가 만든 교구를 아이가 학교 친구와 학교에서 사용할 수 있기를
Realistic (현실적)	2023년: 총 3억 투자/협약기관: 20개소 추가 (2022년 현재 31개소) 2024년: 총 10억 투자/협약기관: 30개소 추가 2025년: 총 50억 투자/협약기관: 50개소 추가 2026년: 총 100억 투자/협약기관: 30개소 추가
Time-bound (시간의 제한)	㈜메타의 설립 일자로부터 '5년 이내'에 상기 목표를 달성한다.

왜 내 시간만 항상 부족할까

사업을 하면서 내가 가장 많이 하는 이야기가 '하루가 48시간이었으면 좋겠다'였다. 어디에서 대출을 받을 수 있다면, 나의 시간을 대출 받아 오고 싶을 정도로 시간이 부족하다. 그도 그럴 것이, 1개의 기업을 운영하는 것이 아닌 여러 개의 기업을 운영하려면 다른 분야에 대한 고민과 물리적으로도 고정적으로 투자해야 하는 시간이 필요하기 때문이다.

그래서 정확하고 세부적인 목표설정이 정말 중요했다. 이렇게 더욱 체계적인 목표설정이 나오면 각 목표에 대한 세부 계획마다 기한을 두고 일을 진행을 검토할 수 있는 타임라인들을 설정하였다.

이를테면, 이번에 개발하는 것이 총 3단계로 이루어져 있다면, 단계별 난이도를 설정하고, 필수적으로 투여되는 시간을 각각 기록했다. 그리고 함께하는 팀원들에게도 이 모든 계획을 공유하였다.

결국, 내게 부족한 시간을 메울 수 있는 유일한 방법은 자투리 시간을 확보하는 방법에 집중하는 것이 아니라, 촘촘한 계획들에서 무의미하게 흘려보내는 시간을 걸러 내는 것이었다.

창업에도 체계적인 계획이 중요하다

SMART-PI의 세부적인 목표에 수상 이력을 적어 넣은 이유는 다음 사업을 위한 사업계획서를 작성하다 보면, 그동안 그 기업이 지나온 이력이 중요했다. 대표자의 역량, 팀원의 능력도 중요하지만, 기업 자체가 시장에서 살아남았다는 증명을 해야 한다.

그래서 기술적인 부분에 대해 입증을 하거나, 아이디어에 대한 시장성을 검증받아서 앞으로 발생되는 성장 가능성을 보여 주는 것이 중요하다.

자, 우리 상 받아 보자_보상이 필요해

정확한 목표를 세우고, 공동의 목표를 기업에 소속된 사람들에게 공유해야 하는 이유는 내가 느낀 자기효능감을 함께 공감할 수 있기 때문이다.

IT 관련 대회 중 무박 대회(대회 일정 동안 잠을 자지 않고 진행되는 대회)들이 많다. 이런 경우, 체력적인 저하가 일의 능률의 저하로 이어질 수 있는데, 이때 가장 중요한 것이 공동의 목표였다.

경기콘텐츠진흥원에서 진행했던 제조+콘텐츠 해커톤 대회는 1박 2일로 치러졌고, 그때 우리는 신청 시 제출했던 아이디어와 다른 아이디어를 구현하고 싶었다. 무박의 일정에서 첫날 저녁 즈음에 아이디어가 변경된 것이다.

이때 SMART-PI 목표설정 기법에 적용해 보았다. 수상이라는 목표 아래, 완성품을 제작하여 출품한다는 세부적인 계획을 잡았다. 그 뒤 팀원 4명의 역할분담 및 개발 분야에 관한 내용을 새로 수정했다. 이제, 우리에게 남은 시간은 잠잘 시간을 포함한 18시간뿐이었다.

온종일 고생했던 팀원들의 어깨가 축 처져 있을 때, 한 팀원과 나는 동시에 말했다.

"우리 꼭 상 받아 보자!"

다음 날 오전 9시, 나는 개인적으로 외부 인터뷰 일정이 있었고, 3명의 팀원만 제품을 개발해야 했다. 직접 인터뷰 30분을 제외하고는 아이디어를 생각나는 대로 스케치하고 전달하고, 발표자료를 만들면서 대회장으로 이동했다. 발표와 기술적인 검토가 내 역할이었기 때문에, 이 부분을 준비할 수 있는 시간은 많이 남아 있지 않았다.

결과는 대상, 서로를 바라보는 눈들이 애틋해지면서, 동료애가 갑자기 샘솟기 시작했다.
다시 한번, 목표를 설정하고 성취해 나가는 과정에 대한 힘을 느끼게 되었다.

2주 만에 준비한 마인드랩 교육 포럼

청년허브의 제안으로 마인드랩사협(사회적협동조합)은 '소외와 격차 없는 디지털 교육 포럼'을 공동 기획하게 되었다. 제안서상의 일정은 약 2주밖에 남지 않았고, 그때 우리는 양산되지 않는 MVP 타입의 교구들만을 가지고 있었다.

씽크 빅, 액트 나우!

하지만, 시간을 핑계 대기엔 마인드랩의 방향성과 가치를 담고 있는 중요한 기회였다. 놓칠 수 없는 기회를 잡은 우리는 청년허브의 전폭적인 지원 아래 포럼에 대한 구체적인 안들을 조율해 나가기 시작했다.

청년허브의 담당자님은 '간트 차트(목표와 시간이 함께 표시된 차트)'를 통해 전반적인 일정을 공유하였고, 우리는 그 일정에 따라 서로의 역량을 발휘하게 되었다. 사실 이 경험이 기억에 많이 남는 이유는 우리만의 계획이 아닌 타 기관 혹은 친분이나 소속이 다른 사람과의 협업을 통해 멋진 결과를 만들어 냈기 때문이다.

우리의 부족한 부분이 많이 드러나긴 했지만, 기한이 정해진 상태에서 세부 목표를 세우고, 방향성을 검증해 나가면서 목표에 도달했던 새로운 경험이었다.

계단의 폭이 너무 높으면 오르기 힘들다

성격적인 측면에서 나를 바라보았을 때, 효율성을 따져서 움직이는 것을 중요하게 생각한다. 때문에, 고민하고 검토하는 작업을 거치기는 하지만, 부수적으로 두려워하고 지나친 걱정을 하기보다, 행동으로 옮기는 것을 더 중요하게 생각한다. 그래서 목표와 세부 계획은 더욱 체계적으로 세우려고 노력하는 편이다.

1m를 올라가야 하는 경우를 가정해 보자. 5개의 계단과 1개의 계단으

로 생각해 보면, 5개의 계단은 1계단이 20㎝로 높이가 낮아 금세 올라갈 수 있다. 하지만 1개의 계단으로 본다면 1m를 한 번에 올라야 하므로 오르기 전부터 겁이 날 수 있다.

이처럼 내가 성취하고 싶은 원대한 목표 아래, 실현 가능한 계획을 세부적이고 구체적으로 설정해 두면 자기효능감을 통해 지치지 않고 일을 진행할 수 있다. 이것이 지치지 않는 동력이 될 것이고, 스스로에게 힘을 주는 '발전기'가 될 것이다.

씽크 빅, 액트 나우!

'나'이기에 가능한 일이 분명 있습니다, '나'로 사세요!

매일 아침, 늦게 일어날 수 있는 핑계는 많다
_시작이 두려운 당신에게

아이를 키우는데, 양가 부모님의 손을 빌릴 수가 없었고, 사업은 극초기 단계여서 손 가는 일이 참 많았으며, 이틀에 한 번꼴로 잠을 자거나 지하철에 쪽잠으로 잠을 대신해도, 아이를 양육하며 기업을 운영하기는 쉽지 않았다. 신랑도 다정하긴 했지만, 상황과 여건이 좋지 않아, 육아를 나누기보다 사고를 치는 경우가 더 많았다.

지금 운영하는 기업들이 원래 알던 것이나 경력으로 사업을 운영하는 것이 아닌, 새로운 일을 통해 사업을 운영하는 것이라 '의지만 가지고는 안 되는 것인가.'라고 생각할 때가 정말 많았다.

이를테면, 자판치는 손이 느려 코드 입력하기도 쉽지 않았고, 잠을 깨려고 커피를 마시려다 넘치는 물에 정수기 앞에서 졸아서 몇 번이고 손이 데기도 했다.

거의 1년간은 점심을 거르고 저녁에 폭식하는 채로 생활하면서, 평생 한 번도 안 걸려 본 장염으로 40도까지 열이 오른 채로 대회의 발표에 나가기도 했고, 눈을 떠 보니 화장실 바닥에 누워 있던 적도 몇 번 있었다.

지금도, 풀리지 않는 오류코드를 보며 머리가 너무 아프면 두통약 한 알을 앞니에 물고, '지금 하는 작업만 마치면 먹자.'라면서 자기 위안 내지 작은 보상을 주기도 한다.

같이 일하던 친구가 "미련하다."라고 얘기할 정도로, 나는 스스로에게 매우 혹독하게 굴었다. 하지만, 나에게는 너무나도 쉬운, 장사라는 것들을 알기에, 나태하게 굴면 다시 그 길로 돌아갈 수밖에 없다는 불안감이 매일 마음을 채근해 왔다.

누군가의 글을 읽을 때, 이런 생각을 한다.
그런 인프라가 있으니까 가능한 거야, 그러니까 가능한 거야, 라고.

그런데 이런 외부조건을 생략했던 경험을 이미 한 번쯤 경험하지 않았나 싶다. 학창 시절에 공부만 할 수 있었을 때, 정말 열심히 하지 못했던 경험을.

더 많은 외부조건이 생긴 지금, 내일 아침에도 이른 하루를 시작해야 한다면, 나에겐 오늘 생긴 늦게 일어날 수 있는 핑계들이 너무나도 많다. 하지만, 매일매일이 부족하고 절실한 나의 내일엔 일찍 일어나야 하는 이유가 셀 수 없이 많다. 단언컨대, 사업에서 '사업을 시작하기에 적합하지 않은 조건'이라는 '핑계'는 없다.

사업은 책이 아닌, 사람에게 배운다

책이라는 매체를 통해서 이야기를 전달하고 있지만, 사업을 하면서 가장 좋은 매체는 '사람'인 것 같다. 책을 통해, 지식 등을 전달할 수 있지만, 실제 나를 움직이게 만드는 것은 '사람'에 관한 부분이기 때문이다.

그리고 그 대상이 가지고 있는 '태도(attitude)'를 통해, 사업에 대하는 진심을 느낄 수 있고, 사업을 바라보는 '통찰력(insight)'을 배울 수 있기 때문이다.

사실 찾아보면, 성공한 사업가들을 강연 등에서만 만날 수 있는 것이 아니다. 요즘에는 예비창업가, 초기창업가 혹은 기업에 문제 상황이 발생했을 때, 멘토-멘티의 방식, 경영진단 등 무료로 제공되는 컨설팅이 참 많다. 이러한 부분들을 활용하여, 직접 그들과 소통하고 고민하고 있는 문제들을 빠르게 해결할 수 있다.

도덕과 양심을 제품과 함께 팔지 않는다

장사를 할 때, 나에게는 철칙이 몇 가지 있다. 10가지 정도 있는데, 그중 가장 중요한 것은 첫째, 손님에게 필요한 물건만 판다. 둘째, 제품에 대해 명확하게 설명한다……. 등이다.

혹자는 장사에 철학이 어디 있냐고 반문할 테지만, 제품의 가치에 대해 허위의 정보를 전달하지 않으며, 꼭 필요한 사람에게 판매해야 한다는 나름의 신념을 가지고 장사를 했다.

사실, 이 글을 쓰기 시작하기 3달 전쯤, 투자사 2곳으로부터 제의를 받았다. 하지만 그 당시 우리 회사에서 가지고 있는 제품은 2회 검증만 받은 상태였고, 발달지연에 대한 효과성이 입증되려면 더 많은 데이터가 필요했다.

D.A.B SOLUTION이 '아이들의 골든타임을 지켜 주고 싶다.' '놓치고 싶지 않다.'라는 목적이 있음에도 내가 만족하지 못하는 수준의 제품으로 아이들의 귀한 시간을 뺏고 싶지는 않았다. 결론적으로 나는 심사숙고 끝에 스스로에 대한 제품의 불확실성을 제거할 수 있을 때 다시 한번 만나 이야기 나눠 볼 것을 제안했다.

온전히 회사의 재정적인 측면으로만 생각했을 때는 옳은 결정이 아니었을지 모르지만, 제품을 팔기 위해 내 도덕과 양심을 끼워 팔 수는 없었기 때문이다.

씽크 빅, 액트 나우!

내 절실함이 당신의 마음에도 닿기를

사실 이 글을 쓰면서 '나'에 대한 내용을 얼마나 담아야 할까 고민이 많았다.

지금은, 학창 시절에 순번이 다가오면 점점 내 심장 소리가 모든 공간을 메워 버리는 "제 이름은 박가현이고, 좋아하는 것은…"을 소개하는 것이 아닌, 주어진 시간 내에 "저희 주식회사 메타는…"이라는 '내가 아닌 기업'에 대한 설명을 해야 할 때가 많기 때문이다.

어색하지만 나의 이야기들이 누군가의 자녀, 누군가의 아내로, 엄마로 사는 것 다음으로는 '기업의 대표'가 되는 것이 아닌, 또다시 자신을 들여다볼 계기를 제시할 수 있지 않을까 해서 전해 본다.

그리고 기업을 운영하다 보면 피봇팅 과정에서 가져오는 본질적인 의문 혹은 문제들을 오롯이 혼자가 되어 결정을 내려야 하는 사람이 될 (예비)대표들에게 작은 위로가 되지 않을까 하는 바람도 함께 넣어, 당신의 마음을 향해 응원을 담아 보낸다.

이제는 마케팅이 아닌 컨셉팅, 개성 있는 나만의 사업 운영

액트영 길진화 대표

생계가 꿈을 키우고,
코로나19가 꿈을 현실로 만들다

미래지향적 사고: 개성 있는 나만의 사업으로
변하는 세상에 도전하라

생각은 글로 적고 강력히 실행하라

영어로 아이를 웃게 하자'라는 신념으로 아이들이 영어 학습에 힘들어할 때 가장 큰 버팀목이 되어 주는 '유아 영어 개그우먼 1호 선생님'이다. 앞으로 아이들의 즐겁고 신나는 영어 배움을 위해, 영어에 대한 긍정적인 영향을 주는 수업을 진행하는 사람이다.

코로나19로 직접 만날 수 없는 상황이 되자 온라인을 통해서라도 아이들에게 즐거운 영어수업을 하겠다는 의지를 불태우며 만든 [온라인 액티비티]로 시작하였다. 향후 이를 기초로 액트영(액션으로 트는 영어)를 만들었다. 액트영은 단순한 수업이 아니라 만들기 키트와 워크북을 통해 아이들이 함께 배우며 즐길 수 있는 유아 영어수업이다.

대면 수업이든 비대면 수업이든 아이들이 영어수업을 하면서 입이 귀에 걸리게 웃고, 하늘이 닿을 듯 점프를 하고, 노래에 신나서 개다리춤까지 추도록 만든 수업으로 아이가 좋아서 영어를 스스로 할 수 있도록 만드는 선생님이자, 액트영에 호기심을 가지고 시작한 학부모들에게도 인정받으며 '유아 영어 개그우먼 1호 선생님'으로 주목받고 있다.

더 나은 여성기업가가 되기 위해 〈자기주도적 기업가 육성 과정〉을 수강하게 되었다. 본 과정에서 이야기하는 역량 중 실행력을 강화하기 위해, 자기주도적여성기업가협회에서 총괄기획이사로 활동하고 있으며, 한국여성경제인협회를 통해 '여성기업' 인증을 받았고, 사업공간확장 및 특허청 상표등록을 완료하여 〈영어 액트영 공부방〉을 통해 배움의 즐거움을 전 세계에 전파하기 위해 노력하고 있다.

액트영은 〈액션으로 트이는 영어〉의 줄임말로 '영어로 아이를 웃게 합니다'라는 슬로건으로 다양한 노래와 율동, 놀이 등 액션을 통해 신나고 즐겁게 영어를 배울 수 있는 방법으로 아이들에게 가까이 다가가고 있다.

액트영은 0단계 영어인 알파벳부터 시작하여 제대로 된 소리(음가)를 내고 아이들이 이해하기 쉬운 스토리를 기반으로 영문 맥락을 파악하고 연계성을 이해하는 수업을 진행하며 최종적으로 혼자 힘으로 영어책을 읽을 수 있는 단계까지 도달할 수 있도록 지도하고 있다.

스펀지 같은 언어의 습득 역량을 지닌 우리 아이들에게 배움의 즐거움과 언어의 습득을 위해 얼마나 많은 노력과 연습이 필요한지 알게 하고, 이후에 스스로가 훌륭한 역량을 지니고 있다는 것을 아이 스스로 깨닫게 하는 것을 자랑으로 여기고 있다.

아이들이 어떤 꿈을 꾸고 미래를 그리든 그것을 가능하게 하고 그 크기를 확장하는 힘은 언어에서 시작될 것이다. 특히 전 세계 11억 명 이상이 공용어로 사용하는 영어의 힘은 더 클 것이라 믿는다. 아이들에게 큰 힘이 될 영어의 기초를 채워 주고 돋보이도록 함은 물론, 향후 아이들에게 더 많은 기회를 줄 것이라고 믿는다. 아이들에게 가장 행복한 영어 기초 교육과 이를 적기에 완성하는 과정에서 액트영이 함께하고 있다.

생계가 꿈을 키우고,
코로나19가 꿈을 현실로 만들다

생계를 위해 걸어 다니는 알바 백화점이던 대학 시절

대부분 입학시험에서 벗어나 대학 생활의 즐거움을 누리고 있던 20살, 학비와 교통비 등을 지원받을 수 없던 나는 생계를 스스로 해결해야 했다. 당시는 이런 현실에 슬퍼할 시간조차 아까워 감정을 누른 채, 아르바이트를 시작했다. 그중에 나의 첫 아르바이트 경험을 소개하고자 한다.

지금도 잊히지 않는 2001년 4월 5일, 지금은 사라진 안산 LG백화점(현 GS스퀘어)에서 유니폼을 입고 있었다. 하루 종일 서서 일하는 통에 붓는 다리를 선 채로 수없이 접었다 폈다 해가며 이를 악물고 버텼던 아르바이트 첫날의 모습이 아직도 기억에 선명하다.

다른 사람의 빈자리를 대신하는 대타였음에도 마치 정규직인 듯 진심을 다할 수밖에 없었던 절실함을 설명하기 어려웠는데, 김미경의 《인생미학》이라는 책에 나왔던 단어인 '생계'로 표현을 빌릴 수 있을 것 같다. 이후 대신 일을 해 달라는 러브콜이 늘어나 출근이 잦아졌고, 점차 다리도 서서 일하는 것에 익숙해졌다, 또한 고객을 대하는 응대까지 능숙해져 임시직임에도 꽤 인정받아 정규직을 제치고 고객 응대 최우수직원으로 뽑혔다.

더 넓은 세상과 진정 내게 잘 맞는 일이 궁금해서 백화점에서 박람회, 농수산 매장, 동대문까지 다양한 영역을 끝없이 도전했고, 경험했던 직종이 100개가 넘어설 정도이다. 덕분에 그 경험으로 특별한 나만의 경력을 쌓을 수 있었고, 결국 시급과 인센티브를 포함하여 높은 월급을 받는 고액 알바생이 되었다.

그렇게 생활비를 위해 걸어 다니는 알바 백화점으로 시작한 나의 생계는 많은 경험을 거치며 천천히 꿈의 모습으로 바뀌어 가고 있었다.

중국어를 넘어 영어 교육이 꿈이 된 계기

대학교에서 나의 전공은 중국어였다. 중국이 좋아 중국어를 배웠고 다양한 아르바이트를 경험한 후에 중국에서도 살아 보겠다는 의지로 2005년에 비행기 표와 전 재산 백만 원으로 북경에 도착하였다. 그리고 구직을 한 지 일주일 만에 북경대학 입시학원에서 근무하게 되었다.

낮에는 입시학원 관리직으로, 밤에는 기숙사 사감까지 하는 고된 일에

씽크 빅, 액트 나우!

도 틈틈이 시간을 내어 중국을 경험하였다. 당시에는 쉬는 날이 열 손가락 안에 들어올 만큼 치열하게 일했다.

나의 열정적인 모습을 교장 선생님께 인정받아 입시학원에서 북경군성중학(국제학교)로 옮길 수 있었으며 교수 및 학생관리 업무를 맡게 되었다. 국제학교에서 다양한 계층의 사람들을 만날 수 있었다. 지금 돌이켜보면 입시학원에서 기숙사 사감을 할 당시 아이들과 친분을 쌓는 진실 된 모습을 보고 교장 선생님께서 이 일을 나에게 맡겨 주시지 않았나 하는 생각이 든다.

그리고 어느 날, 고등학교 1학년을 담당하던 영어교사의 갑작스러운 퇴사로 내가 그동안의 관리업무에서 영어교사의 빈자리를 채우게 되었다. 영어와의 운명은 그렇게 우연이라는 이름으로 찾아왔다. 당시의 기회는 제레미 다이아몬드의 《총, 균, 쇠》에서 말한 우연의 결과물로 표현할 수 있을 정도로 나에게는 오지 않을 인생 최대의 기회였다.

또한, 여기에서 대학을 다닐 때, 영어 과외와 학습지 교사를 했던 이력으로 아이들을 맡게 되었다. 담임까지 맡았으니 잘 가르치고 싶다는 생각에 영어 어학연수를 신청하고 영어 공부를 제대로 하면서 수업을 병행하게 되었다.

어학연수를 통해 외국인과 교류하며 다양한 문화를 접하게 되었고, 그 경험을 아이들에게도 전달할 수 있었다. 이를 통해 나는 뿌듯함을 느끼면서도 영어 교육에 관한 관심이 증폭되었다. 이렇게 생활비를 위해 알바 백화점이었던 나의 생계는 영어를 가르치는 즐거움을 알게 되고, 내가 사랑하는 아이들에게 즐겁고 행복한 영어 교육을 하겠다는 작은 꿈으로 탈바꿈하기 시작하였다.

언제나 진심을 다하는 모습을 보여라

설리번 선생님이 헬렌 켈러에게 '물(water)'이라는 단어를 가르쳐 줄 때, 흐르는 물에 손이 닿도록 해 주고, 손바닥에 물이라는 단어를 수없이 손가락으로 그려 주었다고 한다. 그런 식으로 헬렌 켈러는 한 단어씩 피부의 감각과 손바닥에 전해지는 느낌을 통하여 배울 수 있었다. 설리번 선생님은 곁에서 끊임없는 관심과 사랑을 헬렌 켈러에게 주었는데 그 노력의 결과는 모두 알고 있을 것이다.

"오감(Five sense)을 통한 교육, 오랜 노력으로 결국은 말문이 열리게 된다!"

우리 아이들이 모국어를 습득할 때는 주변 사물들을 오감과 함께, 엄마라는 가장 친근한 '첫 선생님'의 가르침을 통해서 자연스레 습득하게 된다. 그래서 나는 엄마처럼 마음의 문을 열어 주고, 영어에 대한 흥미와 자신감의 극대화를 도와주는 엄마 다음의 '첫 선생님'이 되고 싶었다.

영어로 아이를 웃게 하는 '유아 영어 개그우먼 1호 선생님'

나의 첫 영어는 중학교 1학년 때의 알파벳 암기로 시작되었다. 과거 학

씽크 빅, 액트 나우!

습의 3종 세트인 주입식, 암기식, 강압식으로 무서워서 혼날까 봐 했던 영어는 지금도 그리 즐거운 기억은 아니다. 그런데 아직까지도 나와 같은 방식으로 영어를 공부하는 아이들이 있었다. 그중 한 가지 일화를 소개하고 싶다.

20대 초반, 과외 상담을 할 때 한 학부모께서 자신은 너무 힘들게 영어 공부했다고 한탄하시며, 내 손을 꼭 잡고 "재미있게 가르쳐 주세요."라는 말씀을 해 주셨다. 그분은 자신이 배웠던 대로 영어 학습지도 일찍 시작하셨고 영어 학원도 꾸준히 보내셨다고 했다.

하지만 아이가 2년이 넘어도 알파벳을 모를 뿐 아니라 이젠 영어를 듣기만 해도 짜증을 냈다. 영어를 즐겁지 않게 배우다 보니 스트레스가 되었던 것이다. 물론, 학습을 놓치면 안 되는 시기가 있지만, 무엇보다 중요한 건 아이와의 교감이었다. 이를 위해 아이에게 학교생활이며 관심 사항, 교우 관계 등. 그 나이에 고민과 일상 이야기를 하면서 천천히 아이의 마음부터 알려고 했고, 1년 뒤에 아이는 학교에서 영어 관련 상을 받을 정도로 실력이 향상되었다.

이 일 이후부터 아이와 소통으로 마음을 교감하고 이를 통해 고민과 상담을 통해 아이가 수업에 집중할 수 있도록 노력하고 있다. 이후에도 여러 아이와 소통에서 멈추지 않고 관심과 애정을 쏟았으며, 이를 통해 아이들은 어떻게든 꼭 답을 해 주었다.

아이들에게 즐거운 버팀목이 되어 주는 행복한 영어, 영어로 말할 때마다 웃는 기억. 그 기억이 아이들에겐 영어의 평생 기억될 수도 있다. 영어로 아이를 웃게 하겠다는 신념을 가지고 그렇게 유아 영어 개그우먼 1호 선생님이 되기로 했다.

좋아하는 사람은 즐기는 사람만 못하다 - 논어 옹야 편 中

좋아하는 사람은 즐기는 사람을 이기지 못한다 했던가, 나는 영어 교육을 즐기며 아이들과 소통할 액티비티 프로그램을 만들었다. 학습자의 자발적 활동으로 학습 목표를 달성하도록 짠 액션플랜.

"딱이다!! 내가 원하는 자발적 학습 활동."

가만히 있는 수업 vs 신나서 방방 뛰는 수업
보고만 있는 수업 vs 함께 말하고 만드는 수업
모르는 걸 못 물어본다 vs 흥얼거리다 내 것이 된다
대답 안 하는 수업 vs 모두 소리 질러 대답하는 수업

신나게 주변에 홍보했지만, 돌아온 대답은 부정적이었다.

"재미있기만 한 수업은 엄마들이 좋아하지 않아."
"결과가 나와야지."
"그게 과연 되겠어?"

초기 열정에 가득 찬 액트영 사업 시작을 위해 주변 지인들에게 조언을

씽크 빅, 액트 나우!

구하면, 새로운 영어 학습 방법에 익숙하지 않은 엄마들은 모두 의구심을 내비쳤다. 주변의 의외 반응에 의기소침했던 기분을 떨치고자 대부도에서 기분 전환하고 돌아오던 날, 지금까지의 주변 반응에 대해 전달하자 나에게 남편이 물었다.

"그냥 너는 아이들과 신나게, 즐겁게 수업하는 걸 좋아하는 거 아니야?"

그때, 가슴에 찌릿함이 느껴졌다. 아차! 코로나19로 비대면 수업을 하며 아이들을 만나는 것만으로도 행복해하던 나인데 그 생각을 잠시 잊었다는 것에 스스로에게 어찌나 미안했는지 모른다. 본질을 놓치지 말자. 나의 신념을 믿고 밀고 나가자. 그렇게 아이들이 영어수업을 하며 웃길 바라는 마음으로 슬로건을 만들었다.

"영어로 아이를 웃게 합니다."

나의 사업에 관해 잘 알지 못하는 사람들의 의견에 신경 쓰지 말고 스스로에게 자신이 있는지 물어보라. 만약 자신이 있다면 싸워서 꿈을 이루어라.

코로나19를 꿈의 실현 기회로 만들다

경기도에서 즐거운 놀이로 유아 영어 특강 강사를 하며 만족도 조사에서 항상 1등을 한 지 5년 차 되던 2020년. 온라인을 통한 비대면 수업에 무한한 가능성을 확인하고 때가 되면 도전하고 싶다는 마음만 가지고 있던 그즈음, 코로나19가 발생했다.

안양 과천교육청 지원으로 제작한 만안초 영어마을 프로그램 운영 및 강의 현장

코로나19로 인해 대면 수업은 모두 취소되고 나는 아이들을 만나고 싶어도 만날 수 없게 되었다. 대면 수업 시 유치원과 어린이집을 오가며 아이들과 영어로 만나는 파워풀한 영어 강사였으나, 코로나19로 아이들과의 교류가 단절되면서 수업에 대한 그리움을 이겨 내기 위해 탈출구를 찾기로 마음먹었다.

2020년 퍼스널 브랜드를 만들어 주는 '브랜드미'라는 프로그램을 통해 나의 계획을 되짚어 보기 시작했다. 같은 수업을 듣고 있는데도 벌써 브랜드를 만들어 앞서가는 동기들이 있었다. 그들이 1~2등을 다투며, 수상 소감을 말하고 있을 때 나는 자료를 더 많이 모아야 한다며 시작을 미뤘다.

씽크 빅, 액트 나우!

그렇게 반년을 보내고 수많은 메모가 담긴 다이어리를 정리하던 그해 가을. 유레카! '등잔 밑 발견'을 해냈다. 내가 찾고 있는 것이 나를 찾고 있다고 했던가, 나의 브랜드 〈액트영〉이 그렇게 나타났다. 신나게 아이들과 교감하고 싶어서 다양한 채널의 액트영 수업을 시작했다. 그동안 진행했던 프로그램에 대해 간략한 설명을 아래에 적었다.

〈지나가 간다〉 1인 영어마을 체험 이벤트 - 영어마을의 프로그램을 접할 수 있도록 다양한 교구와 재료를 가지고 가정으로 방문하여 아이들과 만나는 수업

〈지나에듀테인먼트〉 키트 영어 참여 이벤트 - 만들기 키트를 가정으로 배송하고, 1:1 비대면 수업을 하는 프로그램

이 모든 수업은 무료로 진행했다.

스스로 수업의 품질을 높이고, 아이들을 즐겁게 해 주겠다며 나만의 독특한 수업을 할 수 있는 전국의 어디든 수업하러 서울, 경기, 강원, 부산, 제주 등 방방곡곡을 다녔다. 그렇게 단절된 아이들과의 소통에 대한 행복감을 가득 안고 열심히 달려갔다. 마냥 좋아서 한 수업들이 모여 곧 기회가 되었다. 또한, 오직 아이들을 위한 학습처를 제공하고, 학부모와 진정한 마음을 나누고, 아이들의 행복감을 가득 끌어올리는 교사가 되겠다는 나의 꿈도 이루어 내기 시작했다.

오직 수업을 할 수 있다는 작은 소망에 기대어 모집 글을 올렸다. 소규모 그룹으로 시작했던 수업이 점차 입소문이 나자, 반년이 채 안 되어 전국 각지의 아이들 30여 명과 인연을 맺었다. 그 인연이 장기화되자 새로운 학습 프로그램을 만들었고, 오프라인의 확장 기회까지 얻게 되었다. 아이들을 향한 나의 진심은 통했다.

그렇게 흔들리지 않는 교육이념을 잡고 나만의 브랜드 이름인 액션으로 입이 트이는 영어. 〈액트영〉을 시작하게 된다.

코로나19는 기존과 다른 뉴노멀(New Normal)의 새로운 기준을 요구하였다. 특히 교육 사업은 대면에서 비대면으로 전환 시의 경험을 축적할 기회였다. 향후에도 이와 같은 변화를 예측하지 못한다면 지금과 같은 위기에 다시 봉착하게 될 것이다. 특히 현재 영어 교육은 새로운 환경에서 배우는 아이들에게 도움이 되기 위해 더 미래지향적으로 변화해야 한다. 지금부터는 액트영이 나오기까지 경험하였던 기술적, 사회적, 정책적 변화를 예측했던 방법을 소개하고자 한다.

씽크 빅, 액트 나우!

미래지향적 사고
Future Thinking

사업가가 가져야 할 사고방식 중 하나가 바로 미래지향적 사고이다. 눈앞의 이익과 상황에 매몰되지 않고 먼 미래의 변화를 예측하며, 그것이 시장과 내 사업에 미칠 영향을 파악할 수 있어야 한다.

미래를 예측하기 위해서는 주변 환경이 어떻게 변화하고 있는지 관찰할 수 있는 능력이 필요하다. 21세기는 변화의 속도가 빠르다. 시장이 시시각각 변동되고 있지만, 주변 환경이 어떻게 변화하고 있는지 민감하게 받아들이며 정보를 수집하다 보면, 내 사업이 어떻게 변화해야 할지 실마리를 잡을 수 있다. 이런 주변 환경의 변화를 감지할 때 크게 3가지로 나누어 분석해 볼 수 있다.

첫 번째는 기술적 변화이다.

4차 산업혁명, 대체 에너지, 각종 전자기기 등. 우리 사회 곳곳에서 목격되는 다양한 기술의 변화를 민감하게 포착해야 한다. 필름카메라는 디지털카메라가 보급되며 사라져 갔고, 디지털카메라 시장은 스마트폰의 등장으로 타격을 입었다. 기술이 변화할 때마다 생각지 못한 분야에 영향을 미친다. 그것은 부정적인 영향일 수도 있고 긍정적인 영향일 수도 있다.

두 번째는 사회적 변화이다.

전 세계적으로 다양한 사회적 변화가 이루어지고 있다. 고령화와 저출산은 대부분 국가에서 관찰할 수 있으며, 미래를 이끌어 갈 MZ세대는 이전의 세대와는 다른 관심사를 보인다. 웰빙과 환경에 관심이 많고, 무엇보다 효율성을 중시하는 세대이다. 사회적으로 일어나고 있는 변화 속에서 당신의 사업이 주목해야 할 부분은 무엇인가?

세 번째는 정책변화이다.

코로나19를 겪으며 '사회적 거리 두기'와 '집합 제한'이라는 정책은 많은 변화를 일으켰다. 교육 형태의 변화, 모임 형태의 변화, 사람들의 인식 변화 등. 정책이 거둬들여진 후에도 이 같은 변화는 일정 부분 여전히 남아 있다. 정책변화는 사회적 변화와도 연계성이 높다. 고령화라는 사회적 변화가 지속되면 복지정책이나 연금제도 등이 변화할 수 있다. 노동인구 감소로 인해 이민제도나 외국인 취업 제도 등이 변화할 수도 있다. 특히 나의 사업 분야와 밀접한 현상에 대해 끊임없이 모니터링하며 새로운 정책의 발표에 주목해 봐야 한다.

중요한 것은 이 같은 변화를 그저 파악하는 것에 그치는 것이 아니라 그 안에서 시장의 요구와 문제점을 파악해 새로운 사업 아이디어로 연계할 수 있을지 고민해 봐야 한다는 것이다. 주변 환경의 변화는 어떻게 인식하느냐에 따라 '장애물'이 될 수도 있고, '사업 성장의 기회'가 될 수도 있다.

미래지향적 사고:
개성 있는 나만의 사업으로
변하는 세상에 도전하라

마케팅이 아닌 컨셉팅으로 시작한 사업

나는 마케팅이 아닌 컨셉팅의 시대에 걸맞게 대량의 팬덤을 형성하지 않고 소수의 요구가 충족된 특별하고 개성 있는 수업을 진행하고 있다. 어린이 영어 개그우먼이라는 이미지를 스스로에게 더욱 노력을 요청하며 브랜드 컨셉팅의 성공요소를 통해 나만의 브랜드를 알리기 시작했다.

첫째, 로고를 제작했다. 브랜드 가치에 부합하는 직관적으로 끌리는 이

씽크 빅, 액트 나우!

미지를 위해 원하는 상표의 모습을 그려 상표 메이커에게 설명하고 몇 번의 수정을 통해 로고가 탄생했다.

로고는 새싹에서 다양한 색을 경험하며, 별이 되어 하늘로 튀어 오르는 아이들의 모습을 상징적으로 담았다. 브랜드명은 '액션으로 입이 트이는 영어'의 줄임말이다.

둘째, 백 개의 글보다 한 개의 진심 어린 글로 꾸준하게 다가가라. 블로그를 처음 시작했을 때 나에게 매일 글을 써야 이웃 수를 늘릴 수 있다는 조언을 하는 사람들이 많았다. 그랬던 그들이 나에게 갑자기 물었다. 한 달에 한두 번 정도의 글만 올리는 데 그 글을 보고 오는 사람이 있다는 것이 너무 신기하다며 대체 어떻게 글을 쓰냐고 했다.

예전에 배운 일반적 블로그 작성법에서는 끌리는 제목과 고객 키워드를 잡아야 한다고 했지만 나와 같은 결의 사람들이 오기를 간절히 바라는 마음에 결국 내가 원하는 키워드만을 기록하며 글을 작성하고 있다.

숫자가 전부는 아니다. 많은 사람보다 나와 맞는 사람을 찾아 함께 나아가는 것을 원한 나이기에 소수의 진정한 팬이 나에게 남아 있다면 이미 나의 컨셉팅은 성공한 것이라 믿는다. 그렇게 사람들은 몇 년간 꾸준히 유지하며 기록하는 적당한 양의 글들을 보며 1년 또는 2년 후에 나를 만나 보겠다는 의지를 조금씩 쌓아 주며, 직접 만나게 되는 상황에서 온라인과 현실의 수업이 같다는 걸 깨닫게 해 주는 것이 나의 마지막 작업이 된다.

셋째, 유일무이한 확실한 컨셉트, 모든 기획은 고객 중심이다. 시작은 심플하게, 수업은 재미있게. 아이와 학부모 모두의 공감까지 이끌어 내는 사업으로 진화시켜 가고 있는 액트영의 유일무이한 확실한 컨셉트는 모든 기획이 고객 중심이다. 여기에서 말하는 고객은 부모가 아닌 아이들이다. 모든 프로그램은 학부모의 만족을 채우는 것이 아닌 아이들이 원하는 아이템을 파악하여 마음을 채운다. 그것이 바로, 액트영의 컨셉트다.

그 컨셉트로 만든 프로그램이 P.S.C(Personal sample class)이다.

오리엔테이션은 학부모만 참여하는 학원이 대부분이다. 많은 오리엔테이션에 참여해 보았지만 결국 상담을 다시 해야 하는 상황이 벌어지는 것을 보았다. 아이들이 상담신청을 하면 P.S.C(Personal sample class) 예약을 가장 먼저 한다. 1:1 수업을 토대로 아이들의 성향을 파악하고, 학습 태도 및 집중력 시간의 정도를 예상하며 클래스의 성향에 맞는지 고민한다. 위 수업을 마친 후 부모가 아닌 아이의 결정에 신중한 시간을 들여 확인한 후, 등록대기를 한다.

S.O.T(Student OrienTation)

학부모 출입을 금지한 오로지 학생들만이 자유롭게 누리는 오리엔테이션이다. 기준 인원이 모이면 아이들이 오랜 시간 함께 부담 없이 수업에 집중하고 즐길 수 있는지 파악하는 시간이기도 하다. 학부모 없이 어떻게 오리엔테이션을 하냐며 위 내용을 설명할 때 학부모의 반응은 여간 당황스러워 보였다. 그렇다. 아직 나와 같은 오리엔테이션을 실행하는 곳을 본 적이 없다. 영어는 오랜 시간을 함께하는 멤버의 영향을 받게 되는 경우가 많기에 아이들이 마음의 상처가 적은 반 분위기의 조성과 장기적인 반의 유지를 위해서라면 필수과정이라고 여겨 번거롭더라도 꼭 진행하는 코스 중 하나이다. 이 모든 것은 온라인에서도 적용된다.

대부분의 기업은 체험 수업도 있고 개별수업도 있는데 개인 학습 역량과 성향에 대한 피드백은 적은 편이다. S.O.T라는 생소한 나만의 오프닝 방식은 아이와의 소통에 관한 내용을 어필하는 학부모와의 공감 형성을 위한 피드백, 즉 상담으로 학부모의 마음에 들어 자리를 잡아 가는 첫 단추를 올바르게 끼우는 독특한 노하우로 자리매김했다.

과감한 결정이 부른 성공

밤낮으로 시장조사를 하면서 출혈경쟁이 시작됨을 감지하고 수많은 온라인 수업들 사이에서 과감한 전략으로 승부수를 던졌다. 피보팅(pivoting)으로 독특한 커리큘럼과 새로운 수업방식을 개척하며, 액트영은 키트 영어와 파닉스 기반 원서 리딩 기초를 다지는 통합형 오프라인 수업을 할 수 있게 되었다.

당시 거주지에서는 최초 유치·초저(유치원생&초등학교 저학년생) 전문 영어 공부방이자, 독특한 수업으로 아이들의 반응은 물론 부모들의 반응 또한 폭발적이었다. 안전하게 그리고 즐거움을 최우선으로 아이들의 행복감을 끌어 올리며, 아이의 성장 단계에 따라 개인 학습 성향을 파악하는 1:1 체험 수업을 진행했다. 다양성을 가진 신나고 즐거운 영어수업,

아이에 대한 교사의 다각화된 시각, 일상의 작은 감동까지 전달하는 교사가 있는 공간이란 것이 인기 요인이었다.

어떻게 진행했는가?

아이들이 바라보는 온라인 수업할 때의 액트영 선생님

온라인 액트영의 진행 과정은 다음의 과정을 거친다.

키트 제작 〉 영상 촬영 및 편집 〉 영상 3회 제공 〉 워크북 및 만들기 활동 〉 줌 1회 그룹수업 〉 온라인 수업 주 4일 영어 노출

키트 영어이다 보니 초등학생이 가장 좋아하는 아이템으로 찾아야만 했다. 하지만 코로나19로 등교하지 않는 아이들에게 물어볼 기회조차 박탈당한 기분으로 좌절해 있을 때, 내 자녀의 또래 친구들에게 정보를 얻

씽크 빅, 액트 나우!

어 낼 수 있었다. 특히 학부모의 유행 민감도가 높을수록 성공할 확률이 높아졌다.

각종 SNS를 통해 아이템을 알아내고 학교 앞 문구점들을 탐방하며 재료를 구하러 다녔다. 학습과 관련된 키트보다 역시 옆집 친구가 가지고 있는 희귀아이템을 더 갖고 싶어 한 아이들의 니즈 파악을 적용한 만들기 키트가 인기가 많았다. 덕분에 140개가 넘는 키트와 워크시트를 만들었다.

오프라인 액트영의 진행 과정은 다음과 같다.

키트 제작 〉 교재 자료 준비 〉 주 2회 수업 〉 2개 온라인 프로그램 활용 〉 만들기 수업 〉 온·오프라인 통합 주 5일 영어 노출

온라인과 다르게 한 달에 한 번씩 만들기 수업을 진행하기로 했다. 오프라인은 학습과 놀이, 그리고 만들기까지 3대 요소를 다 채우는 것이었다. 온라인과 오프라인의 키트는 똑같이 진행하되, 코스 북을 통한 대면 수업으로 학습을 하고, 온/오프라인 과제로 예습 및 복습을 강화한 통합 프로그램이다.

아이들의 눈짓 하나까지 기록된 상담 내용

아쉬운 마음이 들 때, 기쁘지만 티는 안 내고 슬쩍 내비칠 때, 수업 전에 힘든 일을 겪었을 때, 아이들만의 특별한 행동이 있다. 예를 들면 책을 읽

을 때 글을 모르면 나의 눈을 슬쩍 보고 다시 내린다거나, 손가락으로 톡톡 치며 그 자리에서 멈추고 더 읽지 않는 등의 세세한 아이들의 몸짓을 기록한다. 또한, 평상시와 다른 목소리만으로도 기분을 파악해 주면 신기하게 맞춰 준 선생님에 대한 마음이 열린 아이들이 금세 웃으며 말을 걸어오는 경우를 보았다. 이 세심한 내용을 부모님과 상담을 통해 학습 습관을 잡도록 유도하는 방법을 알려 주고, 어떻게 공부해야 하는지 방향을 잡아 가며 장기 계획을 세웠기에 오랜 시간을 함께할 수 있었다.

나의 콘텐츠, 상품을 만들기 위한 필수 실무기술을 익혀야 한다

장기적으로 성공하기 위해서는 필요한 실무기술을 파악하고 직접 익혀야 한다. 예를 들면, 글쓰기, 동영상 편집 및 촬영, 블로그와 SNS 관리, 문서 작성법 등이 있다. 이를 위해 다양한 툴의 사용법을 익히고 정보를 수집했다. 내가 대표적으로 다루었던 툴은 무료 디자인 툴인 캔바(Canvs), 화상회의 시스템인 줌(Zoom), 온라인 인쇄/출력 서비스인 비즈하우스, 다양한 아이디어를 얻을 수 있는 이미지 기반 SNS인 핀터레스트 등이 있다.

경기 여성 창업 플랫폼인 꿈마루에서 장소를 대여하여 영상을 촬영하고, 직접 편집하여 업로드하고, 배포까지 완료했다. 처음엔 영상 촬영 6시간, 편집 4시간, 업로드 1시간, 영상 배포 및 안내까지 꼬박 하루가 걸렸다. 아침에 아이들 등원과 등교를 마친 9시부터 하원·하교 시간을 지나고서도 끝나지 않았을 정도였다. 키트 배송을 위한 배송작업 또한 쉽지 않았다. 포장박스에 붙일 주소록을 파일화하기 위한 초반 작업은 오랜만에 일하는 나에게 엄청난 편두통을 안겨 주었다.

그러던 어느 날, 항상 아이와 함께 포장하는 나의 모습을 눈여겨보았던 우체국 직원들의 도움으로 온라인으로 주소록 파일을 미리 등록하여 편리하게 일하는 법을 배우게 되었다. 나의 꾸준한 모습을 주변 사람들은 지켜보았다가 필요한 순간에 도움을 주는 일들이 많아지게 되면서 점차 실력이 향상되었다.

그 실력이 어느새 성장하여 액트영 굿즈까지 만들 수 있는 능력이 되었다. 경험은 실력이 되고, 실력은 곧 능력으로 인정받는다.

1인 기업이지만 대기업 대표처럼 일하라

남들이 보기엔 그저 작은 공부방이지만 나는 성장하려는 1인 기업의 생각법을 도입했다. 구체적인 실행사항은 두 가지가 있다.

첫 번째, 공부방이 상표출원을 했다.

"공부방이 상표출원을 했다고?"
"프랜차이즈야?"

입에 척척 붙는 브랜드 명인 '액트영'을 특허 내야 한다는 조언에, 나는 빠르게 로고를 만들기 시작했다. 구체적인 내용은 있었는데 구상했던 그림이 떠오르지 않아 골머리를 썩고 있다가 인터넷 검색으로 찾게 된 회사에 의뢰를 했다. 성공적이었다. 기대치 이상의 컬러감을 포함한 나의 로고가 탄생하자마자 상표출원등록까지 성공리에 마쳤다.

두 번째로 중소벤처기업으로 인증을 받았다.

'여성기업 인증'이라는 것이 처음에는 아주 어려운 일이라 생각하고 시도조차 하지 않았다. 물론 인증받기는 쉬운 일이 아니지만, 직접 해 보지도 않고 도전조차 하지 않으면서 얼버무리는 형식의 사업 운영을 하고 싶지 않았다. 국가에서 지원하는 여러 사업적 혜택을 받기 위해서, 꼭 받았으면 하는 것이 여성기업 인증이다.

공공구매 종합 정보망 사이트에 접속해서 여러 정보를 입력한 후 필요한 서류를 다운로드 받아 제출하는 방식으로 신청할 수 있다. 여성이 대표인 것에 우선을 두고 서류가 통과되면 한국여성경제인협회에서 진행하는 현장실사를 통해 최종 인증을 받는다.

가장 먼저 받을 수 있는 혜택은 창업 지원이다. 창업할 때, 이와 관련된 교육 수료를 받을 수 있을 뿐 아니라 여성기업종합지원센터 안에 있는 창업 보육실 입주의 혜택도 받을 수 있다.

멘토링으로 함께 나아가는 기업

우연히 자기주도적여성기업가협회에서 만난 대표님 한 분의 요청으로 용인 산업진흥원 멘토링 지원사업을 진행하게 되었다. 이렇게 나의 도움을 원하는 사람이 있다니 너무 감격해서 무엇이든 주고 싶었다. 스스로 터득했던 방식에 수익창출 로드맵, 지속 가능한 성장을 위해 흔들리지 않고 이 길을 가는 데 필요한 것이 무엇이며, 나만의 메시지와 올바른 목적을 지켜 내는 방법, 이 일을 하는 이유에 대해 정리하며, 나만의 멘토링 클래스 자료를 만들어 보는 시간을 가지게 되었다. 나만의 노하우를 전달할 수 있는 보람찬 멘토링 시간은 감히 행복했다고 말할 수 있었다.

앞으로 나의 사명은 훌륭한 가치를 제공해 사람들의 삶과 사업을 향상시키는 것이라는 다짐의 계기가 되었다.

생각은 글로 적고 강력히 실행하라

"이 세상을 살면서 가장 짜릿한 성취감 중 하나는
남들이 불가능하다고 했던 일을 이루어 내는 것입니다.

당신의 가능성을 절대 과소평가하지 마십시오.
결국, 할 수 있다고 믿는 사람만이 목표를 이루어 냅니다."

- 스노우폭스 회장 김승호 -

나의 사업에 관해 잘 알지 못하는 사람들의 의견에 신경 쓰지 말고 스스로에게 자신이 있는지 물어보라. 만약 자신이 있다면 싸워서 꿈을 이루어라.

10년을 넘게 기록한 다이어리들이 나를 째려본 어느 날, 미루고 미루었던 다이어리를 정리하게 되었다. 오래되고 빛바랜 종이를 넘기기에 아슬아슬한 상태였지만 그 글들은 마치 영화의 한 장면처럼 종이를 뚫고 나오듯 눈이 부실 정도로 빛났다.

'이런 일을 하면 어떨까?'라며 하고 싶었던 일들이 같은 생각을 했던 다른 사람들 손에서 이미 이루어져 있던 것들도 보았고, 꼭 해 보고 싶다고 써 내려간 버킷 리스트도 자릴 차지했지만, 변함없이 크게 쓰여 있던 것들은 대부분 '수업'이었다.

그토록 아이들과 함께하는 수업 공간을 만들어 몇천 명의 아이들과 만나겠다며 적은 글들이 현실이 되는 순간, 수년 전 다이어리 쓰고 있던 나에게 반갑게 인사하고 있었다.

액트영의 미래는 어떤 모습이 될까? 아이들에게 영원한 영향력을 주는 교육공간을 꿈꾸며 액트영은 모두가 행복한 교육. 그 너머를 바라보고 있다.

영어 노래를 하면서 함께 신나게 뛰고, 선생님의 표정과 몸짓 하나하나를 관찰하며 호기심을 가지고, 발음을 재미있게 설명하다가 함께 배꼽 빠지게 웃는 영어수업의 기억들을 아이들에게 물려주는 액트영.

즐거운 영어의 첫 기억을 액트영 선생님이 선물할 수 있기를, 액트영과 함께한 행복한 영어수업이 평생 기억이 되어 영어 공부의 어려움을 오랫동안 이겨 낼 수 있기를 간절히 바란다.

마지막으로, 나의 소중한 가족들에게 액트영을 만든 업적을 남긴 사람으로서 영원히 기억에 남기를 간절히 소망해 본다.

3장

계획하기

자금출처 탐색 – 김소연

재정적 부트스트래핑 – 박지우

사업계획 – 이현주

신중년 창업, 정부지원사업과 함께하기

㈜ 세이브어스랩 김소연 대표

신중년 창업, 정부지원사업과 함께하기
자금출처 탐색: 자금은 기다리는 것이 아니라
찾아다니는 것이다
변해야 꿈과 희망이 보인다

웹 기획 및 디자이너, UX컨설턴트로 국내 및 해외 웹 사이트를 제작했으며 공공기관 근무를 거쳐 사회적 경제 분야 창업을 통해 인생 이모작을 시작했다.
연세대학교 디자인학박사, Blastradius in Canada 디자이너, 문화체육관광부 산하 한국문화정보원 원장을 역임하였다.
지속사용 가능함에 가치를 둔 환경 친화 제품 개발 및 실내 공기 질 개선서비스를 제공하며, 산업디자인전문기업으로서 디자인컨설팅도 하고 있는 예비사회적 기업 주식회사 세이브어스랩의 대표이다.

• 사회적기업가로서의 활동
주식회사 세이브어스랩은 친환경 소재에 집중하기보다는 제품 하나를 오래 사용하기 위한 지속 가능성에 가치를 부여하는 기업이다. 이러한 철학을 바탕으로 일회용 마스크의 단점을 보완하여 세척 가능한 기능성 필터를 넣은 다회용 〈폴텍

마스크〉를 출시하여 국내외 공공기관은 물론 해외에까지 판매하였다.

〈폴텍마스크〉의 가치를 널리 알리고 협업하기 위하여 다양한 지원사업에 선정되었으며, 2021년 예비사회적기업으로 지정되어 지속 가능성의 가치를 널리 알리고 있다. 또한, 우리가 느낄 수 없을 만큼 소중한 실내 공기 질에 대한 서비스 제공으로도 사업을 시작하여 2022년 jump-up social 사회적경제 창업경진대회에서 사회적가치상을 수상하기도 하였다.

2020, 2021 사회적기업가 육성사업 10기 11기 선정

2020 해외판로지원사업 선정

2020, 2021 환경콘텐츠 융복합 IP시제품 제작사업 선정

2020 업사이클 전시 선정

2020~2022 환심 상인 3년 연속 선정

2022 We-star 프로젝트 선정, Jump-up Social 사회적경제 창업경진대회 사회적
    가치상 수상

2022~2023 하나파워온 혁신기업인턴십 선정

2023 패션디자인 실용화 및 역량강화사업, 경기도 디자인개발지원사업 디자인
    전문회사로 선정

2022년 jump-up social 사회적경제
창업경진대회 사회적가치상 수상

폴텍마스크 가치홈쇼핑
라이브커머스 진행

• 소상공인과 자영업자, 초기 스타트업 창업가의 가치를 높여주는 밸류 코치로
  서의 활동
문화창업플래너이자 스타트업 코치
안양산업진흥원 전문가 및 한국디자인진흥원 디자인제조혁신 컨설턴트, 경기도
소상공인 재창업 지원사업 전문컨설턴트
2022~2023 하남시 청소년소셜벤처 팀매니저
2023 하나 소셜벤처 유니버시티 창업 퍼실리테이터
자기주도적여성기업가협회 창업전략 이사
사단법인 피피엘 피어멘토
《인사이트 스타트업》 저자(공저)

• 세이브어스랩 홈페이지 www.saveuslab.com
• 세이브어스랩 인스타그램 save_us_lab
• 밸류코치 블로그 blog.naver.com/coach4value

신중년 창업, 정부지원사업과 함께하기

반백살을 앞두고 시작한 창업

논어에 따르면 40이라는 나이는 불혹이라고 부르며 판단을 흐리는 일이 없을 정도로 단단한 상태라고 한다. 50살에는 하늘의 명을 알아 내가 하고자 하는 일에 대한 확신을 가질 수 있다고 한다. 그러나 인간의 기대수명이 늘어나면서 불혹과 지천명이라는 나이의 뜻풀이는 더 이상 의미가 없어진 듯하다. 다음 글로 이어지는 나의 커리어를 보면 내가 왜 이런 말을 하는지 알 수 있을 것이다.

오랫동안 웹 사이트 기획 및 디자인 분야에서 일하다가, 아이 때문에 시간을 자유롭게 낼 수 있는 대학강의와 프리랜서, UX컨설팅 등을 20년 정도 했다. 그러다가 자의 반 타의 반 경력이 애매하게 단절되는 상황에 놓였던 50살을 앞두던 어느 해, 무모하게도 지금껏 경험해 보지 못한 새로운 일을 해 보고 싶다는 생각이 불쑥 들었다. 잠시 근무했던 공공기관에서 주최한 지원사업 경진대회에 지원하시는 스타트업을 보며 그 열정이 부러웠던 것이 그 실마리가 되었던 것 같기도 하다.

50살 평생 이미 만들어진 일이나 만들어진 자리에 들어가 보긴 했어도 나 스스로 처음부터 만든 일은 아니었기에 이왕 이렇게 된 거 '내가 처음부터 혼자 만들어 보자.'라는 생각에 창업을 준비하게 되었다.

창업 전에 물적·정신적 도움을 받을 수 있다면 금상첨화

처음엔 창업진흥원의 기술창업교육 과정을 찾아서 들은 후 여러 과정을 수강하며 기존에 몸담고 있었던 IT 분야부터 사업기회를 포착해 보려고 했다. 2017년부터 미세먼지를 비롯한 환경문제가 언급되기 시작했고 늦둥이 아이가 막 유치원을 다니던 차라 아이들에게 큰 영향을 끼치는 환경문제에 자연스럽게 관심이 가기 시작했다. 그래서 해당 분야의 창업 아이템을 잡기 위해 기존의 경력은 깡그리 뒤로한 채 환경 관련 중소기업에 최저시급으로 입사해 약 2년간 근무하면서 환경 분야 중 미세먼지와 공기질, 그리고 리사이클링과 업사이클링 등 친환경 분야에 대한 지식과 경험을 쌓아 나갔다.

그러던 중 나의 고민과 창업준비과정을 들은 후배 한 명이 정보를 주었다. 환경 분야에서 제품을 만들어 팔고 서비스를 제공하는 것도 좋은데, 이 문제를 사회적 문제로 정의하고 해결하는 과정에서 사업의 방향성을

씽크 빅, 액트 나우!

찾을 수 있는 지원사업이 있으니 도전해 보라고. 그 사업이 바로 〈사회적기업가 육성사업〉이었다. 그해 19년 겨울에 사업설명회에 참가한 후 지원서를 제출했고, 지원금과 컨설팅, 멘토링 등을 지원해 주는 정말 보기 드문 지원사업에 덜컥 선정되었다. 〈사회적기업가 육성사업〉은 2021년도에도 내게 다시 한번 재도전의 기회를 주었고, 2022년도에는 육성사업을 거친 졸업기업들을 대상으로 우수프로젝트를 선정해 주는 We-Star 프로젝트에도 선정되어 지금까지도 큰 힘이 되어 주고 있다.

난생처음 도전한 제품제조는 어려웠고 소비자는 무서웠다

2020년에 그 당시 큰 이슈였던 미세먼지에 대응할 수 있고 환경적으로 쓰레기를 만들지 않는 빨아 쓰는 필터 일체형 마스크 아이템으로 사회적기업가 육성사업 10기에 선정되어 사업비와 멘토링을 받으며 사업을 진행했다. 이때는 미세먼지 마스크가 막 시작된 코로나19 이슈와 관련되어 품귀현상이 나는   등 워낙 인기였던 시기라 큰 노력 없이도 판매가 되어 매출이 잘 나왔다. 유럽 리셀러를 통해 6천만 원어치를 해외에 수출하기도 해 나름의 성과를 거두었다.

열심히 홍보하지 않아도 여기저기서 구매해 주고 리셀러가 되고 싶다고 연락이 오니 자만해져 갔다. 스마트 스토어 입점 및 자사몰 구축도 하였지만, 고객과 소통하지 않았고, 급한 마음에 고객의 니즈를 파악하는 단계를 뛰어넘고 제품을 만들어 갔다.

기존의 방식에 소비자의 요구를 듣지 않으니 방문자 수도 떨어져 갔고 매출도 급감했다. 소비자의 매서운 피드백이 스마트 스토어 리뷰에 달리기 시작했다.

어려움에 부딪히고 다시 일어서다

2023년 3년 차 기업 대표가 된 지금, 가장 어려웠을 때를 돌이켜 보면 2022년 초였다. 2021년 12월 30일 자로 사회적기업을 준비하는 예비사회적기업에 선정되었고, 큰아이도 무사히 대학 입학을 하게 된 겹경사를 맞이했는데, 왜 어려웠던 때로 기억할까?

너무나 바라고 긴장하고 노심초사하던 일이 이루어지면 긴장이 풀리게 되는 법. 우리의 몸이 긴장해서 위축되어 있다가 긴장을 풀면 근육이 아프고 몸살이 나듯이, 사람의 마음도 마찬가지임을 느꼈다.

2022년 초 회사만 형식적으로 나가서 앉아 있다가 오거나 하루 종일 누워 있는 상황이 2개월이나 이어졌다. 그 어떤 의욕도 생기지 않았다. 우울증인지 무기력증인지 분명히 어딘가 문제는 있는 것 같은데 찾을 길이 없었다.

끊임없이 도전과제를 만들고 그 도전과제의 수행을 통해 나와 사업을 성장시켜가는 2년 동안 혼자서 제조, 판매, 영업을 동시에 해내다 보니 지치기도 했었던 것 같다.

씽크 빅, 액트 나우!

이 상황은 중간목표였던 예비사회적기업 선정이 된 이후의 해나갈 일을 한 번도 생각해 보지 않았기에 생겨난 어이없는 일이었다. 기업의 장기 성장 계획을 잡지 않고 무식하게 달려만 가다가 맞닥뜨린 허허벌판에서 무엇부터 해야 할지 생각해두지 않았기 때문이었다.

이 고비는 3월에 새로운 분야의 사람들을 만나고 대화하고 4월에 직원을 채용하면서 서서히 나아져 갔고, 7월 이 책을 쓰게 된 계기를 마련해 준 〈자기주도적 기업가 육성 과정〉을 들으면서 고비를 무사히 넘길 수 있었다.

아이는 나에게 여러 목표를 갖게 하고 저를 담금질하는 존재이고, 직원은 월급을 주어야 하기에 돈을 벌지 않으면 안 된다. 내가 혼자 할 수 없음을 스스로 인정하고 직원을 고용해서 스마트 스토어 관리와 배송을 시켰더니 업무 효율이 급상승했다. 부끄럽게도 왜 직원이 필요한지, 팀의 중요성을 그때야 깨달았다. 9월에 지원사업을 통해 인턴 한 명까지 합류하며 주중뿐만 아니라 주말까지 한 주도 쉬지 않고 온·오프라인 판매와 영업을 진행할 수 있었고 그 결과 전년도 매출의 5배가 넘는 성과를 거두게 되었다.

시제품 제조비와 인건비 절감·네트워킹, 그 모두를 해결해 준 정부지원사업

현재까지 5회가 넘는 시제품 제작지원사업, 상세페이지 제작, 홍보 동영상, 인턴십 인력지원 등 약 1억 원이 넘는 지원사업에 선정되어 사업의 초석을 다지는 데 사용하였다. 초기자본이 절대적으로 필요한 제조업 창업자에게는 이러한 지원사업이 정말 큰 힘이 된다.

이 모든 것들을 다 정부지원사업으로 충당하며 때로는 실질적인 도움을, 때로는 정신적인 여유를 가지게 되었다. 자금과 사람의 여유를 가지고 시작하는 대표님은 거의 없다. 특히 제조업의 경우는 초기 제조비가 들어가기 때문에 많은 초기자본이 들어갈 수밖에 없다. 이때 성공의 확률이 불확실한 시제품 제조비를 받을 수 있다는 것은 정말 큰 힘이 되지 않을 수 없다.

그리고 협업과 네트워킹은 정말 중요하다고 생각한다. 지원사업을 통해 협업과 네트워킹도 쌓을 수 있다. 이 분야에 오래 있던 사람도 아니고 제조업을 해 본 경험도 없기 때문에 이를 해결할 수 있는 하나의 방법은 협업과 네트워킹이라 여겼다. 꾸준히 협업프로젝트, 콜라보 프로젝트를 진행할 수 있는 지원사업에 지원했고 이를 통해 인맥과 네트워크를 쌓았고, 제품의 다양한 소비자층 발굴과 판매 포인트를 다각화할 수 있었다.

또 다른 사업 분야의 시작 - 나와 같은 어려움을 겪는 사람을 돕는 일

현재 나는 이 같은 경험을 살려 현재 다수의 초기 창업자들에게 지원사업을 어떻게 받는지, 사업계획서는 어떻게 쓰는지에 대해서 개별컨설팅도 하고 있다.

여성 창업자만의 미묘한 특징이 있다. 경쟁력은 충분히 갖추고 있으면서도 뭔가 쑥스러워하고, 브랜딩 가치가 충분한 나와 내 사업에 대해 누군가 알아주기 바라면서도 홍보는 부담스러워하는 양가적인 모습들이 바

씽크 빅, 액트 나우!

로 그것이다. 이러한 분들을 돕고자 개인적으로 컨설팅을 시작했다.

2021년부터 시작한 이 컨설팅은 대대적인 홍보 없이도 현재까지 12명이 신청하여 들으셨고, 그중 대부분 2년여 이상 개별컨설팅으로 인연을 맺으며 서로 의지도 하고 정보를 나누기도 한다.

2022년에는 본격적으로 강의와 컨설턴트 활동에 경력을 쌓기 위해 고등학교, 대학교 강의 경험을 쌓고 및 〈사회적경제 및 ESG[1] 강사과정〉 수료를 통해 강사의 길로도 한 발짝 나아가고 있다. 이러한 경험이 쌓여 예비사회적기업 컨설팅을 통해 6명 중 4명이 예비사회적기업에 지정되어 사회적기업가 분들과 함께 기쁨을 나눌 수 있었다.

〈ESG분야, 정부지원사업도전하기〉 언유주얼페어 특강 세미나

---

1) ESG: environmental, social and governance의 약자로 기업의 비재무적 요소인 환경 (Environment) · 사회(Social) · 지배구조(Governance)를 뜻하는 말.

나의 성장동력

아직 언론에 많이 등장하는 대표님들처럼 시드 투자 등을 받지는 못하였고, 여러분과 동일한 고민과 일상을 살고 있는 많은 여성 창업자 중의 하나다. 그러나 2020년부터 2년이라는 짧은 시간 동안 사업을 진행해 오면서 많은 것들을 배웠고 한발 한발 나가고 있음을 느끼고 있다. 이런 제품을 만들어 줘서 고맙다는 소비자의 말 한마디, 저희 제품과 서비스를 채택하겠다는 메일이나 지원사업선정 메일을 볼 때 느끼는 그 기쁨들이 자양분이 되어 저희 사업을 더욱 생산성 있는 방향으로 나가게 하고 있다.

여러분들도 큰 건이 아니어도 그런 경험들을 계속 쌓으시면 누적되고 축적되어 반드시 큰 매출로 돌아오게 될 것이라는 믿음을 가지시고 하루하루 살아가셨으면 좋겠다. 그러기 위해서 제가 느꼈던 성장동력을 공유해 볼까 한다.

우선 움직이고 만나시고 대화하는 것이다. '될까 안 될까'라는 생각을 하고 고민할 시간에 우선 되게 하는 방법을 먼저 생각하고 만나고 대화한 후 이후 상황을 대처하는 것이 더 빠르다. 올해 초에 한없는 심연의 늪에 빠져 무기력했던 때를 돌이켜 보면 머릿속으로만 많은 고민을 했었고 머릿속에서 모든 답을 내리고 있었던 점을 발견했다. 오프라인이건 온라인이건, 가깝건 멀건 내가 움직이고 만나고 대화해 보면 의외로 쉽게 풀리는 부분이 있었다. 특히 민감한 상황에 놓여 있다면 가능하면 만나고 대화하는 것을 권한다.

다음으로는 '상대방의 입장에서 생각해 보기'라는 방법이다. 역지사지라는 사자성어를 소비자를 대입해 보면 사업에서 무엇을 놓치고 있는지 쉽게 알 수 있다. 소비자 입장에서 우리의 제품을 처음 만났을 때 구매까지 이르는 과정을 차근차근히 돌이켜 보면, 우리가 어떻게 구매경로를 만들어 놓아야 할지 답은 금방 나온다. 예를 들어 인스타그램에서 열심히 홍보했는데 구매링크가 없다면 살 수 있을까? 홈페이지를 만들어 놓았는데 관리를 안 하고 있다가 홈페이지가 안 뜨면 소비자는 우리의 제품을 믿을까? 지원사업도 마찬가지이다. 지원사업의 경우 지원사업을 주관하는 주관사의 홈페이지와 최근 지원사업, 작년 지원사업 정도는 검색해 보고 어떠한 방향성을 가진 제품이나 서비스를 선발하는지 파악해야 지원사업에 들이는 시간을 줄일 수 있다. 가능한 사업에 지원하는 노력을 쏟아야 귀중한 대표님의 시간을 낭비하지 않을 것이다.

마지막으로 사업을 운영하는 실질적인 성장동력은 뭐니 뭐니 해도 '자금'일 것이다. 대표님들의 사업을 지속할 수 있게 하는 자금출처를 능동적으로 발굴할 수 있는 사례는 다음 장에서 좀 더 자세하게 알아보겠다.

자금출처 탐색
Getting Finances

사업가들이 새로운 목표를 달성하고자 할 때, 가장 큰 걸림돌이 되는 것이 '자금' 문제이다. 재정에 여유가 있다면 사업에서 시도해 볼 수 있는 것들이 무엇이 있을까? 만성적인 자금 부족을 겪고 있는 사업가는 창의적인 아이디어가 떠올라도 도전하지 못하고 무기력에 빠지게 된다.

사업가의 자금 문제는 크게 두 가지로 나눌 수 있다. 첫 번째는 나에게 필요한 자금의 규모를 파악하지 못하는 문제이다. 내가 머릿속에 떠올린 새로운 아이디어를 실행하기 위해서 얼마만큼의 자금이 필요한가? 그것을 측정해 본 적이 있는가? 막연하게 예상하는 것이 아닌 구체적인 리스트를 만들어 규모를 예측하는 것이 중요하다.

씽크 빅, 액트 나우!

두 번째 문제는 내가 끌어올 수 있는 최대한의 자금 규모가 어느 정도인지 가늠하지 못한다는 것이다. 생각보다 많은 사업가가 늘 활용하던 자금출처의 범위에 머물러 있다. 따라서 혁신적인 아이디어가 그저 아이디어인 상태로만 머물게 되는 것이다.

이처럼 자금은 사업에 새로운 길을 열어 줄 수 있는 가장 중요한 열쇠임에도 불구하고, 상당수의 사업가가 새로운 자금출처를 찾아보려는 노력에는 시간을 들이지 않는다.

당신은 작년 한 해 동안 얼마나 많은 새로운 자금출처를 찾아보았는가? 혹시 늘 의존하고 있던 자금에만 매달리고 있는 것은 아닌가? 나의 힘으로 끌어올 수 있는 최대한의 자금 규모와 자금출처의 특성을 파악하는 일은 사업가의 발전을 위해 매우 중요하다.

먼저 당신이 현재 이용 가능한 사업자금 출처들을 나열해 보자. 이미 활용하고 있는 것들을 포함하여, 아직 활용해 본 적이 없는 다른 여러 자금출처를 생각해 보자. 아주 사소한 것도 좋다. 내 통장의 비상금이나 적금, 보험, 대출, 지인 기회 등.

다양한 자금의 출처들은 매우 복잡한 서류를 요구할 수도 있고, 때로는 자존심이 상하는 문제가 될 수도 있다. 하지만, 생각나는 모든 것을 다 나열해 보자. 활용할 수 있는 다양한 자금출처를 식별하고 평가해 보자. 각각의 자금출처가 가진 장단점은 무엇인가. 당신의 사업을 발전시키기 위해 가장 좋은 자금출처는 무엇인가?

당신은 리스크가 적으면서도 사업 아이디어를 실현해 줄 수 있는 어떤 자금출처를 알고 있는가?

씽크 빅, 액트 나우!

자금출처 탐색:
자금은 기다리는 것이 아니라
찾아다니는 것이다

~~~~~~

본 에세이에 썼다시피 많은 지원사업에 도전하였고 운 좋게 다수의 선정을 통해 자금과 자원을 확보하게 되었다. 물론 처음부터 다 선정된 것은 아니었고 지금도 꾸준히 탈락의 기쁨을 맛보고 있다.

자금을 발굴할 수 있었던 나의 능동적 사례 몇 가지를 소개한다.

사례 1) 전문성을 돋보이게 하는 사업지식 확장

나는 환경전문가도 아니고 미세먼지에 대해서 잘 모르는 비전문가였다. 그래서 바로 미세먼지 사업단 과정을 수강하고 수료증을 받는 활동, 관련 중소기업에 입사해서 실무를 배우고, 실제 시험 성적서를 진행하는 과정에서 관련 업계와 프로세스를 습득하는 일련의 과정을 거쳤다.

2020년 최종사업비를 결정하는 PT를 진행할 때 심사위원들이 처음에는 나를 비전문가로 인식하고 세부 인증에 대해 꽤 까다롭게 질문을 던진 적이 있었다. 미세먼지 사업단 교육을 들었을 뿐만 아니라 그 당시 국내외 미세먼지 전시회는 물론 시험 성적서까지 진행에 관여했기 때문에 전문용어를 써 가며 KF 인증에 대해 무사히 설명을 마칠 수 있었다.

그 후에 담당자가 전하길, 비전문가로 보이는 대표가 KF 인증에 대해 잘 알고 있을지 의구심을 갖고 있었는데 막힘없이 대답하는 모습에서 "정말 찐이다."라며 사업 실행에 대한 신뢰를 가졌다고 했고, 결국 최종사업비는 잘 받을 수 있었다.

사례 2) 지원사업정보가 나에게 올 수 있도록 자동화 시스템을 만들었다

2022년 후반부부터 지원사업을 주는 곳이 정부와 기관뿐만 아니라 민간 기업까지 포함되었다. 너무나 많은 정보가 있어서 한곳에서 몰아서 서비스하는 곳도 두세 군데 늘어난 것으로 안다.

나는 다른 사람이 정보를 줄 때까지 기다리고 싶지도 않았고 내가 찾아다니는 것도 힘들었다. 내가 하루라도 더 빨리 찾아야 우리 기업에 맞는 사업인지 검토하고 지원서를 쓸 시간을 확보한다고 생각했기 때문이다.

나에게 맞는 맞춤 정보를 받기 위해, 내가 선택한 가장 첫 번째 방법은 뉴스레터 신청 및 구독이었다. 가장 많이 알고 계시는 지원사업의 기본정보를 제공하는 창업진흥원 및 기업마당 사이트는 회원가입 시 뉴스레터를 선택하게 되어 있다. 반드시 신청하자.

우리 기업을 도와줄 만한 진흥원이나 기관, 지자체 등 관련 사이트를 들어가서 뉴스레터 신청을 하자. 뉴스레터로 다 제공을 하지 않는 곳도 많지만 그래도 50% 이상의 손품을 파는 시간을 줄일 수 있다. 나는 관심 있는 사업인데 기간을 지나서 발견했다면 담당자에게 전화해서 관심이 있고 내년에 지원하고 싶으니 꼭 다시 알려 달라고 부탁도 했었다.

그리고 혹시 여러분이 선정된 지원사업이라면 그곳에서는 여러분에게 계속 관련 지원사업 정보를 보내 줄 것이다. 또 지원해 달라고 요청이 오기도 하고 문자, 이메일이 오기도 한다. 이렇게 되면 여러분은 조금 더 지원사업정보를 편안하게 받아 볼 수 있는 상황이 되어 일할 수 있는 시간을 아낄 수 있다. 그 시간에 사업계획서를 더 쓰자.

사례 3) 내 역량에 맞는 지원사업과 자금에 도전하자

사업을 하고 싶은데 자금이 없고, 내 돈 가지고 사업하는 거 아니라며 지원사업을 알아보시는 분들이 많다. 지원사업을 발판으로 사업을 시작하는 것이 좋을 수 있다. 교육과 멘토링 지원을 통해 올바른 사업가의 길도 배우고, 사업비를 통해 시제품 또는 MVP를 만들어서 가능성을 파악해 볼 수 있으니.

그런데 문제는 그 구체성과 역량에 있다. 세상에 널리고 널린 사업모델과 제품, 서비스가 있는데 어떤 제품인지 머릿속으로만 설명할 수 있다면 구체성이 없는 것이다. 그리고 내가 그 사업을 진행할 수 있는 역량이나 여력이 없다면, 선정은 되었을지 모르나 사업을 진행하는 동안 담당자에게는 좋은 인상만이 남진 않을 수도 있다.

지원사업에 대한 우리 기업의 지원원칙은 단 한 가지, 달성 목표가 명확한 사업에 지원한다는 것이다. 사업비 그 자체만 보고 절대 지원하지 않는다.

　2년 연속 받았던 친환경제조지원사업의 경우 폴텍마스크라는 내 제품의 확장성을 가지고 싶고 제품의 홍보를 기대해서 지원했었다.

　일반 마스크보다 기능성이긴 하지만 캐릭터가 있고 없고에 따라 사람들의 구매 기준이 달라진다. 예쁜 패션 제품으로서 구매력 상승효과가 나타날 수 있다. 그 부분을 노렸고 다행히 시제품이 잘 출시되어 판매까지 할 수 있었다.

　그다음 해에는 아이들에게 환경의 중요성을 일깨워 줄 수 있는 환경 동화책+마스크 세트로 지원하였고 선정되었다. 그 이전 선정기업이었던 것도 영향을 미쳤었고 일관되게 친환경 지원사업 선정 이력을 쌓아 왔던 것도 심사위원들 눈에 보이지 않을 리 없었다.

　아직 아이템이 없고 검증되지 않았는데 5천만 원짜리, 1억짜리 사업에 신청하겠다고 사업계획서부터 시작하시는 분들이 의외로 많다. 사업계획서에 담을 내용부터 준비해야 하고 그 준비과정에서 나온 계획이 담겨 있어야 하는 것이 사업계획서이다.

　대표 개인과 기업의 사업경력이 감당하지 못할 지원사업인지 아닌지 검토해 보고 그 시간에 다른 자원확보를 할 수 있는 지원사업을 2개 더 써내는 것이 유리하다고 생각한다.

사례 4) 나의 경험을 팔았다

2020년만 해도 지원사업이 올해처럼 큰 열풍은 아니었다. 우연한 기회에 정보를 받아 지원서류를 작성해 보고 붙어 보기도 떨어져 보기도 하며 몇 년간의 노하우가 쌓이게 되었다.

그 소중한 경험을 나는 자원화하기로 하고 그 경험을 토대로 소수정예 지원사업컨설팅을 해 드리고 있다. 극초기 사업가분들에게는 나의 경험을 바탕으로 도움을 드리고, 나는 비수기 때 부족한 자금을 확보하는, 서로가 윈-윈하는 구조가 되었다. 그 컨설팅을 블로그에 올렸더니 크몽에서 입점 제안이 오기까지 했다.

제조업이라고, 도소매업이라고 꼭 물건을 판매해서만 돈을 벌어야 한다는 원칙은 그 어디에도 없다. 자금확보는 다양한 방법에서 길을 찾을 수 있다. 정부 부처가 안 되면 청을, 청이 안 되면 지역 진흥원을, 시청을. 아니면 개인을.

자금과 자원을 지원할 가능성이 있는 모든 곳을 알아보기 위해 생각의 폭을 넓혀야 한다.

지원사업의 꽃 사업계획서에 대하여

대한민국처럼 지원사업이 많은 곳이 없다. 서류 몇 개만 넣어도 500만 원어치의 바우처를 막 주는 훌륭한 나라다. 그러나 여기에 기대서는 안 된다. 이 바우처의 몇 배의 효과를 낼 수 있도록 최선을 다해야 한다.

지원사업은 돈이 남아서 퍼주는 것이 아니다. 지원사업을 통해 관련 분야 업체에 사업비가 지급되게 하는 것이고, 그 업체의 고용이 유지되게 하는 데 목적이 있다. 바우처 사업도 해당 분야 선정된 기업에 바로 지급이 되는데 그로 인해 그 업체는 유지가 된다. 선순환 구조다.

그렇다면 지원사업비를 받는 것도 중요하지만 어떻게 그 업체를 잘 선정하고 또는 선정된 업체와 어떻게 사업을 잘 진행해서 그 사업비만큼의 값어치를 얻어내느냐가 더욱 중요하다는 점이다.

이러한 계획을 잘 써서 내는 것이 사업계획서이고 사업계획서에 그러한 계획이 없으면 선정되지 않는다.

즉 진정한 사업을 하려는 사람이 사업계획서를 잘 쓰게 된다고 말씀드리고 싶다.

은행에 가서 돈을 빌릴 때도 신용도를 평가한다. 기업의 경우도 기업 신용도도 본다. 예비창업자의 경우는 개인의 역량을 본다. 역량이 안 된다면 가점을 받을 수 있는 교육과정을 들어서 점수를 만들어야 한다. 시간 투자 없이 되는 것은 아무것도 없었다.

서류가 많다고 투덜거리는 분이 많다. 사업계획서 쓰기가 너무 어렵다고 한탄하시는 분이 많다.

당연하다. 청년창업사관학교, 예비 및 초기창업패키지의 경우 10장 내외의 사업계획서를 통해 약 5000만 원을 지원해 준다. 대출도 아닌 사업 성공의 여부를 보지 않는 성공불융자 사업이다. 무려 한 장당 500만 원의 가치가 있는 사업계획서이다.

심사위원이 앞에 있다고 생각하고 전체적인 논리 구조에 맞게 적재적소에 맞는 용어와 표현, 사례 및 구조도를 통해서 설득해야 한다. 그들을 설득하기 위한 글이어야지, 내 얘기를 쓰는 글이어서는 안 된다.

결국, 사업에 대해 전문지식도 갖추고 자세한 계획이 있는 분이 남을 설득할 수도 있고 사업계획서도 잘 써서 자금지원도 용이하다.

변해야 꿈과 희망이 보인다

나에게는 41살에 얻은 귀한 늦둥이 딸이 있다. 그 아이를 가졌을 때는 그 힘들었던 육아를 8년 만에 다시 반복해야 한다는 생각에 솔직히 식은 땀부터 주르르 흘렸던 것이 사실이다.

그러나 큰아이와는 많이 다른 아이를 통해 나의 시야는 또 한 번 넓어졌다. 큰아이만 키웠다면 나의 육아관은 큰아이에 한정되었을 것이라는 생각이 들어 지금은 너무 감사한 마음뿐이다.

일도 마찬가지이다. 회사에만 있었다면, 주어진 일만 했었다면, 이미 모든 게 세팅되어서 업무에만 전담할 수 있는 상황만 겪어 보았다면, 지금 내가 자영업자나 소상공인, 사업자를 이해하는 폭이나 사회를 이해하는 폭은 매우 좁아졌을 것이다.

여러분이 가지고 있는 성향상 주어진 일에서 최선을 다해서 멋진 일을 해낼 수도 있을 것이다. 그러나 세상의 모든 원칙이 흔들리는 시대가 다가오고 있다. 커피를 타고 치킨을 튀기는 로봇이 등장하고 인공지능이 글을 써서 책을 출판하는 시대다.

내가 딛고 서 있는 내 발판이 언젠가 무너질 수도 있는 시대가 온 것이다. 실제로 철밥통으로 불리던 많은 직업군이 위협받고 있기도 하다.

개인적으로 하나의 기술로, 하나의 직업으로 편하게 오래 돈을 버는 시대는 끝났다고 보고 있다. 아이들은 커가고 있고 인간의 수명은 100세로 연장되었다.

그렇다면 우리는 어떻게 살아야 하는가? 빠르게 바뀌는 세상의 트렌드를 따라잡을 순 없어도 나를 안전하게 지켜 주고 있는 것 같은 틀에서는 벗어나야 새로운 세상을 볼 수 있지 않을까?

그러기 위해서 내가 선택한 길은 창업이었다. 물론 매우 힘든 선택이고 지금도 힘들고 어렵다. 그러나 여러분도 알다시피 이 세상 어디에도 쉬운 일은 없다.

창업을 통해 나는 새롭게 내가 잘하는 분야를 발견했고 이를 통해 또 다른 사업확장을 계획하고 있다. 끊임없는 꿈을 꿀 수 있게 된 것이다.

여러분에게도 끊임없는 희망과 꿈이 꾸어지는 삶이 펼쳐지길 바라 본다.

인생의 주도권을 찾는 법

인굿컴퍼니 박지우 대표

나의 평생직장은 내가 만든다

재정적 부트스트래핑:
내 안의 자원을 극대화하기

어제의 내 자리에서 한 걸음만 나아가기

다수의 기업에서 출장 교육을 진행하는 전문 기업교육 강사이다. 평생교육 학사
와 HRD 석사를 취득하고, 현재는 교육 전문업체인 인굿컴퍼니교육센터를 운영
하고 있다. 80% 이상의 재강의 요청률을 기록하며, 교육에서의 고객만족을 추구
하는 저자는 기업경영의 본질을 '고객만족'에 있다고 설파하고 있다. 헤럴드경제
에서 주최한 제14회 대한민국교육산업대상에서 교육컨설팅 부문 대상을 받았으
며, 한국서비스인력개발학회 상임이사로 활동하고 있고 '서비스와 HRD', '고객
만족경영'에 관한 연구를 진행하고 있다. 저서로는 《CS강사는 무엇을 하는가?》,
《고객만족개론》이 있다.

2021년 독일 뤼네부르크 로이파나 대학교(Leuphana University)에서 인증하는
'자기주도적 기업가 육성 전문코치' 자격을 취득한 후 한국의 여성기업가를 대상
으로 본 과정을 진행하고 있다. 코치로 활동하며 학습자보다 더 배운 것이 많다

강의 중인 박지우 대표

고 이야기하고 있다. 또한, 여성기업가에게 가장 필요한 것은 스스로를 저평가하지 않는 것이라고 말한다.

인굿컴퍼니는 2017년 11월에 설립된 교육서비스업체이다. 기업 출장 교육을 전문으로 하는 교육센터와 단행본, 학습서 출간을 전문으로 하는 출판센터로 나뉘어 운영되고 있다.

인굿컴퍼니 교육센터는 창의교육, 사람 중심, 사회 기여라는 3대 비전을 가지고, 보다 나은 교육의 질과 서비스로 인정받는 교육센터가 되기 위해 노력하고 있다. 교육을 통한 성장으로 양질의 일자리를 얻을 수 있으며, 그것이 더불어 사는 세상을 만드는 데 이바지한다는 철학을 가지고 있다. 또한, 좋은 교육자가 되기 전에 좋은 사람이 되어야만 훌륭한 교육을 할 수 있다는 정신에 입각하여 '좋은 사람, 좋은 교육!'이라는 슬로건을 표방하고 있다.

인굿컴퍼니 교육센터의 사업 분야는 총 4가지로 나누어지는데, 직원·관리자 대상 기업교육 전문 브랜드 '인굿파트너'와 시니어 맞춤형 일자리 소양 교육브랜드인 '굿잡시니어', 커리어우먼의 사회 지위 향상 및 경력단절여성의 재취업을 위한 여성 인력 교육브랜드 '우먼스굿파워' 마지막으로 성인 발달장애인의 취업/면접 교육브랜드 '인굿에이블'이다.

이러닝 촬영 중인 박지우 대표

천 회 이상의 누적 교육횟수를 기록하고 있는 인굿컴퍼니 교육센터는 행정안전부, 문화체육관광부, 문화재청, 대구지방검찰청 등의 공공기관과 삼성멀티캠퍼스, 현대ITC, 포스코휴먼스, SPC그룹, 농협하나로유통 등 다수의 기업에서 교육을 진행한 바 있다.

• 인굿컴퍼니 홈페이지 www.ingood.kr
• 박지우 대표 블로그 blog.naver.com/jiuism

나의 평생직장은 내가 만든다

20대의 나, 오리인가 백조인가?

사주를 보러 가면 항상 빠지지 않고 나오는 이야기가 역마살이다. 내 평생에 떼려야 뗄 수 없는 것이라고 한다.

"역마살? 그거 나쁜 거 아니에요?"

내 질문을 들은 명리학자가 말했다. "아가씨가 평생직장을 다니려고 하면 역마살이 나쁜 거지. 하지만, 보부상이 되면 더 많이 돌아다니게 되니까 좋은 거지. 살이라는 게 나쁜 게 아니야. 그 사람이 하고자 하는 방향이랑 다르면 나빠지는 거지."

진짜 역마살 때문이었을까? 20대의 나는 정말 이직이 잦았다. 가장 오래 다닌 회사는 3년, 짧게 다닌 회사는 6개월 만에 그만둔 적도 있고, 일주일도 되지 않아 속된 말로 '빤스런²⁾'을 한 적도 있다.

이직을 할 때마다 나름의 이유와 판단이 있었지만, 주변 사람들은 당연하게도 좋게 보지 않았다. 너는 끈기가 부족하다. 적응을 못하는 거 아니냐. 그렇게 일하면 어떻게 커리어를 쌓겠느냐. 나중에 후회할 것이다 등. 부정적인 의견이 쏟아졌다.

매번 이유가 있었다고 설명을 했음에도 사람들은 어차피 본인 좋을 대로 생각했고, 나중에는 나 또한 이유를 설명하지 않았다. 왜 그만두었는지 물어보는 사람이 있으면 그냥 "제가 끈기가 없거든요."라고 대답했다. 그게 그들이 원하는 대답이니까.

문제는 시간이 지날수록 나 또한 스스로에 대한 의심이 들기 시작했다는 것이다. 사람들은 10대를 질풍노도의 시기라고 이야기하지만, 내가 볼 때 10대보다 심한 질풍노도는 20대에 온다. 나 자신에 대한 확신이 없으니, 하루하루 나이 먹는 게 불안하다. 40대가 된 지금 돌이켜 보면, 20대에 나이 한 살 더 먹는 건 아무것도 아니었는데, 그런 걸 알 턱이 있나.

과연 나는 백조가 맞을까? 혹시 내가 오리면 어떡하지? 나는 정말 어른들 말대로 끈기가 부족한 걸까? 내가 적응을 못 하는 걸까? 만약 내가 그

---

2) 빤스런: 옷도 제대로 못 갖춰 입고 빤스 바람으로 다급하게 도망친다는 뜻의 신조어.

씽크 빅, 액트 나우!

회사들에 남아서 아직 다니고 있었다면, 승진하고 자리 잡은 내 모습을 볼 수 있을까?

　나의 첫 직장은 2003년에 입사한 인천항 앞의 작은 무역회사였다. 상업고등학교를 졸업한 나는, 고등학교 3학년 때 직장생활을 시작했다. 처음 회사에 들어가서 어리버리하게 서 있는데, 어떤 아저씨가 나를 보며 말했다.

　"야! 너 이리 와 봐!"

　태어나 처음 들어간 회사에서 처음 본 사람이 반말을 하는 것을 보며, 나는 회사는 원래 이런 곳인 줄 알았다. 그 뒤로도 사람들의 반말과 폭언은 계속되었지만, 나는 그 회사를 3년이나 다녔다. 시간이 지나자 욕설도 자연스럽게 나왔다. 부모님과 학교 선생님, 다른 어른들에게 상황을 설명하고 도움을 요청했지만, 돌아오는 답은 항상 똑같았다.

　"어느 회사나 다 똑같아. 남들은 편하게 일하는 것 같니?"

　회사에서의 폭언도 힘들었지만, 누구도 공감해 주지 않는 상황이 더 힘들었다. 다들 내가 어려서 사회생활을 잘 모른다고 했다. 내가 별일 아닌 일로 징징거린다고 생각했다.

　정말 내가 그 회사를 계속 다녀야 했을까. 내가 그만둔 이유가 정말 나의 끈기 부족이었던 걸까.

　이직한 후에야 내가 미련하게 오래 버텼다는 것을 깨달았다. 사회생활은 참 치사하다. 약자를 기가 막히게 알아본다. 그만두지 못하는 이유를 가진 사람을 찾아내 집요하게 괴롭힌다. 특히, 어리고 사회경험이 부족한 사람은 좋은 먹잇감이 된다.

내가 그곳에 남아 있었다면 어떻게 되었을까. 내가 아직도 그 회사에 다니고 있었다면, 나는 정말로 백조가 아닌 오리가 되었을 것이다. 그런 악성 기업은 어디에나 존재한다. 누군가가 직장생활이 힘들다고 토로할 때, 함부로 그 말을 무시해서는 안 된다.

그 회사를 퇴사하고 4년 후에, 최종 부도처리되었다는 소식을 들었다. 별로 놀랍지 않았다. 직원 모두가 회사를 증오하는데, 그 회사가 잘될 리가 있나.

이직이나 퇴직에 관한 판단은 오로지 본인의 몫이다. 그 안에 속해 있는 본인이 가장 잘 알고 있다. 고민하는 이유는 확신이 없거나, 확신이 있음에도 변화가 두렵기 때문이다. 인간은 원래 변화에 반발하는 존재니까.
만약 이직이나 퇴직을 고려하는 사람이 있다면, 나는 주변 사람들에게 조언을 구하지 말라는 조언을 한다. 세상은 거짓말투성이기 때문이다. 잘 모르는 사람일수록 확신을 갖고 강하게 조언한다. 그런 말에 흔들려서는 안 된다. 모든 선택은 나의 몫이고 올바른 선택을 위해서는 나의 판단 기준이 명확해야 한다.

그렇다면 어떤 판단 기준을 가져야 하는가. 회사를 떠나야 할 때와 남아야 할 때의 기준은 무엇인가?

씽크 빅, 액트 나우!

떠나야 할 때와 남아야 할 때

내가 마지막으로 다녔던 회사는 여행사였다. 당시 나의 나이와 경력 경로를 고려할 때, 만약 회사를 그만둔다면 이직은 어려운 상황이었다. 이제 남은 선택은 1인 창업을 하는 것. 하지만 안정성을 중요시했던 나에게는 어려운 선택이었다.

주변 사람들도 응원보다는 만류하는 의견이 많았다. 회사는 대기업 계열사로 안정적이었고, 일과 삶의 균형도 만족스러웠다. 직원들과 사이가 좋은 편이라 사내 동아리 활동도 하면서 나름 '인싸'의 직장생활을 하는 중이었다. 여행사이다 보니 해외여행도 자주 갈 수 있었고, 부모님 모시고 처음으로 해외여행을 가면서 효녀가 된 느낌도 들었다.

퇴사하게 된다면 기업교육 업계의 특성상 '나'라는 사람의 홍보가 이루어지고 고객사가 확보되기까지 기나긴 저소득의 시기를 거쳐야 하고, 내가 잘할 수 있을지 확신도 없었다.

하지만, 모두의 만류에도 나는 회사를 떠났고, 퇴사한 지 10년이 된 지금, 나의 선택이 옳았음을 느끼고 있다. 이직과 퇴직이 후회로 남지 않기 위해서는, 명확한 판단 기준이 있어야 한다. 나는 회사에 남을 것인지 떠날 것인지 판단하기 위해 스스로에게 3가지 질문을 던졌다.

첫째, 내가 이대로 회사에 남아 있을 때, 10년 후의 나는 어떤 모습

일 것인가? 긍정적인 미래가 그려지는가? 그 미래의 모습을 보여주
는 롤모델이 기업 내에 존재하는가?

나는 여행사의 서비스혁신팀 소속이었다. 영업팀이 존재하는 회사가
대부분 그렇듯, 영업팀은 성과가 명확하기에 그에 따른 승진 기준과 인센
티브도 명확하다. 하지만 관리팀과 서비스팀은 그렇지 않다. 실제로, 일
하지 않은 사람이 인센티브의 대부분을 가져가거나, 업무 성과가 낮다고
판단되는 사람이 먼저 승진하기도 한다. 일을 잘하는 것보다 정치를 잘해
야 했다. 업무 능력이 탁월함에도 한직으로 밀려난 사람이 있었고, 너무
일을 못해서 모두가 기피하는 사람이 가장 먼저 과장 직함을 달았다.

내가 열심히 하고, 일을 잘해도 미래가 보장되지 않는 것이다. 게다가
그놈의 유리천장까지 한몫했다. 영업팀에는 여성 팀장이 꽤 많았다. 매출
로 증명하면 그만이기에 성별에 의한 차별은 거의 없었다. 하지만, 관리
팀은 달랐다. 전체 직원의 98%가 여성이었지만, 모든 관리자 직급은 남성
으로 이루어져 있었다.

이 회사 안에 "나도 나중에 저 사람처럼 돼야지!"라는 꿈을 갖게 하는 사
람이 없었다. 어떤 사람들은, '네가 처음으로 그 유리천장을 깰 생각은 못
했니?'라고 되묻는다. 물론 그럴 수도 있다. 거북이가 핸디캡을 안고도 토
끼를 이길 수 있다. 정말 열심히 노력한다면 그럴 수 있다. 하지만, 이 회
사가 나에게 그 정도로 의미 있는 곳인가? 내가 이 업계에 원대한 꿈이 있
었던가? 그건 아닌 것 같다. 내가 잘하는 일은 '교육'이고 그것은 여행업계
가 아니어도 할 수 있는 일이다.

나는 토끼와 달리기 시합을 하지 않기로 했다. 대신 바다로 나가기로 했

다. 토끼에게 수영으로 겨뤄 보자고 제안할 것이다.

> 둘째, 내가 장기투자를 하는 사람이라면, 이 회사의 주식을 사겠는
> 가? 얼마나 살 것인가? 그 이유는 무엇인가?

단기투자도 아니고 장기투자를 한다면, 나는 이 회사의 주식을 절대로 사지 않을 것이다. 이유가 뭐냐고? 여행의 판도가 바뀌고 있기 때문이다. 여행사는 '패키지여행'이라고 불리는 상품이 주요 매출원이다. 20~30명 정도의 사람들이 모여 같은 항공기를 타고, 같은 버스를 타고 가이드의 설명을 들으며 옹기종기 돌아다니는 형태의 여행이다. 그런데 요즘 Z세대들이 패키지여행을 갈까?

여행사를 다니면서 내가 마주한 주 고객들은 대부분 60대 전후의 베이비부머 세대였다. 덕분에 어르신 대하는 법을 많이 익힐 수 있었다. 하지만, 그분들이 더 이상 여행을 갈 수 없게 된다면?

여행의 세대교체가 일어나고 있다. 이제 젊은이들은 패키지여행을 가지 않는다. 여행 예약 플랫폼에서 항공과 호텔을 결제하고 블로그와 유튜브에 나와 있는 정보를 따라 여행한다. 다른 모든 산업에서 그러하듯, 여행업계도 플랫폼 산업이 성장하고 있다.

게다가 사건 사고의 영향을 너무 많이 받는다. 국가적인 재난이 선포되면 고객은 기다렸다는 듯 여행을 취소한다. 질병이 유행해도 마찬가지다. 국외 현지에서 테러나 화산 폭발 같은 리스크가 생기면 또 취소된다. 회사가 아무리 좋은 플랜을 세우고 마케팅을 해도 소용없다. 외부의 위협이 너무 큰 산업이다.

셋째, 이 회사가 엄청난 재무적 성장을 이루어 냈을 때, 그 성과를 직원들에게 나누어 줄 것이라는 신뢰가 있는가?

앞서 말했듯, 관리팀은 성과가 명확하지 않다. 아무런 사고가 나지 않으면 잘되고 있는 것이 관리팀이다. 누가 일을 잘하고 있는지, 이 팀이 잘 돌아가는 원동력은 무엇인지 표면상에서는 나타나지 않는다. 그 때문에 누가 봐도 업무 능력이 탁월한 선배가 승진에서 누락되는 상황을 마주하게 된다. 심지어 상사들은 그 선배에게 '넌 일 잘하는 게 아니야.'라는 가스라이팅까지 지속적으로 하곤 했다.

일 못하는 선배가 일 잘하는 선배에게 훈계할 때, 속으로 그저 웃었다. 하지만, 일 못하는 선배가 일 잘하는 선배의 성과를 훔치고 먼저 승진할 때는, 웃지 못했다.

가는 것이 있으면 오는 것이 있어야 한다. 회사가 나의 성과에 대한 보상을 보증하지 못하면 직원은 회사를 신뢰하지 못한다. 흔히 말하는 '주인의식'이라는 것은 그냥 생기는 것이 아니다.

이런 식으로 개인의 중대한 결정을 하는 데 있어, 핵심적인 기준을 설정하고, 그에 맞추어 객관적으로 상황을 분석하고, 판단 결과에 따라 방향을 정하는 것은, PI training에서 이야기하는 '미래지향적 사고'의 한 방법이기도 하다. 이 당시에는 이런 이론이 있다는 것을 알지 못했지만, 내 인생을 결정하는 중대한 사건 앞에서 본능적으로 이러한 방법을 적용해 왔던 것 같다. 나의 이러한 사고방식은 이후 기업을 운영하는 과정에서도 동일하게 적용되어, 중요한 결정에 대한 해답을 찾는 과정에 도움을 주었다.

스스로 질문을 던져 본 결과, 떠나야 할 이유는 명확했고, 남아야 할 이유는 보잘것없었다. 결국, 나는 회사를 떠나 무자본 무점포의 1인 기업가가 되었다.

나의 평생직장, 인굿컴퍼니

처음 회사를 떠나 바로 사업자등록을 했던 것은 아니다. 교육 사업을 하는 사람에게는 선택지가 있다. 사업자가 아닌 1인 프리랜서의 형태를 유지할 수 있기 때문이다.

시작단계에서 사업자를 내는 것과 내지 않는 것의 차이가 크지 않다. 사업자등록을 한다면 일반 과세자의 경우 세금계산서를 끊을 수 있고, 기업 대표 직함이 있어야만 할 수 있는 일부 강의를 소화할 수 있다. 하지만 시간이 지날수록 소속 기업에 대한 입증, 정부지원사업의 혜택, 프로젝트 제안 및 입찰, 강사파견 및 세무업무 등 다양한 영역에서 활동하고 성장하기 위해서는 사업자등록이 필수적이다.

물론 의뢰가 들어오는 강의만 진행하면서 일을 크게 벌이지 않는 것도 편하게 일할 수 있는 방법의 하나다. 흥미로운 콘텐츠와 뛰어난 강의 능력으로 오로지 '강사'로서의 일만 하는 사람들도 많다. 둘 중에 좋고 나쁜 것은 없다. 자신이 원하는 방향을 선택하면 된다. 프리랜서 강사의 길과 교육사업가의 길 중에 나는 후자를 선택했을 뿐이다.

회사를 떠나 혼자 일하게 되었을 때, 가장 큰 단점은 불안함이었다. 내가 강사라고는 하지만, 누가 나를 알고 교육의뢰를 하겠는가. 열심히 강사 섭외 플랫폼을 보고 제안해 봐도 연락은 거의 오지 않았다. 처음 강사를 시작하고 6개월 동안 수입이 30만 원 정도였다. 앞으로 어떻게 먹고살아야 할까. 언제까지 이 생활을 해야 할까.

하지만, 노력과 경력은 나를 배신하지 않았다. 6개월 동안 겨우 2건의 강의 기회를 얻었지만, 다음 6개월 동안은 10건이 넘는 강의의뢰가 들어왔다. 서비스아카데미에서 학원 강사로 일하게 되면서 소득이 조금씩 안정권에 들어오기 시작했고, 입소문의 효과는 서서히 퍼져 눈코 뜰 새 없이 바쁜 날들이 오기 시작했다.

회사를 떠나 혼자 일하면서 가장 좋았던 점은 성취감이었다. '내 일'을 한다는 것이 무엇인지 그 기분을 처음으로 느끼기 시작했다. 직장인이었을 때, 제안서가 탈락하거나, 프로젝트가 취소되면 헛수고했다는 짜증이 밀려왔다. 하지만 지금은 아니다. 제안서가 탈락되었지만, 제안서 쓰는 연습을 한 번 더 한 것이 아닌가. 게다가 제안서는 탈락했지만, 우리 회사의 이름을 기억하고 추후 다른 프로젝트에 합류하게 되는 경우도 있었다.

회사도 회사 나름이지만, 나는 회사에 다니는 동안, 내 노력이 늘 배신당하는 기분을 느꼈다. 내가 일하는 만큼 보상받지 못한다고 생각했다. 결정권은 나에게 없었고 책임은 내가 져야 하는 일이 반복되었다. 하지만 1인 기업가가 된 후, 나는 온전히 나로 일하기 시작했다. 내가 판단하고, 내가 결정하고, 내가 책임진다. 회사에 다닐 때는 새로운 일에 거부감을 느꼈지만, 지금은 새로운 일을 시작할 때 설렘을 느낀다.

강사의 3대 역량 - 영업력, 강의력, 체력

프리랜서 기업교육 강사에게 가장 중요한 능력이 무엇이냐고 물으면, 나는 시기에 따라 달라진다고 이야기한다. 처음 강의를 시작할 때는, 무조건 '영업력'이 중요하다. 그다음이 '강의력'이다. 이렇게 말하면 많은 사람들이 의아해한다.

"강의력이 가장 중요한 거 아닌가요?"

맞다. 강사에게 가장 중요한 것은 강의력이다. 하지만, 내가 강의력이 출중하다는 것을 누가 알고 강의의뢰를 하겠는가. 그래서 처음 시작하는 사람일수록 강의력보다 영업력이 중요하다. 강사 프로필을 만들고, 제안서를 발송한다. 요즘은 SNS 마케팅을 하거나, 다양한 플랫폼을 활용하기도 한다.

출중한 영업력으로 강의의뢰가 안정적으로 들어오기 시작한다면 이제 강의력으로 승부를 겨뤄야 한다. 강의만족도를 높여 재강의 요청이 늘어나게 해야 한다. 기업교육 시장은 냉정하다. 강의를 못해도 혼내는 사람이 없다. 그저 다시는 연락이 오지 않을 뿐. 그렇기 때문에 재강의 요청이 들어온다는 것은 내 강의력을 체크할 수 있는 매우 중요한 지표이다.

이렇게 영업력과 강의력을 높이며 활동하다 보면 가장 중요한 마지막 역량이 필요한 순간이 온다. 바로 '체력'이다. 생각보다 많은 강사가 체력의 한계로 일을 그만둔다. 특히 여성 강사들이 더욱 그러하다. 한 가지 재미있는 사실은 별로 잘나가는 강사가 아님에도 불구하고 체력의 한계가 온다는 것이다.

강사들의 스케줄은 연예인만큼 들쑥날쑥하다. 새벽에 나가는 날이 있는가 하면, 오후 늦게 출발하는 날도 있다. 게다가 약속이라도 한 듯 비슷한 시기에 강의의뢰가 몰려오기도 한다. 어떤 달에는 강의가 한 건도 없지만, 어떤 달에는 강의를 30건 넘게 진행한다. 어떤 달의 매출은 0원일 때도 있지만, 어떤 달에는 천만원이 넘는다. 그래서 연말에 결산해

잦은 지방 출장으로 일상이 된 KTX

보면 매출이 별로 크지 않음에도 강의의뢰가 집중되는 성수기에는 체력의 한계에 부딪히곤 한다.

이러한 강의 스케줄의 특성으로 인해 두 가지 고민이 생겼다. 첫째는 앞에서 언급한 대로 성수기의 체력관리이다. 두 번째는 반대로 비수기의 사업 운영 방안이었다.

조금 더 발전할 수 있을까?

기업교육 분야의 성수기와 비수기는 매우 뚜렷하게 나뉜다. 1월 신정부터 2월 구정까지는 거의 강의의뢰가 들어오지 않는다. 기업과 공공기관은 시무식을 하고 예산을 배정하는 시기이다. 학교는 방학 중이고, 날씨가 춥다 보니 공개강좌도 많지 않다. 설 연휴가 끝나면 조금씩 강의의뢰

씽크 빅, 액트 나우!

가 들어오기 시작하고, 5월을 기점으로 성수기가 시작된다. 이후로는 쉼 없이 강의를 진행하다가 9월쯤 추석 연휴에 잠시 쉬고 나면 다시 11월 극 성수기를 거쳐 12월에 접어든다. 12월에는 급하게 강의의뢰가 들어오는 경우가 많다. 미처 진행하지 못한 법정 의무교육이나 남은 예산을 소진하 기 위한 교육 문의가 들어온다. 12월 중순이 지나 회계 마감 시즌이 지나 면 거짓말처럼 강의 문의 전화가 뚝 끊긴다.

나의 고민은 '가장 교육 문의가 적은 1~3월을 어떻게 보낼 것인가?'였 다. 보통은 자기계발 삼아 학원에 다니거나, 도서관을 다니며 책을 읽었 다. 지난 1년 동안 진행한 교육 콘텐츠를 업그레이드하고 새로운 콘텐츠 개발을 위해 시간을 보냈다.

단지 프리랜서 강사라면 그 정도만으로 충분할 것이다. 하지만 교육사 업가로서 조금 더 나아가 보고 싶었다. 비수기의 여유를 이용하여 더 많은 것을 시도해 볼 수 있을 것 같았다. 내 사업을 더 발전시켜 보고 싶었다.

교육 사업에서 시도해 볼 수 있는 몇 가지 아이디어가 떠올랐다. 내 회 사의 이름을 걸고 직접 공개강좌를 시도해 보고 싶기도 했고, 강사 파 견사업이나 콘텐츠 개발 대행을 해 볼까도 생각했다. LMS(Learning Management System: 학습관리 시스템)를 이용하여 직접 만든 이러닝을 판매까지 이어지게 만들어 볼까 하는 생각도 들었다. 하지만 이 모든 아 이디어에는 문제가 하나 있었다. 무언가를 시도하기에는 사업자금이 충 분하지 않았다.

내가 하는 사업은 교육서비스업이다. 서비스업은 특성상 초기자본이 많이 들어가지 않는다. 자본도 점포도 필요 없다. 그저 나의 능력만 있으면 된다. 그러다 보니 나는 외부 자금을 끌어오는 일에 익숙지 않았다. 그리고 서비스업은 수익이 높은 편이라도 매출이 높게 잡히지 않는 특성으로 인해 은행대출을 받기 어려웠다. 게다가 정부지원사업을 살펴봐도 주로 제조업에 초점이 맞춰져 있어, 내가 받을 수 있는 지원은 많지 않았다.

　게다가 가장 큰 문제가 하나 더 있었다. 바로 나의 담이 콩알만큼 작다는 것이다. 나는 겁이 많다. 어린 시절 아버지의 사업 실패로 빚쟁이들에게 시달리며 살았고, 결국 집이 경매로 넘어가 하루아침에 길거리에 나앉은 적도 있었다. TV 드라마에서만 보던 빨간색 가압류 딱지가 우리 집 가구에 붙어 있던 순간이 아직도 떠오른다. 외부 자금을 이용하여 사업 규모를 키웠다가 실패하기라도 한다면? 나는 그 리스크를 감당할 자신이 없었다.

　그래서 나는 조금 창의적인 자금조달 방식을 적용해 보기로 했다. 바로 '재정적 부트스트래핑 기법'이다.

재정적 부트스트래핑이란?

Exploit Bootstrapping

　재정적 부트스트래핑(Exploit Bootstrapping)이란, 장기적 외부 재원에 의존하지 않고 여러 방법을 활용하여 재정적 필요를 채워가는 개념이다. 부트스트랩은 원래 긴 부츠의 뒷부분에 달린 고리라는 의미이지만, '불가능한 일을 해낸다'라는 뜻의 관용어구로 자리 잡았다. 즉, 도움을 받지 않고 스스로의 자원만으로 상황을 개선시키는 것이다.

　부트스트래핑의 개념은 19세기 미국에서 처음 시작되었으며, 스타트업의 창업 시에 부족한 자금과 제한된 자원을 해결하기 위한 하나의 방법으로 시작되었다. 흔히 스타트업의 규모를 확대하려는 방법으로 외부 투자를 생각하지만, 이는 외부의 영향이 커짐으로써 투자자의 압박과 위험요소가 커질 수있는 리스크가 존재한다.

　따라서, 큰 이익이나 빠른 성장을 기대할 수는 없어도 외부 자금출처에 대한 의존도를 줄여, 가볍고 민첩하게 사업의 규모를 유지할 수 있게 해 주는 창의적인 재정 출처로 재정적 부트스트래핑이 거론되었다.

부트스트래핑을 적용하는 구체적인 방법은 다양하다. 이를 〈자기주도적 기업가 육성 과정〉에서는 STRAP이라는 단어의 앞글자를 딴 5가지 방법으로 소개하고 있다.

첫째, Share! 공유하기.

필요한 물품을 다른 사업체들과 공동구매 하거나 공유아이템을 활용하는 것이다. 점포나 직원, 장비 등을 다른 사업체와 함께 사용하거나 공유 서비스 등을 이용하는 것도 하나의 방법이 될 수 있다. 요즘은 소상공인을 위한 공유 사무실도 쉽게 찾아볼 수 있고, 공장의 라인 중 일부만 임대하여 제조업에 뛰어들 수도 있다. 고객서비스 분야에서도 공유 콜센터의 수많은 직원 중 일부만 계약하여 고객 상담을 진행할 수도 있다. 이런 공유 서비스는 저렴하거나 무료 지원이 가능한 공공사업도 있기 때문에, 특히 사업 초기에는 무리한 투자를 지양하고 공유 아이템을 적극 찾아보기를 권장한다.

둘째, Trade! 교환하기.

납품업체들과 물품 교환을 하거나 물품을 노동력과 교환해 볼 수도 있다. 물건을 구입하고 리뷰를 쓰면 할인 또는 페이백을 해 주는 경우가 있다. 나의 글재주를 물품 가격의 일부와 교환하는 것이다. 또한, 직원이 필요한데 급여를 주기 어렵다면, 주식과 같이 회사 지분의 일부를 지급함으로써 회사의 미래 수입과 직원의 노동력을 교환할 수도 있다. 교환되는 것은 돈, 물품, 노동력, 시간, 재능 등 다양한 것이 있을 수 있다.

셋째, Re-use & Re-purpose! 재사용 및 사용 목적을 바꿔 재활용하기.

나의 사업체 또는 다른 사업체에서 필요 없어진 것을 다른 목적으로 재사용해 보는 것이다. 폐업한 사무실에서 버리는 사무용 가구를 가져와서 활용하거나, 버려지는 포장지를 다른 가게 장식용으로 활용해 볼 수도 있다. 닌텐도는 너무 작아서 버려지는 액정을 무료로 가져와서 액정 2개를 위아래로 붙인 게임기를 만들어 냈다. 버려지는 액정이 재사용되어 세계적인 히트 상품이 된 것이다. 때로는 창의력이 제한될 때, 더욱 좋은 상품이 나오기도 한다. 다른 사업체에서 대량으로 버려지는 물품이 있는가? 나는 그것을 어떻게 활용할 수 있을까? 또한, 요즘은 중고거래 활성화로 아나바다 운동이 생활 속으로 자리 잡았다. 중고로 살 수 있는 것은 중고로, 무료로 얻을 수 있는 것은 무료로, 버려지는 것은 새로운 아이디어로 재활용해 보는 것은 어떨까?

넷째. Adjust Timing! 타이밍 조절하기.

시간은 생각보다 많은 추가 비용을 요구한다. 무엇을 구입하느냐, 언제 구입하느냐에 따라 비용이 달라진다. 똑같은 영화를 보더라도 어떤 요일에 보느냐에 따라 티켓 가격이 다르다. 미용실에 가서 헤어스타일을 바꿀 때도 오전에 가면 더 저렴한 가격이 책정된다. 이런 시스템을 내 사업에 적용해 볼 수 있다.

사업에 적용할 수 있는 타이밍 조절 방식은 크게 두 가지가 있다. 첫 번째는 제품/서비스의 가격을 책정할 때 적용하는 것이다. 창고에 물건이 쌓여 있다면, 공동 구매를 통해서 대량 판매를 유도할 수 있다. 특정 요일이나 특정 시간에 고객이 몰려든다면, 요일과 시간에 따라 금액을 차등 책정할 수도 있다. 두 번째 방법은 사업 운영을 위해 지출되는 비용에 적용하는 것이다. 지금 당장 필요한 사무용 기기가 금액이 높아 구입이 부담스럽다면, 임대나 할부를 통해 다달이 지출되는 비용을 줄여 볼 수 있다. 또는, 업무가 많아 직원이 필요하지만, 정규 직원 채용이 부담스럽다면 단기 계약직을 고용하여 바쁜 시간에만 도움을 받을 수도 있다.

사업 운영비를 지출하는 타이밍, 고객이 방문하는 타이밍, 제품이 팔리는 타이밍을 다양한 전략을 통해 조절할 수 있다면 사업자금 운용에 큰 도움을 받을 수 있다.

다섯째. Payment Innovation! 결제 혁신하기.

사업이 잘 될 때 망하는 기업이 있다. 주문이 밀려들고 역대 최고 매출을 찍었을 때, 부도가 난다. 이유가 뭘까? 원자재를 구입하고 제품을 만드는 과정에서는 선금을 지급하지만, 제품이 판매된 후에 대금 정산을 받기까지는 시간이 걸린다. 온라인 쇼핑 플랫폼이나 카드사 등에서 정산을 받기까지의 시간이다. 아직 팔린 제품의 결제대금을 회수하지 못했는데, 새로운 주문이 들어오고 또다시 제품 생산에 들어가야 한다. 이 사이클에서 자금회전이 원활히 되지 않으면 최종 부도로 이어질 수 있다.

그래서 사업가는 자금을 유입시키는 것만큼이나 자금의 회전을 관리하는 것이 중요하다. 그중에서도 사업과정에서 자금의 현금보유율을 높이는 방법을 찾을 수 있어야 한다. 기존의 결제 방식을 혁신함으로써 자금 관리를 원활하게 할 수 있는데, 구체적으로 몇 가지 방법이 있다.

우선 물건을 제공하고 나중에 돈을 받는 기존의 시스템을 전복시키는 것이다. 돈을 먼저 받고 나중에 물건을 보내 주는 방법으로 펀딩 시스템을 활용하거나, 얼리버드 사전예약제를 도입하여 신제품에 대하여 할인된 금액으로 미리 결제하고 나중에 물건을 발송할 수도 있다. 또는 쇼핑몰 내에 적립금 제도나 선물용 상품권 판매 등을 통하여 자금의 흐름을 원활하게 만들 수 있다.

당신은 지금 어떤 사업을 하는가? 위의 다섯 가지 개념 중에서 당신의 사업에 지금 적용할 수 있는 것은 무엇이 있는가? 외부 자금을 끌어오는 것도 좋은 자금출처이지만, 기존에 빠져나가고 있는 비용을 절감하는 방법과 자금의 흐름을 원활하게 관리하는 방법 또한 매우 중요한 사업자금 운용방식이라는 것을 기억해야 한다.

재정적 부트스트래핑:
내 안의 자원을 극대화하기

당신에게 추가자금이 있다면 무엇을 하겠는가?

"당신에게 추가자금이 있다면 무엇을 할 것인가?"

〈자기주도적 기업가 육성 과정〉에서는 자금조달에 대해 토론하기 전에, 먼저 이 질문을 한다. 어떤 사람은 기다렸다는 듯 쓱쓱 적어 나갔지만, 나는 당혹스러움을 감추지 못했다. 한 번도 생각해 본 적이 없었기 때문이다.

흔히 강사를 '무점포, 무자본의 1인 창업가'라고 이야기한다. 내 머릿속의 지식과 아이디어가 상품이 되는 것이기에 별도의 자금이 필요하지는 않다. 하지만, 자금의 압박 없이 쉬운 창업이 가능하다 보니, 추후 사업의 규모를 키우고자 할 때, 신규창업자만큼이나 모르는 것이 많아 허둥대기

마련이다.

혹시 나는 막연히 리스크를 감당하고 싶지 않아서 새로운 사업 아이디어를 떠올리거나 시도하는 일을 미뤄 왔던 것은 아닐까? 만약 내가 자금의 여유가 있었다면, 나는 어떤 사업 아이디어를 시도해 볼까? 내가 정말 하고 싶은 일은 무엇일까? 지금의 상태만으로 충분한 걸까?

내가 처음 이 일을 시작했을 때부터 곰곰이 돌이켜 보니 문득 떠오르는 것이 있었다. 나는 '강사양성과정'을 운영하고 싶었다.

내가 처음 프리랜서 강사를 시작했을 때, 'CS강사 자격증 취득과정'을 운영하는 학원에서 교육을 진행했었다. 하지만, 교육할 때마다 답답함이 컸다. 이 과정을 마친 뒤에 도무지 현직 강사활동을 할 수가 없는 커리큘럼이었다. 자격증은 있지만, 자격은 갖추지 못하게 되는 것이다.

대학원에서 석사 학위 과정을 밟을 때, 이런 나의 고민을 지도교수님께 이야기했다. 교육공학 전문가인 교수님께서는 제대로 된 교육과정을 개발하기 위한 체계적인 직무분석이 수행되어야 한다고 하셨다. 그리고 'CS 강사의 직무분석'은 곧 나의 석사 학위 논문 주제가 되었다.

제대로 된 교육과정을 개발하기 위해서 직무분석까지 마쳤지만, 당장 그 과정을 개발하여 운영할 엄두는 내지 못했다. 그것을 실제 실행하기에는 내가 알지 못하는 지식과 기술, 그리고 자금과 인력이 필요했기 때문이다.

막연한 자금 내역, 구체적으로 산정하기

시도해 보고 싶은 일이 무엇인지 알았으니, 이제 전체 자금 규모를 산정해 봐야 한다. 지금까지는 막연하게 '많이' 들어갈 것이라고만 생각했지만, 얼마나 많이 필요한지 어떤 항목이 필요한지를 추산해 보는 것은 자금조달에 있어 매우 중요한 부분이다.

어떤 일에 대해 자금의 부족으로 포기해야 하는 순간이 온다면, 적어도 어떤 항목이 가장 많은 자금이 필요하며, 정확하게 얼마가 부족해서 포기하게 되었는지 알고 있어야, 나의 사업 능력을 명확히 파악할 수 있다. 그래서 먼저 필요한 것들에 대해 하나하나 적어 나갔다.

* 오프라인 수업을 위한 강의실 대관
* 민간자격증 등록을 위한 행정처리와 등록 비용
* 직무분석 자료를 통한 교육프로그램 개발 비용
* 수료증과 자격증 제작을 위한 용지와 인쇄비용
* 이러닝 강의 제작을 위한 크로마키 장비와 LMS[3]
* 비대면 실시간 교육을 위한 화상회의 시스템 사용료
* 교재 제작 및 인쇄비용

내가 만들고 싶은 교육프로그램은 이러닝과 온·오프라인 실시간 교육이 혼합된 블렌디드 러닝의 형태였다. 그 때문에 다방면으로 필요한 것들이 많았다. 이제 내가 끌어올 수 있는 자금의 출처를 나열하기 시작했다. 내 통장에 들어 있는 돈, 적금, 보험, 엄마 찬스, 지인 찬스 등.

창업가들이 새로운 사업 아이디어를 실현하려 할 때, 정부지원사업의

---

3) LMS(Learning Management System): 온라인으로 학생들의 성적과 진도, 출석 등을 관리해 주는 시스템. 우리말로 학습관리시스템이라고 부른다.

씽크 빅, 액트 나우!

도움을 받는 경우가 많지만, 교육서비스업의 경우 해당하는 지원이 거의 없거나, 꼭 필요하지 않은 분야의 지원사업이 많았다. 게다가 위에 열거한 자금을 살펴봐도 아이디어를 실현하기에는 리스크가 너무 크다는 생각이 들었다.

이제 대안을 찾아야 할 때다. 이가 없으니 잇몸으로 버티는 법을 알아보기로 했다.

자금의 새로운 대안, 부트스트래핑

나는 새로운 사업에 도전하고 싶었다. 하지만, 소위 말하는 '새가슴'인 나는 리스크를 감수하며 사업 규모를 키우고 싶지는 않았다. 새로운 사업을 도전하되, 최대한 안전한 방법을 찾고자 한 것이다.

이렇게 리스크가 적은 적절한 자금출처를 발견할 수 없을 때, 또는 자금 유입으로 인한 외부의 개입이 커지는 것을 막고자 할 때, 사용하는 방법이 있다. 바로 '부트스트래핑'이다.

부트스트래핑을 통해 사업을 운영했을 때 가장 큰 장점은 리스크가 적고 창업자 스스로 의사결정을 할 수 있다는 것이다. 하지만 단점은 자금 규모가 크지 않아 사업의 발전 속도가 느릴 수 있다.

나는 위에 작성한 자금 산정 내역을 하나하나 따져 보면서 부트스트랩 기법을 적용해 보기 시작했다.

첫째, Share! 공유하기.
일반적으로 자격증 과정을 운영하는 학원들은 자신들만의 사무 공간과 강의장을 가지고 있다. 월 단위 보증금과 임대료를 지불하면서 교육과정을 운영하는 것이다. 하지만, 나처럼 외부 기관의 출장강의를 중점적으로 진행하면서 가끔 공개교육과정을 오픈하는 경우에는 굳이 사무실과 강의장을 임대하는 것은 재정적 효율성이 떨어진다.

요즘은 공유 오피스 등을 쉽게 찾아볼 수 있다. 민간 기업에서 운영하는 소호사무실을 이용할 수도 있고, 1인 창조기업 비즈니스센터 등에 입주할 수도 있다. 특히, 공용사무공간을 이용할 때는 별도의 비용 없이 이용할 수 있는 곳도 많다. 이런 공유 오피스를 이용할 때 가장 좋은 점은 복사나 프린트 등의 사무기기를 무료로 이용할 수 있다는 것이다. 교육과정을 운영하기 위해서는 생각보다 출력해야 할 양이 상당히 많다. 그리고 상장이나 수료증 등은 가정용 프린터로는 어려운 고품질 출력이 필요할 수도 있다.

평소에 공공기관이 운영하는 공용사무공간의 위치와 제공되는 서비스, 신청절차를 잘 알아두면 도움이 된다. 교육 운영에 관한 준비는 이런 공용 공간을 필요할 때마다 신청하여 사용하면, 굳이 비싼 사무기기를 구입하거나 렌탈하지 않아도 많은 비용을 절약할 수 있다.

하지만 이렇게 공공기관에서 운영하는 공용 사무 공간이나 무료 대관이 가능한 미팅룸은 영리 목적의 강의를 오픈할 수는 없다. 오프라인 교육을 진행할 교육공간은 민간 기업에서 유료로 빌려주는 세미나실을 대관하여 이용할 수 있다.

이렇게 교육 운영 과정에서 필요한 사무 공간과 사무기기는 공공기관이 운영하는 공용사무공간을 활용하고, 실제 교육 당일에는 대중교통과 주차시설이 잘되어 있는 장소를 유료 대관하여 이용할 수 있다. 이렇게 과정을 운영하면, 우리 회사의 전용 사무실과 강의장이 없어도 충분히 교육과정을 오픈할 수 있게 된다.

둘째, Trade! 교환하기.

내가 추구하는 교육은 오프라인 교육과 이러닝 교육을 혼합한 블렌디드 러닝이다. 긴 교육과정 중에서 이론이나 단순 지식 전달의 부분은 이러닝을 통해 사전학습을 하고, 오프라인 교육에서는 동기부여와 실습, 토론 등을 중점적으로 진행하는 것이다. 이렇게 진행하면, 교육의 효율성을 높일 수 있고, 먼 지역에 사는 사람들도 오프라인 교육 일정이 줄어들어, 참여가 용이할 수 있다.

하지만, 이러닝 제작을 위해서는 높은 비용을 지불해야 한다. 보통, 파워포인트 화면을 제작하고, 그에 대한 스크립트를 작성한 뒤, 크로마키 스튜디오를 찾아가 녹화를 한다. 그 뒤에 강사와 화면을 합성하는 편집과정을 거친다. 이런 제작방식을 따르게 되면, 스튜디오 렌탈 요금, 녹화와 편집을 해 줄 전문가의 인건비 등 엄청난 비용이 발생하게 된다. 그럼, 포기하는 게 좋을까.

고민되는 것이 있을 때는 주변에 소문을 내는 것도 좋다. 수많은 사람의 오지랖을 견뎌야 하겠지만, 그 오지랖 중에서 해답을 찾을 때도 있다. 교육 사업을 하면서 알게 된 고객사의 직원을 만날 때마다, 저렴하게 이러닝 제작을 할 수 있을까에 대한 나의 고민을 이야기했다. 그 결과, 매우 반가운 이야기를 들을 수 있었다.

한 이러닝 제작 업체가 이전을 하는데, 그 과정에서 크로마키와 조명 장비를 모두 가져갈 수 없어서 한 세트를 팔거나 버려야 할 것 같다는 것이다. 곧 담당자의 소개를 받아 연락을 시도해 볼 수 있었고, 조명 2대와 웹캠, 크로마키 스크린 한 세트를 받아 올 수 있었다. 나의 직업이 교육전문가이다 보니, 앞으로 제작하게 될 이러닝에 도움을 주기로 하고 장비를 공짜로 받아올 수 있었다.

집 안에 설치한 크로마키 장비

교환한다는 것이 단순히 물건과 물건, 물건과 현금의 교환만을 생각할 수 있지만, 나는 미래에 제공될 나의 노동력과 장비를 맞교환한 것이다.

지금의 시장은 생각보다 다양한 것을 교환할 수 있다. 노동력, 시간, 글재주 등등. 특히 나의 능력 중에서 무언가와 교환할 수 있는 것이 있다면, 당장 자금의 여력이 없을 때 큰 도움을 받을 수 있을 것이다.

셋째, Re-use & Re-purpose! 재사용 및 사용 목적을 바꿔 재활용하기.

공간대관과 사무기기, 이러닝 제작을 위한 발판을 마련했다. 이제는 더욱 세부적인 것들에 신경 쓰기 시작했다. 내가 만들고자 하는 교육과정은 자격증 취득과정이기 때문에, 교육 수료증과 강사 자격증을 발급해야 한

씽크 빅, 액트 나우!

다. 상장용지와 상장케이스 등의 부속품이 필요하다. 처음에 계획했던 것은 전문 인쇄업체에 의뢰하여 멋진 맞춤형 디자인 상장용지를 제작하고, 상장케이스에도 동판을 제작하여 회사로고를 금박으로 입혀 놓은 화려한 상장케이스를 만들고 싶었다. 하지만, 조금 아쉽더라도 줄일 수 있는 것은 더 많이 줄여 보기로 했다.

우선 상장용지는 기존에 사용하고 남은 상장용지를 재활용하기로 했다. 로고와 내용을 새로 인쇄하면 이 또한 그럴듯하게 사용할 수 있었다. 수익이 조금 더 나기 시작하면 그때 맞춤형 상장을 제작해도 나쁘지 않다. 시작부터 너무 화려하게 갖춰야 한다는 생각은 버리기로 했다.

또한, 오프라인 수업이 여의치 않은 경우를 대비하여 비대면 실시간 방식의 교육을 진행해야 할 수도 있다는 가능성을 고려하였다. 그리고 수강 신청자를 전국 단위로 받을 수 있으려면, 비대면 방식이 더 유리할 수도 있다. 이때에도 기존에 사용하던 화상회의 계정을 그대로 활용하기로 했다.

이미 가지고 있는 것 안에서 활용할 수 있는 모든 것을 활용해 볼 수 있어야 한다. 특히 사업 초기에 리스크를 줄이기 위해서는 내 안의 자원을 모두 꺼내 보자.

넷째. Adjust Timing! 타이밍 조절하기.

모든 서비스업에서 가장 중요시되는 부분이 바로 타이밍 조절이다. 서비스업은 사람과 사람이 만나서 이루어지는 일이기에, 동시에 두 가지를 할 수 없다. 결국, 더 중요한 일과 덜 중요한 일의 선택과 선택의 연속이다.

특히 교육서비스업의 경우 가장 문제가 되는 부분은, 성수기와 비수기가 매우 뚜렷하다는 점이다. 내가 공개교육을 운영하고자 했던 이유도 이 때문이다. 성수기에는 교육의뢰가 들어올 때만 일해도 너무 바쁘지만, 비수기에는 내가 일을 만들지 않으면 안 된다는 필요성을 느낀 것이다. 따라서, 비수기에는 내가 스스로 교육과정을 만들고, 수강생 모집을 위해 홍보를 하고, 직접 교육 운영을 하고자 하는 것이다.

따라서, 내가 만들어 갈 공개교육 과정은 매년 1월과 2월에 오픈함으로써, 연간 업무의 타이밍을 조절할 수 있다.

다섯째. Payment Innovation! 결제 혁신하기.

교육 운영에 필요한 다양한 집기와 공간, 소모품 등에 대해 방안을 마련해 보았다. 하지만 가장 중요한 것은 바로 '본질'적인 부분. 바로 교육과정 기획 및 설계와 개발에 있다.

나 또한 오랫동안 교육과정 개발과 교육 수행을 해 오고 있지만, 교육 기획과 설계는 또 다른 영역이다. 내가 아는 지식으로 만들어 볼 수도 있겠지만, 내가 하고 싶은 것은 '정말로 도움이 되는' 교육이었기 때문에, 기획과 설계 단계에서도 전문가를 투입하고 싶었다. 과학적으로 검증된 방법으로, 제대로 된 커리큘럼을 만들어 보고 싶었다. 하지만, 전문 인력의 인건비는 매우 비싼 편이다. 어떻게 하면 좋을까.

다행히 나는 대학원에서 HRD를 전공했기 때문에 관련 전문가들을 꽤 알고 있었다. 수많은 기관에서 교육과정 분석·기획·설계·개발·운영의 모든 단계를 컨설팅하고 수행하는 전문가들과 친분이 있었다. 하지만 비싼 인력을 공짜로 끌어다 쓸 수는 없는 노릇이다. 그래서 꾀를 냈다.

교육과정을 개발하는 단계에서는 아주 적은 인건비만 지불 하되, 이 교육과정에 대한 지분을 주겠다고 이야기했다. 이후 교육이 진행될 때마다,

씽크 빅, 액트 나우!

커미션을 주겠다고 이야기했다. 선배들의 노동력을 먼저 받고, 그에 대한 보상은 수익이 날 때마다 조금씩 지급하는 것이다.

영화산업에서 저예산 영화를 제작할 때, 배우에게 줄 개런티가 부족하면, 이렇게 추후 수익률을 분배하는 방식을 사용한다는 이야기를 들었다. 그 방식을 '러닝 개런티'라고 이야기한다.

나의 경우에는, 물론 아는 사람이기에 흔쾌히 믿고 작업을 진행하기는 했지만, 이렇게 인건비가 많이 들어가는 부분에 대해서 러닝 개런티로 협상을 진행해 보는 것은 어떨까. 자금에 대한 어려움이 왔을 때 생각보다 대체할 방법은 무궁무진하다.

이렇게 STRAP의 다섯 가지 방법 외에도, 다양한 방법을 동원했다. 필요한 지식을 다른 강의나 유튜브 등을 통해 얻기도 했고, 정부지원사업 중 '비대면 서비스 바우처' 사업에 선정되어 220만 원 상당의 LMS를 40만 원에 이용할 수 있었다.

이렇듯, 물품, 인맥, 경험, 지식, 노동력 등. 내가 이미 갖고 있는 자원을 최대로 활용하여 자금의 압박에서 벗어나는 방법이 재정적 부트스트래핑이다. 자금 때문에 새로운 사업을 시도하지 못하는 사람이 있다면, 정부지원사업에서는 해당되는 사항이 거의 없고, 타인에게 금전적으로 기대고 싶지 않은 사람이 있다면, 부트스트래핑을 꼭 기억하길 바란다.

세계 1류 기업도 차고에서 시작했다

재무적 부트스트래핑. 누군가는 이런 과정을 보며 궁상맞다고 할지 모르겠다. 하지만 세계 1류 기업도 차고를 개조한 사무실에서 중고 컴퓨터로 만들어졌고, 직원들에게 월급 대신 주식을 배당하며 노동력과 미래가치를 교환했다.

여성기업가의 특징 중 하나가 '리스크의 최소화'라고 한다. 타인에게 피해 주고 싶지 않고, 너무 많은 자금을 도박처럼 걸고 싶지 않다. 또한, 타인에게 자금을 받으면 영향을 받을 수밖에 없고, 나 또한 하루하루 전전긍긍하며 안전성만 생각하느라 올바른 결정을 내리기 어려워질 것 같았다.

나처럼 내 안에서 해결하는 방법을 찾고 싶은 사람들은 재무적 부트스트래핑을 적용해 보라고 말하고 싶다. 이가 없으면 잇몸으로, 자원이 부족하면 없는 대로, 부족한 것은 채워가면서 진행하면 된다. 그리고 찾다 보면, 돈을 들이지 않고도 얻을 수 있는 자원이나 인력을 발견하게 된다. 마치 우리가 찾아주길 기다렸던 것처럼.

사업에서 가장 중요한 것은 본질이다. 제품 또는 서비스의 가치와 품질을 훼손하지 않는 선에서 무엇이든 아끼고 줄여서 진행할 수 있다. 여러분도 수익 극대화만큼이나 중요한 '리스크의 최소화'를 실천해 보았으면 한다.

어제의 내 자리에서 한 걸음만 나아가기

직장생활을 할 때와 내 사업을 할 때의 차이점 중 하나가, 바로 커리어의 발전 속도에 정해진 룰이 없다는 것이다. 회사 다닐 때는 몇 년 차가 되면 승진대상자가 되는지 정해진 기준이 있다. 나의 성과가 높은지 낮은지는 주변 동료들과 비교해 보면 알 수 있다. 하지만 사업을 시작하니 그런 기준이 없었다. 어떤 사람은 사업을 시작한 첫해에 그야말로 대박을 터뜨리며 화제가 되기도 하고, 어떤 사람은 10년이 지나도 현상유지에 그치는 경우가 있다. 또한, 엄청난 성과를 이루었다 할지라도 그것이 유지된다는 보장은 없다. 직장을 다닐 때는 한번 승진하고 나면 다시 좌천되는 경우가 흔치 않지만, 사업은 당장 내일의 변화도 예측하기 어려웠다.

이런 특성으로 인해 사업을 하는 사람들은 늘 조바심을 내는 경우가 많다. 지금 잘하고 있음에도 불구하고 남들과 비교하며 자괴감을 느끼거나,

나의 발전 속도가 너무 느린 것은 아닌지, 지금 맞는 길을 가고 있는 것인지 헷갈린다. 특히 요즘처럼 SNS를 통해 쉽게 남의 소식을 접할 수 있는 사회를 살아가다 보면, 모두가 너무 잘나가는 것처럼 보이고, 왜 나는 저렇게 못 할까를 생각하며 자기 자신을 타박하게 된다.

내가 딱 그 상황이었다. 처음 이 일을 시작하고 6개월 동안의 수입이 30만 원 정도였다. 동종업계 사람들의 SNS를 보면 다들 너무나 잘나가는 것 같았다. 나만 초라해 보였다. 밤에 침대에 누우면 오만가지 생각에 잠이 오지 않았다.

'앞으로 어떻게 먹고살지?'
'내가 헛된 꿈을 꾸고 있는 것은 아닐까?'
'남들은 다 알고 있는 어떤 비법을 내가 모르고 있나?'
'현실적으로 가능성이 없는 일을 붙잡고 있는 것은 아닐까?'

스스로 묻고 또 묻고 고민하는 시간이었다. 그러다 어느 날, 가끔 소식을 주고받던 동종업계 대표님을 마주치게 되었다. 내가 SNS에서 봤던 화려한 이력을 자랑하는 분이었다. 그분이 나에게 건넨 첫마디가 너무 의외였다.

"어머~ 지우 대표님, 요즘 너무 잘나가던데? 비결이 뭐예요?"

나의 SNS를 보고 있다면서, 너무 부럽다는 것이다. 어쩜 그렇게 잘나가는지 정말 궁금했다고 이야기하기에, "대표님도 잘나가시잖아요."라고 대답했더니, 요즘 너무 힘들다는 대답이 돌아왔다.

그날 집에 돌아와 나의 SNS를 찬찬히 돌아봤다. '힘든 나', '고민 중인 나'

의 모습은 부재중이고, '행복한 나', '바쁘게 일하는 나'로 채워져 있는 나의 SNS. 왜 나는 그동안 나의 행적보다 남의 행적을 좇는 데 시간을 보냈던 것일까. 나의 SNS를 다시 천천히 돌아보니, 초창기에 시작할 때보다 많은 발전을 이룬 내가 보였다.

그래, 어제의 내 자리에서 한 걸음만 나아가면 되는 건데, 남들보다 잘 나가고 싶은 욕심에 쓸데없이 조바심 냈던 것은 아닐까. 누구나 자신에게 맞는 페이스가 있다. 중요한 것은 조금이라도 더 나아졌다는 사실이다. 남들과 비교하지 말고, 주위에서 하는 말도 너무 신경 쓰지 말고, 내가 옳다고 생각되는 방법으로 꾸준히 도전하다 보면, 분명 나의 길을 찾게 될 거라고 말하고 싶다.

미래 세대의 희망은 현재 세대가 만듭니다

도농어산촌협동조합 이현주 이사장

함께하는 경제·예술 협동조합 꿈꿔요

사업계획: 공방세계로 프로젝트

미래의 가치를 현재의 텃밭에 심다

• 이현주 이사장은?

1962년생의 평범한 주부다. 대기업이나 큰 조직에 속해 있었던 적도 없고, 전문 기술도 없었지만, 사업을 시작했고 현재까지 30년째 이어 오고 있다. 현재 몸담은 곳은 '도농어산촌협동조합'으로, 이곳에서 전체 사업을 관장하는 이사장직을 맡고 있다.

현재 협동조합 활동가로서 "함께 만드는 가치"를 소중히 여기는 사람들과 지역과 영역, 계층의 경계를 뛰어넘는 가치 창출 프로젝트 진행으로 아름다운 협동조합을 만들고 있다. 누군가의 길을 밝혀 주는 좋은 발자국이 되고자 함께하는 공동체의 성장과정을 만들어 가고 있다.

• 수상

2015 고양시의회 표창장 수상

2016 한국농어촌공사 경기지역본부 표창장 수상

2018 당진시장 해나루 황토 고구마 축제 요리경연대회 은상 수상

2018 고양시장 표창장 수상

2019년 농업진흥청, 농업인 정보화 교육 재능기부 전문강사 위촉

2022년 자기주도적여성기업가협회, 우수 여성기업인 표창장 수상

• 도농어산촌협동조합(NECHON Cooperative)

"도농어산촌협동조합"은 함께하는 가치를 소중히 여기는 활동가들이 모여 국내외 네촌(도시, 농촌, 어촌, 산촌)에서 교육과 소통을 통해 일자리와 협력 사업모델을 만든다. 새로운 사업기회를 발굴해 규모화, 전문화시킴은 물론, 농수축산의 6차산업화, 사회경제 문화 개선 등을 통해 '착한 경제'로의 가치를 창출하는 조합이다. 총 조합원은 2백여 명으로 다양한 분야의 전문가들이 함께하고 있다.

우리는 함께 세상의 문제를 해결하고 더욱 가치 있는 사업을 만들기 위해 노력하고 있다.

"네촌"은 도농어산촌의 브랜드이다. 도농어산촌은 도시, 농촌, 어촌, 산촌 4개 유형의 마을을 의미한다.

백세 시대는 죽을 때까지 경제활동을 해야 살아남을 수 있는 시대이다. 새로운 사업, 직장, 경제활동을 준비하기가 쉽지 않다. 다양한 분야의 사람들이 시공간을 초월한 네촌이라는 곳에 모여 함께 고민하고 서로 도우면, 보다 안정적으로 사업을 만들고 일자리를 창출하지 않을까 하는 생각으로 출발했다. 또한, 아직 해결하지 못한 많은 국내외 사회문제에 대안을 찾고 관련 사업 만들어 내고 있다.
함께하는 가치를 소중히 여기는 지혜로운 사람들과 선한 영향력으로 이 세상을 바꾼다.

- 네촌 홈페이지 www.nechon.com
- 네촌 페이스북 4chonstory
- 공방세계로 카페 cafe.naver.com/lifestylek
- 이현주 대표 블로그 blog.naver.com/florabay
- 이현주 이사장 인스타그램 ego_rhee

함께하는 경제 · 예술 협동조합 꿈꿔요

함께 모이면 시작이고,

서로 협조하면 진보이고,

함께 일하면 성공이다.

Coming together is a beginning,

Keeping together is progress,

Working together is success.

– 헨리 포드(Henry Ford) –

사업을 하기 전에 내가 했던 일

나는 대학을 졸업하고 바로 결혼을 했고, 지방 소도시에서 근무하는 남편을 따라와 살게 되었다. 여기에서 취미로 홈패션을 배웠고, 주위에 하나씩 선물을 하곤 했다. 소개로 주문을 받기도 했고, 이에 더 배우고 싶은 마음이 생겨 순천YWCA 홈패션 과정을 수료했다. 이후 출산하고 나서 잠시 쉬었다가, 당시에 살고 있던 아파트 상가에 홈패션 가게를 오픈했다.

직장생활도 해 본 적이 없었던 나는, 이 당시 홈패션 가게를 운영했던 경험과 광양YWCA 홈패션, 스텐실, 퀼트 강사로 활동과 임원으로 활동했던 경험이 첫 번째 사회생활이자 경제활동이었다고 할 수 있다. 이 당시에 쌓은 경험들이 현재의 나를 만들어 주었다.

홈패션 가게를 운영하던 당시에는 장사가 잘되었다. 그때는 브랜드가 많이 없던 시절이어서 지역사회의 수요가 많았고, 가정마다 그 집에 필요한 커튼과 이불을 모두 세트로 제작 의뢰하였다.

무엇보다 가게 운영할 때 좋은 분들과 같이 일할 수 있었던 것은 행운이었다. 한 직원은 서울 명동 의상실에서 오랜 기간 근무하다가 고향으로 온 경우로, 접객부터 바느질까지 모두 능숙했다. 남편의 사촌 형제와 결혼을 하게 되어 동서가 되었다. 또 앙드레김 의상실에서 누비사로 근무하다가 결혼하며 내려온 사람을 소개받아 같이 일했는데, 그분은 침대 커버와 이불 그리고 침대 패드를 누비로 작업했고, 깐깐한 고객까지 만족하게 하는 실력을 보여 주었다.

이때의 사업 운영 경험을 원동력으로 인테리어 소품샵, 조경, 요식업 등 다양한 사업을 직접 운영했다. 그리고 현재, 나는 도농어산촌협동조합의 이사장직을 맡고 있다.

나에게 도농어산촌협동조합은 ○○○이다

나는 현재 도농어산촌협동조합을 운영하고 있다. 도농어산촌은 도시, 농촌, 어촌, 산촌에서 가져왔는데, 네 분야의 다양한 전문가들이 모여 새로운 사업기회를 발굴하겠다는 뜻을 담았다. 경험이 많은 직장인과 퇴직

씽크 빅, 액트 나우!

(예정)자, 사업자 파트너, 생산자, 소비자 등 다양한 구성원들이 조합을 중심으로 협력하여 가치 있고 경쟁력 있는 제품과 서비스를 만드는 플랫폼 협동조합을 지향하고 있다. 생산·제조·유통·교육·체험 등으로 사업 영역을 확대해 궁극적으로 6차 산업 플랫폼을 만들어 지속 가능한 지역 문화 생태계를 구축하고자 한다.

　내가 이 사업을 시작하게 된 계기는, 공동체에 관한 관심이 생기기 시작하게 되었을 때까지 거슬러 올라가야 한다. 2012년경에 규모가 1천여 명 정도 되는 온라인 카페의 회원으로 활동을 했었다. 당시 교육, 난타 클럽, 등산클럽, 시낭송회, 실패한 사람의 자립 돕기 등 다양한 사업을 온라인과 오프라인을 통해서 활발하게 참여했었다. 특히 사업실패로 죽음의 문턱에 닿은 40대 남자가 지금도 잊히지 않는다. 회원들이 십시일반 모금을 해서 절망에 빠져 있던 그 남자에게 다시 시작할 수 있는 자금을 마련해 주었다. 몇백만 원에 불과한 소액이었지만 그 분에겐 생명수가 되어 새 삶을 살아갈 수 있었다. 이때의 경험으로 공동체와 함께하는 일을 하고 싶다는 생각을 하게 만들었다.

　현재의 도농어산촌은 지역 공동체로부터 시작되었다. 2012년 은평구에서 사회적 경제교육을 받고 그곳에서 사람들과 함께 협동조합을 구성하려 노력했던 부분들이 지금의 출발점이 되었다. 당시에는 지렁이 분변과 폐현수막의 재활용, 옥상정원 가꾸기 등의 친환경 사업으로 조합을 구성하고 싶었다, 그러나 어떤 길로 가야 하는지 방향성을 잡지 못해서 결국 접게 되었다.

이후 서울시, 고양시, 의왕시, 양평군, 평창군 등 지역을 중심으로 한 협동조합에 발기인으로 참여했고, 조합원과 이사로 활동하며 지역사회를 기반으로 한 새롭고 발전적인 협동조합을 배웠다. 몇 년간의 현장 경험은 자양분이 되어 진정한 협동조합이 무엇인지 깨닫게 했고, 현장에서의 학습은 인적 인프라를 구축하는 데 큰 자산과 마중물이 되었다.

이제는 지역을 중심으로 활동하며 전국적, 전 세계적인 네트워크망으로 확장하고 있다. 그 연결의 힘을 통해 대한민국을 대표하는 협동조합의 모델이 되고 싶다. 아름다운 협동조합을 만들어 가며 좋은 발자국으로 긍정적인 공동체의 흔적을 남기는 비전을 가지고 있다.

이런 많은 활동을 하는 나를 보며, 사람들은 묻는다.
"힘들지 않으세요?"
"그냥 집에서 쉬셔도 되잖아요."
"어떻게 이렇게 많은 일을 하세요?"
물론 힘들 때도 있고 어려움도 많다. 하지만, 누군가 나에게 노동어산촌협동조합이 어떤 의미냐고 묻는다면, 나는 이렇게 답하고 싶다. 도농어산촌협동조합 그 자체가 바로 나, 이현주라고.

의지로 자신감을 만들다

나는 평범한 주부다. 대기업이나 큰 조직에 속한 경험도 없고 별다른 사업도 하지 않았으며 전문지식도 별로 없다. 그런 사람이 어떻게 사업을

씽크 빅, 액트 나우!

하게 되었을까? 그리고 〈평창 동계 올림픽〉에서 어떻게 올림픽 사상 최초로 수제비누 공급을 하게 되었을까? 많은 사람이 의아해했다. 나는 그에 대한 답으로 첫 번째는 의지, 두 번째는 좋은 파트너가 필요하다고 말한다.

비누 제조 분야의 문외한이었던 나는 제조 전문성을 얻기 위해 밤낮으로 뛰었다. 100여 권이 넘는 비누 관련 책을 읽고, 2백여 편의 해외 동영상과 웹 사이트를 분석하고, 화장품 원료 전문기업을 찾아가 상담하며 이론적인 전문성을 확보했다. 3년에 걸친 오랜 시간 연구·개발하여 제품을 완성하게 되었고, 그 노력을 인정받았을 때 환희는 한 문장으로 표현하기 어려울 만큼 컸다.

이렇게 얻은 경험과 기술은 나의 자부심이 되었다. 이것이 나의 영어 이름을 ego(자부심)라고 쓰게 된 계기가 되었다. 자신감은 전문성에서 나오는 것이 아니다. 의지에서 나오는 것이다.

멀리 가려면 함께 가라

사업을 하는 과정에서 마주하게 된 힘든 과정은, 신뢰할 수 있는 파트너가 있었기에 극복할 수 있었다.

도농어산촌협동조합이 처음 시작될 때, 2018년 평창 동계 올림픽이 진행 중이었고, 이곳에 비누를 납품하던 우리는 한국에서 가장 잘나가는 수제비누 공방이었다. 하지만, 높은 노동 강도로 인해 어깨에 무리가 왔고, 건강상의 이유로 비누 생산을 중단하게 되었다. 절망적인 상황이었지만, 시련의 시기를 새로운 도약으로 만들고자 했다. 이 기간이 사업을 진행하면서 벌어진 많은 부분을 되돌아보는 뜻깊은 시간이 되었다.

세월이 흐름에 따라 세상에 대해서 보다 가치 있는 고민을 하게 되었고 '함께하는 가치'와 '미래 세대를 위한 사업'을 보다 비중 있게 생각하게 되었다. 이런 고민의 결과로 '도농어산촌협동조합'의 결성을 준비하게 되었다.

사업을 처음 시작하면서 마주하는 모든 상황이 낯설었다. 이를 시원하게 물어볼 곳도 마땅치 않았다. 그래서, 나처럼 '함께하는 가치'를 소중히 생각하는 다양한 분야의 전문가들과 커뮤니티 네트워크를 만들었다. 그 전문가들과 함께, 사업자를 지원하는 플랫폼을 구상하게 되었다. 우리는 평범한 사람도 안전하게 사업을 할 수 있는 든든한 뒷배가 되는 사업모델을 만들고 세상의 문제를 해결하는 사업을 만들어 가고 있다.

씽크 빅, 액트 나우!

아직도 많이 부족하다

함께하는 다양한 분야의 유능한 동지들이 있어 든든하다. 우리 협동조합은 선한 영향력을 가진 사람을 담을 수 있는 종합적 사회 모델을 만들고 있다.

우리나라 전국 방방곡곡을 다니며 많은 사람을 만났다. 2016년부터 2019년 동안 20만㎞ 넘게 운전하며 다녔고, 정말 많은 사람과 사업체를 만나서 이야기를 나눴다. 그들과 같이 회사를 설립하기도 하고 혹은 같이 프로젝트를 진행하며 다채로운 성공과 실패를 맛보았다. 99% 준비된 듯하다가도 한두 사람의 이해관계자가 맞물려 포기해야 하는 순간도 있었다. 그럼에도 불구하고 다양한 사람을 만나서 그들과의 시너지를 만들 기회를 발견하는 일이 내겐 가장 즐거웠다.

하지만 아직도 많이 부족하다.

일본에서 인기가 많았던 다이어트 비스킷을 수입해서 판매하려고 했던 적이 있다. 미처 국내 식약처 기준을 확인하지 못해 곤란한 상황에 놓이게 되었다. 해당 제품은 다른 조건들은 모두 충족했으나 단 하나, 아주 소량의 아연이 부족해 다이어트용이 아닌 일반 비스킷으로만 판매할 수 있었다. 그로 인해 판매가격이 10분의 1정도로 낮아졌다. 이때 큰 손실을 경험한 덕분에 지금은 관련 법규와 행정 절차, 관련 기준을 먼저 확인하고 사업을 진행한다. 지금까지 여러 지역에서 여러 분야의 사업과 아이템을 다양한 형태로 진행할 수 있는 것 또한 이때의 경험이 크다.

　사업은 한 번의 실수로도 큰 타격을 입을 수 있다. 다양한 시도도 좋지만, 새로운 시도를 할 때마다 철저한 준비와 계획을 세우는 일은 너무나 중요하다. 사업가의 목표를 달성하기 위해, 실행해야 할 행동과 알아봐야 할 세부사항을 구체화하면, 일정이나 비용 등을 예측할 수 있고, 예기치 못한 상황에도 대비할 수 있다.

　그렇다면 구체적인 사업계획을 세우기 위해 어떤 것을 알고 있어야 할까.

씽크 빅, 액트 나우!

사업계획
Planning

사업가의 목표를 달성하기 위해서 필요한 작업 중 하나가 바로 '계획'이다. 내비게이션을 켜고 운전을 할 때, 목표가 우리의 도착지라면, 계획은 목표까지 가는 길이라고 할 수 있다. 그래서 아무리 좋은 목표를 세우더라도 목표까지 도달하는 과정에서 해야 할 일을 구체적으로 작성하지 않으면 목표를 달성하기 어렵다.

목표를 계획으로 만들기 위해서 4가지 단계를 거치게 된다.

첫째, 사업을 위한 목표를 세운다.

둘째, 목표를 성취하는 데 필요한 정보를 수집한다.

셋째, 목표 달성을 위한 행동을 작은 단위로 쪼개 나열한다.

넷째, 다음 단계를 위한 주간 계획을 세운다.

사업을 위해 목표를 세웠다면, 그 목표를 달성하기 위한 정보를 수집해야 한다. 다른 사람들이 비슷한 목표를 달성할 때 어느 정도의 시간과 비용이 들었는지, 어떤 자원이나 루트를 활용했는지 등의 정보를 수집하는 것은 좋은 참고사항이 된다.

목표 달성을 위해 실행해야 할 행동을 나열할 때는 행동 하나하나를 작은 단위로 쪼개야 한다. 또한, 각각의 행동에 대해 시작과 종료의 시점을 명확히 해야 한다. 이렇게 시작과 종료 시점을 명확히 하면 계획이 일정에 맞추어 잘 진행되고 있는지 점검할 수 있다. 만약 초기 예상보다 일정이 늘어지거나 예상치 못한 상황을 마주하게 되더라도 상관없다. 원래 현실은 계획대로 잘 진행되지 않는다. 계획은 얼마든지 변동될 수 있다는 사실을 유념하며, 상황에 따라 계획을 적절히 조정할 수 있으면 된다.

처음 계획을 세울 때는 이정표를 특히 더 잘 세워 놓아야 한다. 자신이 세운 계획을 외부인의 시각으로 바라보고 검토해 보자. 이 계획을 시뮬레이션 했을 때, 어떤 부분이 가장 걱정되는가? 어떤 부분에서 일정이 늘어질 가능성이 있는가? 예상되는 장애물이 있다면, 플랜A가 계획대로 되지 않을 경우를 대비하여 플랜B를 미리 생각해 놓는 것도 좋다.

어떤 사람들은 계획을 상세하게 세우는 것이 익숙지 않을 수도 있다. '일단 해 보면서 생각해 보자.'라고 생각하는 사람도 있다. 때로는 계획대로 되지 않을 것을 염려하여 아예 계획을 세우지 않거나, 계획을 대충 세우느니 안 하니만 못하다고 생각하는 사람도 있다.

하지만 그 어떤 경우에도, 아무런 계획도 하지 않는 것보다는, 대충이라도 계획을 하는 편이 낫다. 적어도 '가장 중요한 이슈'에 대해서라도 미리 정보를 수집하고 대략적인 계획이라도 세워 놓아야 한다.

사업계획:
공방세계로 프로젝트

성공적인 사업 운영을 위하여 어떤 사업계획 수립이 중요한지를 이야기하기 위해, 도농어산촌협동조합이 진행하고 있는 다양한 프로젝트 중한 가지인 '공방세계로'의 사례를 소개하고 싶다.

공방세계로는 국내외의 작은 공방과 창작자들을 지원하는 프로젝트이다. 이 프로젝트는 작은 공방과 창작자들이 제품을 직접 제작하고 판매할수 있는 공간과 시장을 제공함으로써 그들의 창작 활동을 지원한다.

국내에는 다양한 제품을 만드는 창작자가 있다. 하지만 국내 시장 특성상 공예품 유통은 활성화되지 않아 판매로 이어지지 않는 경우가 많다.창작자들이 모여 함께 사업을 운영하고, 제품을 판매하고, 판로를 개척해 보고자 하는 취지로 본 프로젝트를 시작하게 되었다.

구체적인 목표설정과 정보 수집

'공방세계로'라는 사업 아이디어는 매우 흥미롭고 가치 있는 일이다. 어떤 사람은 창작 활동을 취미 생활처럼 받아들이지만, 창작자에게는 생계가 걸려 있는 직업일 수 있다. 창작의 가치가 인정받지 못한다면 그 분야는 쇠퇴할 수밖에 없고, 이 사회는 다양한 예술적 가치를 누릴 수 없게 될 것이다.

공방세계로는 이름 그대로 국내의 공방 작가들의 수준 높은 작품을 해외 시장에 알리고자, 작가들의 연합을 통해 사업의 규모화를 도모하고자 한다. 이 사업을 시작하기 위해서는 몇 가지 단계를 거쳐야 한다.

첫째, 목표를 설정한다.
'공방세계로'의 사업의 목표는 여러 작가와 함께 사업화를 추진하고, 3년 이내 세계적인 판로 개척을 하는 것이다.

둘째, 철저한 시장조사를 한다.
작가들을 대상으로 교육 및 일자리 제공에 대한 시장 분석을 수행해야 한다. 작가들이 가진 문제점과 니즈를 파악하고, 이에 맞는 정보와 일자리 제공 방안을 찾아야 한다.

씽크 빅, 액트 나우!

셋째, 대상 고객이 누구인지 명확히 설정한다.

'공방세계로' 사업의 대상 고객은 예비 작가와 영세한 작가들이다. 이들의 니즈와 요구사항을 파악하여, 맞춤형 교육프로그램과 일자리 제공 방안을 마련해야 한다.

목표를 달성하기 위한 세부 계획

목표를 성취하기 위해서는 그 목표를 성취하기 위해 해야 할 일들을 작은 단위로 쪼개는 것이 매우 중요하다. 처음부터 너무 큰 산을 넘으려고 하면 어렵게 느껴지지만, 한 고개만 넘자고 생각하면 조금 가뿐한 마음으로 시작할 수 있다. 시작의 발걸음을 가볍게 하기 위해 해야 할 일을 세부적으로 나누어 보자. 우리는 해야 할 일을 다음과 같이 나누어 보았다.

첫 번째, 교육프로그램 개발.

작가들의 역량을 향상시키기 위한 교육프로그램을 개발해야 한다. 예를 들어, 작가들이 가진 기술적인 역량을 강화하는 교육프로그램, 온라인 마케팅 및 판매 기술을 습득할 수 있는 교육프로그램 등을 제공할 수 있다.

두 번째, 일자리 제공 방안 개발.

작가들이 활동할 수 있는 일자리 제공 방안을 마련해야 한다. 예를 들어, 작가들이 자신들의 제품을 판매할 수 있는 공간을 제공하거나, 작가들이 참여할 수 있는 프로젝트를 발굴하는 등의 방법이 있을 수 있다.

세 번째, 마케팅 및 홍보.

'공방세계로' 사업을 홍보하여 예비 작가들과 영세 작가들에게 알리는 것이 중요하다. 예를 들어, SNS를 통해 작가들의 작품을 소개하거나, 전시회나 패션쇼 등의 이벤트를 개최하여 브랜드 인지도를 높일 수 있다.

네 번째, 협력체 구성.

작가들과 함께 성장하기 위해서는 협력체를 구성하는 것이 중요하다. 공동의 브랜드를 만들어 창작품에 대한 시장의 가치를 높이는 활동을 추진할 수 있다.

다섯 번째, 작가들의 네트워크 구축.

작가들 간의 네트워크를 구축하여 서로 정보를 교류하고, 상호 협력할 수 있는 환경을 만들어야 한다. 이를 위해 인터넷 카페나 SNS 등을 통해 다양한 정보를 남길 수 있는 장을 구축했다. 또한, 매주 1회의 오프라인 모임을 통해 회의를 진행하고 있다.

여섯 번째, 파트너십 협력.

작가들과 협력할 수 있는 기업이나 단체와 파트너십 협력을 맺어야 한다. 예를 들어, 쇼핑몰이나 아울렛과 같은 판매 채널을 확보하는 것이 중요하다.

일곱 번째, 자금조달.

사업을 확장하려면 자금이 필요하다. 이를 위해 투자자나 대출 제공 업체와 협력할 수 있다.

여덟 번째, 커뮤니티 구성.

'공방세계로' 사업을 운영하는 과정에서 작가들과 함께 커뮤니티를 구성해야 한다. 이를 통해 작가들과의 소통과 상호 지원을 할 수 있으며, 이를 통해 서로가 함께 성장하는 공간을 만들어 나갈 수 있다.

이와 같은 과정을 거쳐 '공방세계로' 사업을 성공적으로 운영하면서 작가들과 함께 성장할 수 있다. 이는 작가들에게는 더 나은 일자리와 기회를 제공하며, 사업 주인에게는 사회적 가치 창출과 성공적인 사업 경영을 가능하게 할 것이다.

공방세계로 식구들과 함께, 회갑연 이벤트

창작자 지원을 위한 행동원칙

우리는 창작자를 위한 지원사항을 '공방 운영 지원'과 '제품 판매 지원'

그리고 '마케팅 및 홍보 지원'으로 나누고, 각각의 세부 지원사항을 기록했다.

첫째, 공방 운영을 지원한다. 공방세계로는 공방 창업자들에게 필요한 교육과 컨설팅을 제공하여 공방 창업을 지원한다. 또한, 공방 운영에 필요한 공간, 장비 등을 제공함으로써 공방 운영을 지원한다.

둘째, 제품 판매를 지원한다. 공방세계로는 공방 및 창작자들이 제작한 제품들을 판매할 수 있는 온라인 쇼핑몰과 오프라인 마켓을 운영하여 그들의 제품 판매를 지원한다.

셋째, 마케팅 및 홍보를 지원한다. 공방세계로는 공방 및 창작자들의 제품을 더 많은 소비자에게 알리기 위해 다양한 마케팅 및 홍보 활동을 진행한다.

이러한 지원 활동을 통해 공방세계로는 작은 공방 및 창작자들의 창작 활동을 지원하고, 그들의 제품을 세상에 알리며, 지속 가능한 창작 문화를 확산시키는 데 이바지하고 있다.

처음 이 사업을 추진하겠다고 이야기했을 때, 주변의 반응이 마냥 호의적이었던 것은 아니다. 공방에 대한 무관심으로 인해 사업의 필요성을 납득시키는 과정 자체가 쉽지 않았다. 이렇게 어려움이 많은 사업일수록 구체적이고 명확한 계획을 통해 현실화가 가능하다는 것을 강조하여 이야

씽크 빅, 액트 나우!

기하고 싶다.

추상적인 비전이 아닌 현실에 무게감을 둔 구체적인 방향성을 리더의 독단이 아닌 구성원 모두가 동의하고 납득해야 한다.

다양한 경험과 개성을 가진 작가들이 다 같이 재치 있고 유익한 한 방향을 바라보게 되기까지는 생각보다 오랜 시간과 지나온 과정이 필요했다. 무조건 밀어붙이기 식보다는 인내심을 갖고 서로의 의견과 욕구들을 토로하고 들어가며 맞추는 시간의 숙성과정이 필수요소다.

씨앗에서 싹이 트고 꽃이 피기까지 또 달콤한 열매를 함께 나누려면 기다림이란 비료가 필요한 것처럼 말이다.

미래의 가치를 현재의 텃밭에 심다

여성기업가들이 언제나 도전적인 상황에서 일하고 있다는 것을 알아주기 바란다. 우리는 여전히 비교적 남성 중심적인 사회에서 살아가고 있으며, 이에 대한 부당한 대우를 받기도 한다. 그러나 이러한 도전적인 상황을 이겨낼 수 있는 여성기업가들이 있다. 그들은 끊임없이 배우고, 발전하며, 노력하는 사람들이다.

또한, 여성기업가들은 자신의 열정과 목표를 추구하는 것이 중요하다. 경쟁이 치열한 시장에서는 열정과 목표가 없다면 성공하기 어렵다. 따라서 여성기업가들은 자신의 열정과 목표를 명확히 하고, 이를 이루기 위해 노력하는 것이 필요하다.

씽크 빅, 액트 나우!

여성기업가들은 서로 협력하고 지원해 주는 것이 중요하다. 함께 일하며 지원하면 더욱 강력한 팀이 될 수 있다. 그리고 서로 지원하며 성장하면서 여성기업가들이 더욱 많아질 것이다.

당신의 사업원동력은 다양할 수 있다. 하지만 대체로 사업을 시작한 이유, 그리고 사업이 제공하는 가치가 가장 큰 원동력이 될 것이다.

사업을 시작한 이유는 여러 가지일 수 있다. 예를 들어, 당신이 새로운 제품이나 서비스를 개발하여 이를 시장에 선보이고자 한다면, 이를 위해 끊임없이 노력하고 발전시키는 것이 당신의 원동력이 될 것이다. 또한, 당신이 사회문제를 해결하기 위한 사업을 시작했다면, 그 사회문제를 해결하고자 하는 열망이 당신의 원동력이 될 수 있다. 아니면 당신이 사업을 통해 일자리를 창출하고 경제를 활성화하는 것이 목적이라면, 그 일자리 창출과 경제 활성화가 당신의 원동력이 될 수도 있다.

마지막으로, 당신의 사업원동력은 당신 자신일 수도 있다. 당신이 사업을 운영하며 얻게 될 성취감과 만족감, 그리고 도전적인 상황에서 스스로를 발전시키고 성장시키는 과정이 당신의 원동력이 될 수 있다. 따라서, 당신의 사업의 원동력은 다양할 수 있지만, 핵심은 당신이 어떤 가치를 제공하고자 하며, 이를 이루기 위해 끊임없이 노력하는 것이라고 할 수 있다.

미래의 열매는 '지금'이라는 시간에 씨앗을 심고 가꾸어야 한다. 나 이현주는 가치를 꽃피우기 위해 현재의 텃밭에 꿈을 심고 열정으로 물주며 살아가는 기업인임을 자부한다.

미래세대의 희망은 현재 현재세대가 만듭니다.
Hope for the future generation is created by the present generation.

- 이현주(Ego Rhee) -

씽크 빅, 액트 나우!

4장

장애물 극복하기

피드백 - 황윤정

장애물 극복 - 최선희

당신은 '안녕'하신가요?

이혜 마음챙김 황윤정 대표

당신이 품은 우주를 만나고 싶습니다
피드백: 나는 씨앗을 심었습니다
대한민국 사회를 살아가는
모든 여성에게 하고 싶은 말

• 당신은 행복하신가요?

마음이 힘들었던 시기에 용인 양로원의 방 청소 자원봉사를 할 기회가 있었다. 청소기를 돌리고 물걸레로 주변을 닦는 일은 고되지만, 마음은 고요해진다. 몸과 마음의 움직임에 대한 경험은 언제나 신비롭다.

매일 청소하는 방임에도 매번 머리맡과 탁자에는 하얀 각질 더미가 수북했다. 맑은 날이면 햇살에 반짝이는 흰 머리카락이 이불 위에서 유난히 눈에 띄었다.

청소하며 뵙는 어르신들은 각자의 어려움이 있어 보였다. 스스로 밥을 먹지 못하거나, 휠체어 없이 어디도 갈 수 없거나, 말을 하지 못한 채 멍하니 어딘가를 바라보는 분들이 대부분이었다. 일제 강점기와 해방, 전쟁과 산업화 시대를 뚫고 지나온 거대한 사람의 마지막이 너무나 초라했다. 어떻게 살아야 하는지, 행복은 무엇인지 묻고 또 묻는다.

• 사람은 누구나 마음에 빛을 품고 있다.
〈매트릭스〉라는 영화를 보면, 센티넬(기계군단)의 공격을 피해 주인공 네오와 트리니티는 우주선을 하늘로 몰고 간다. 구름을 뚫고 나간 뻥 뚫린 하늘을 보는 순간 트리니티는 태양 빛에 넋을 잃고 말한다. "Beautiful(아름다워)!"

누구에게나 마음의 구름 너머 찬란한 빛을 품고 있다. 찬란히 빛나는 사람들이 세상 가득할 때까지 이혜 마음챙김을 하고 싶다.

• '이혜 마음챙김'으로 움터 오르는 희망
비폭력 대화 그룹 참여 및 리더 10년, 여성주의 타로 상담 5년, 발도르프 수학 강사 3년, 담마 코리아의 위빳사나 명상수련 등 육아의 어려움을 벗어나고자 시작한 공부가 이제는 '이혜 마음챙김'을 통해 나의 꽃을 피우려 한다.

칼 로저스의
인간 중심 상담과

비폭력 대화

이혜마음챙김

마음챙김과 비폭력 대화를 녹여낸 이혜 마음챙김은 병원동행 CS 직무교육, 서비스 접점에 있는 직무자를 위한 마음챙김 소통법, 부모 교육, 수학대화, 경계성 장애(비언어성, 아스퍼거, 난독증 등) 가정의 부모나 아이를 위한 지도, 전문가 과정 등이 있다.

2018.5.10~7.12 비폭력대화 1단계 연수 (6차시)

• 이혜 마음챙김 홈페이지 www.ehe-edu.com
• 황윤정 대표 블로그 blog.naver.com/fancy99979

당신이 품은 우주를 만나고 싶습니다

꽃 피어야만 하는 것은, 꽃 핀다.
자갈 무더기 속에서도 돌 더미 속에서도
어떤 눈길 닿지 않아도

- 녹슨 잎 알펜로제, 라이너 쿤체 -

프롤로그

뜨거운 여름날 고요한 도서관에서 민소매 아이보리 원피스에 분홍색 발목 없는 구두를 신은 여학생이 걸어간다. 동그란 눈을 이리저리 굴리며 미소 짓고 있다 '따각 따각 따각' 걸을 때마다 구두 굽이 바닥과 부딪히는 소리. 그가 계단을 내려가자 따각 소리는 좁은 통로를 통해 더 크고 길게 울려온다.

구두 뒷굽 소리를 즐겼던 사람, 지하철에서 큰 소리로 웃고 떠들면서도 지인이 조금만 조용히 하자면 오히려 더 역정을 냈던 사람, 싫은 사람 연락처는 과감히 지우거나 그래도 마주치면 나의 연락처를 바꿔 버렸던 사람, 도움과 기여가 중요하다 외치면서 배려나 이해는 하나도 없는 모순적이었던 사람. 20대의 내 모습이다.

'나 같은 사람은 절대절대 선생님이 되면 안 돼!'라 생각하던 내가 MCGT(Mindfulness Communication Group Therapy)을 개발하여 교육상담가의 길을 걷고 있다. 힘들고 아팠던 시간을 지나온 선배 엄마로서, 왜 힘든지 알 수 없어 여기저기 헤맸던 시간을 보냈다. 여전히 나는 인간이다. 실수도 하고 좌절도 하는 나약한 엄마지만 내가 거쳐 온 부끄럽게 느꼈던 순간을 세상에 드러냄으로써 나와 같은 다른 이들에게 위로와 용기를 줄 수 있지 않을까 하는 작은 소망이 있다.

'너처럼 부족한 사람이 무슨 상담을 해?' 한 생각이 스칠 때면 가만히 헤아려 본다. 나는 '이헤 마음챙김'을 왜 사업으로 전환했을까? 나한테 그럴 만한 능력이 있을까? 나는 어떤 사람이지? 나는 무엇이지?

언어는 시작이고 문이다. 물음에서 시작한 의심은 나의 근원에 가닿기 위해 길을 찾아 나선다. 말은 진실이면서 거짓이다. 부족한 사람은 부족하지 않은 사람이다. 언어의 틀을 넘어서면 또 다른 세상이 펼쳐진다. 내가 부족하다는 걸 의식하고 인정하는 순간 온전한 사람으로 다시 태어난다. 가정을 이루고 살아가기에 한없이 모자르고 상처받았던 나는 사람의 마음과 함께하는 게 이젠 어렵지 않다. 아니, 매 순간 새로운 세상을 만날 수 있음에 기쁨을 느낀다.

씽크 빅, 액트 나우!

내 아들 이름이 뭐였더라?

'아들 이름이 뭐였더라? 만재…. 아 맞다. 준이.'

2012년 가을, 아줌마들과 수다 중 순식간에 스쳐 지나갔던 생각이다. 아들 3살이 되던 해 재취업 후 무리한 일정으로 일한 결과 건강이 상해 퇴사한 직후였다. 몸이 많이 망가진 줄 알고 있었지만 이렇게 심각할 줄이야. 아들의 이름이 바로 기억나지 않는 순간이 여러 번 반복되며 그 심각함을 받아들였다.

독박 육아 스트레스가 폭발하기 직전, 좋은 조건의 회사에서 스카우트 제의가 왔다. 난 도망치고 싶었다. 선택하지 않을 이유가 없었다.

월화수목금금금인 남편, 만 2년 동안 남편은 10시 전에 집에 들어오는 일이 없었다. 일이 없는 날도 게임방이나 당구장, 혹은 맥줏집을 들렀다가 퇴근했다.

웃지 않는 아들, 드라마에서 "오로로~~ 까꿍!" 하면 아가들이 까르르 넘어가듯 웃는 장면을 볼 때면 참 신기했다. 우리 아들은 웃지 않았다. 숨바꼭질해도 웃지 않았고 쌓아 놓은 블록을 와르르 무너뜨릴 때도 웃지 않았다. 오히려 열심히 놀아 줄수록 아들은 징징거렸다.

새로운 일은 불규칙하고 출장이 많았다. 밤 10시에 퇴근은 기본, 새벽

1~2시에 들어오기도 했다. 일을 시작한 첫날부터 우리 집엔 놀라운 일이 생겼다. 남편이 정시 퇴근을 했다. 아이를 돌봐 주는 시어머니가 걱정된단다. 더 놀라운 건 나는 여전히 독박육아였다. 회사에서 집으로 다시 출근, 주말도 예외는 없었다. 나는 첫날부터 가슴에 칼을 갈기 시작했다. 언젠가 베어 주리라!

시어머니는 종종 말씀하셨다. "준이는 어쩜 이렇게 순하니. 엄마도 안 찾고 잘 먹고 잘 잔다. 과묵하네." 온종일 엄마가 없어도 울지 않았고 졸릴 때도 할머니가 읽어 주는 옛이야기를 들으며 잠들었다. 생기 없는 아들에게 이상한 점이 한둘이 아니었지만 우린 그냥 온순한 아이라 불렀다.

낮엔 순한 시어머니의 손주는 밤만 되면 열 번 이상 자다 깨기를 반복하는 내 아들이었다. 조금만 유심히 관찰했다면, 세 살 아이는 자기 나름대로 버티려 노력하고 있었다는 걸 알 수 있었을 텐데…. 잠이 들었을 때야 비로소 아픔을 울음으로 드러냈다는 걸 알 수 있었을 텐데, 엄마뿐만 아니라 가족 그 누구도 그럴 여유가 없었다. 설사 시간이 있었다 해도 방법을 몰랐을지도 모르겠다.

나는 매일같이 한숨도 못 자고 출근했다. 1년도 채우지 못하고 결국 열 달 만에 일을 그만둘 수밖에 없었다.

씽크 빅, 액트 나우!

몹시 추웠던 어느 봄날

아들은 초등학교 입학 후 5월쯤도 두껍고 커다란 빨간 오리털 파카를 입고 등교했다. 그해 봄은 내게 너무 추웠고 당연히 아들도 추울 거로 생각했다.

"혹시 준이가 춥다고 하나요?" 1학년 담임이 내게 조심스럽게 물었다. 그는 교실이 그리 춥지 않다고 했지만 내 귀엔 들리지 않았다.

낯선 장소에 가면 책상을 혀로 핥는다. 얼굴을 찡그리며 불규칙한 눈 깜빡임이 있다. 손톱은 살을 파고 들어가 진물이 흐른다. 입에는 손이 물려 있거나 옷이 물려 있다. 옷소매와 목덜미는 물어뜯어 너덜너덜하다. 머리는 떡지고 뒷머리는 하늘로 솟구쳐 있다.

2018년 등교하는 아들의 모습이다. 아들은 느릿느릿 학교에 갈 준비를 했다. 씻지 않고 가방 멜 때도 나는 채근하지 않았다. 하교하는 아들의 목둘레는 온종일 물고 있었는지 가슴께까지 축축하게 젖어 있었다. 지각, 스타일, 자기 행동 등으로 학교생활이 힘들다 느끼면 스스로 조절할 거로 믿었다. '지금 아들은 견딜 만하니 양치도 안 하고 학교에 가는 거다.'라 생각했다. 그래야 한다고 믿었다.

담임은 아이들에게 수업시간 내내 열중쉬어 명령을 풀지 않았다. 쉬는 시간에는 화장실도 자유롭게 보내지 않았다. 그의 벌주는 방식은 독특했다. 수치심을 이용하여 아이에게 창피를 주는 교육방식, 잘못한 아이 얼굴에 매직으로 그림을 그리는 방식이 그것이었다. 나는 그 사실을 알고 뒤늦게 경악했다. 아이들은 하굣길에 화장실에 들러 얼굴을 씻는다는 얘기를 옆집 아줌마에게 듣고 나니 아들이 썼던 흐릿한 매직 안경 자국이 있었다는 기억이 떠올랐다.

모든 문제는 공교육에 있으며 특히 담임 선생님이 문제라 결론 내렸다. 시간이 흐를수록 마음은 요동쳤다. 침 범벅으로 하교한 아들은 종일 징징거렸다. 놀이터에 가도, 친구와 함께 놀아도, 무얼 해도, 울며 끝이 났다. 분명 뭔가 문제가 있는데 그게 무엇인지 몰랐다. 문제가 있다고, 해결책을 찾으라고 몸은 내게 신호를 보내고 있었다.

처음엔 전적으로 담임 문제이니, 대안 교육으로 옮기기만 하면 된다고 주장했다. 그런데 예상치 못한 일이 벌어졌다. 남편이 이를 반대했다. 그는 지금 문제가 크지 않단다. 주말에 같이 공이라도 차면 나아질 거란다. 지금까지 단 한 번도 공원 산책조차 나가지 않던 그가 이제 공을 차 주겠다고? 그거면 된다고? 평소 육아에 신경도 안 쓰더니 지금 상황을 어찌 이리 가볍게 볼 수 있을까? 자연스럽게 남편 탓을 했다.

선생 탓, 남편 탓을 하면서도 매일 밤 가슴을 치며 내 탓을 했다. 어린이집 하굣길에 아들 표정이 기억나지 않았다. 어린이집 이야기를 하지 않아 그저 과묵하다고 생각했다. 즐거운지, 속상한지, 힘든지 단 한 번도 궁금해하지 않았다. 사람의 '마음'에 대해 생각해 본 적이 없으니 당연했다. 나

씽크 빅, 액트 나우!

는 왜 이 상황이 되도록 몰랐는지, 지금도 왜 아무것도 모르는지, 앞으로 어찌해야 할지도 모르는지, 나를 탓하고 탓했다. 길이 보이지 않았다. 아무도 없는 캄캄한 세상에 내동댕이쳐진 듯했다. 벚꽃 피고 지던 그해 봄날, 나는 홀로 헤매느라 너무 추웠다.

산 너머 산

아들은 초등학교 적응에 1년이 걸렸다. 2학년이 된다는 건 힘든 시간의 끝이자 새로운 시작을 의미했다. 2학년 담임이 궁금했지만 내가 알 수 있는 건 전근 왔다는 사실뿐이었다. 첫 학부모 회의에서 담임을 만났다. 그는 열 명 남짓한 학부모 앞에서 교과 과정을 설명한 뒤 "학교가 맘에 안 들어요."라 말했다. 같은 학교에 다니는 딸 앞에서 학교 흉도 봤다고도 했다. 딸이 듣기 싫었던지 "내 학교 욕 그만해!"라고 소리쳤다는 말까지 고스란히 전했다. 당신이 속한 학교가 싫다는 이야기를 학급 설명회에서 한다? 거기에 딸이 그만 투덜거리라는 말까지 했다?! 실망스러웠다. 딸 앞에서 엄마가 할 말이 아니었다. 학부모 앞에서 교사가 할 말 또한 아니었다. 그런데도 '1학년 담임보다야 낫겠지….'라 믿고 싶었다. 이제 겨우 찾은 안정이었기 때문이다.

1학기 학부모 상담 날, "어머니! 더러워서 토할 거 같아요. 아이가 가위를 빨아요." 선생님이 자리에 앉자마자 내게 말했다. 나는 당황스럽고 놀랐다. 마음 한편에서는 선생님이 좀 더 따뜻하게 아이를 보듬어 줄 수는 없는 건가, 의문이 들었다. 자신이 맡은 아이가 더럽다고 표현하는 게, 무조건 아이 행동을 고쳐야 한다고 말하는 게 야속했다.

아들은 지난 1년간 주 1회씩 놀이치료를 했다. 놀이 상담 선생님은 아이가 많이 좋아지고 있다며 이제 치료를 마쳐도 좋겠다는 의견을 냈다. 그게 지난 겨울방학이었다. 상담을 마무리하려 준비하고 있는 단계였는데 뜬금없이 가위를 빼다니! "집에서는 소매 정도만 빨지 물건을 입에 넣는 걸 보지 못했어요." 나는 그저 변명하기에 급급했다. 심지어 '선생님도 인간인데 그럴 수 있지.'라며 그를 이해하려 애쓰기까지 했다. 짧은 순간, 이러지도 저러지도 못하는 나 자신이 싫었다.

그는 아들의 버릇을 강한 훈육으로 바꿔 놓겠단다. 그다음 말은 더 가관이다. "아이가 왕따당할 것 같아 어머니께서 학교폭력 위원회에 들어가신 것으로 생각했어요." 아마 내 얼굴색이 변하고 일그러졌을 거다. 엉덩이가 들썩하는 분노를 느꼈지만, 그 앞에선 "아니에요." 한마디만 건넸다. 학교 공동체에 이바지하고자 분주히 움직였던 지난 1년이 허무하기만 했다. 이후 담임과 몇 마디를 더 나누었지만 무슨 이야기를 했는지 전혀 기억나지 않는다. 아들은 1학년 때도 충분히 힘들었는데 또 이게 무슨 일이란 말인가.

지난 3년간 배운 비폭력 대화(Nonviolent Communication, 이하 NVC)의 고난도 실전편의 시작!

NVC는 관찰, 느낌, 욕구, 부탁 네 단계로 이루어진 대화 모델이다.

씽크 빅, 액트 나우!

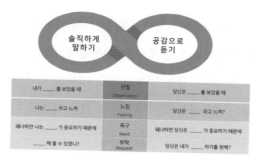

비폭력 대화
Nonviolent Communication a Language of Life

솔직하게 말하기		공감으로 듣기
내가 ____를 보았을 때	관찰 Observation	당신은 ____을 보았을 때
나는 ____라고 느껴	느낌 Feeling	당신은 ____라고 느껴?
왜냐하면 나는 ____가 중요하기 때문에	욕구 Need	왜냐하면 당신은 ____가 중요하기 때문에
____해 줄 수 있겠니?	부탁 Request	당신은 내가 ____하기를 원해?

이런 미친 선생님 밑에서 학교에 다니게 하면 안 되지. 전학을 가야 하나? 지금이라도 대안 교육으로 가야 하나? 교육청에 민원을 넣을까? 울 아들이 문제가 있나? 선생님께 무릎이라도 꿇고 잘 부탁드린다고 말해야 하나?

교사의 말과 행동에 자극받은 나는 머릿속에서 끊임없이 교사 비난과 평가의 생각들이 쏟아지고 있었다. 순식간에 이루어진 반응 패턴에 꼼짝없이 갇힌 꼴이었다. 이 고리를 끊었던 도구가 NVC 1단계 '관찰'이었다. 나는 하교하는 아들을 관찰했다. 하교 시간, 상의가 젖은 정도, 표정과 안면 틱 반응 횟수, 알림장과 숙제 확인 등을 세심하게 살폈다.

'오늘은 소매만 젖었다.'
'하굣길엔 안면 틱이 보이지 않음.'
'같은 반 친구들이 하교를 완료하고도 20분 정도 늦게 하교하는 아들.'

'알림장의 3번이 비어 있다.'

NVC 관찰은 자비 중심 치료에서의 있는 그대로 보는 관(觀)의 작업이다. 인지 치료에서 '역기능적 인지 도식' 여부를 판단하기 위한 자동적 사고 확인 과정이기도 하다. 잠시 멈추고 있는 그대로 관찰한다. 멈추는 것만으로도 휩쓸리는 생각에서 벗어나 여유 공간을 만든다.

담임 교사는 수업 후 아이를 혼내느라 붙잡고 있는 경우가 종종 있었다. 담임 교사의 가치관과 행동에 나는 동의하지 않는다. 그러나 타인의 생각을 내가 바꿀 수 없다는 걸 받아들였다. (물론 교육청에 민원을 넣어 문제 선생님으로 만들 수는 있다) 나는 내가 할 수 있는 것을 하기로 선택했다.

2단계, 느낌. 예상 시간보다 늦게 하교하는 날이면 긴장되고 걱정되는 마음을 알아차린다. '아이를 기다리고 있다'로 관찰하고 초조한 마음을 알아차리면 한결 마음이 편안해진다. 관찰과 느낌을 진행하면 나는 미소 띤 얼굴로 평소보다 더 따뜻하게 아들을 맞이한다. 매일 하던 잠자리 마사지 때는 내 이야기를 자세히 풀어놓는다.

"엄마가 옛날에 오락실 갔다가 담임한테 뺨 맞았던 거 얘기했었나? 그때 얼마나 놀라고 무서웠던지. 그런데도 난 또 몰래 오락실에 갔었어. 왜 가지 말라 하는지 이해할 수 없었거든."

이런저런 옛이야기를 꺼낼 때면, 아들은 아주 가끔 자신의 속상한 마음을 털어놓았다.

씽크 빅, 액트 나우!

3단계, 욕구. 나는 친밀함, 사회적 관계, 안전이 중요한 사람이다. 그러나 아들은 내가 아니었다. 아들에게는 있는 그대로 받아들여지는 경험, 안전한 공간과 재미, 편안하게 쉴 수 있는 시간과 공간 등이 중요했다. 이걸 아는 데 꼬박 8년이 걸렸다.

학교는 그가 원하는 것을 충족시켜 줄 수 없었다. 나는 기억했다. '아들은 학교에서 살지 않는다. 더 많은 시간을 집에서 엄마와 함께한다.' 아침이면 이마에 입맞춤하며 아들의 머리카락을 쓸어 넘긴다. "일어날 시간이야~" 조용히 인사하거나 옆에 누워 두런두런 말을 건넨다. 아들을 꼬~옥 안아 주고 학교로 들어가는 뒷모습이 보이지 않을 때까지 바라본다. 하교하는 아들이 멀리서 보이면 뛰어가 맞이하고 오늘은 무얼 할지 함께 이야기 나눈다. 아들이 원하는 곳에 가고 맛있는 걸 먹는다. 특별한 것 없는 하루하루 속에서 수용, 재미, 이해, 공감, 안전함을 충족하며 아들은 학교에서 힘들었던 것들을 조금씩 털어내었다.

4단계, 부탁. 학교생활을 좀 더 안전하게 유지하는 데 필요한 일들이 있다. 재미없지만 해야 할 숙제나 과제 챙기기는 불안정한 마음 상태에서는 수행하기 쉽지 않다. 정해진 시간에 5분~10분 정도 시간을 내어 꼭 해야 할 일을 해낼 수 있도록 일과를 조정한다. 나는 이를 위해 적절한 상황을 만들어 아들에게 부탁했다. 부탁은 강요가 아니다. 아이와 함께 수행해야 할 일을 상의하고 결정하는 과정은 아이의 자존감을 높이고 도전과 성취감을 경험할 소중한 기회다. 마샬 로젠버그 박사(국제 비폭력 대화 센터 설립자)는 부탁을 이렇게 말했다.

"삶을 풍요롭게 하는 부탁."

세상에 떠도는 많은 말들이 있다. 명문대는 가야지, 엄마 말 잘 들어야 착한 아이지, 여자가 밖으로 돌면 안 되지, 애는 엄마가 키워야지, 너 때문에 애가 이 모양이잖아 등등. 이 많은 말 속에서 나답게 사는 방법을 찾는 일은 쉽지 않다.

"도저히 너 밥은 못 먹겠어."

"네가 집에서 하는 게 있냐? 어차피 쓸모없으니 네 맘대로 해."

말이 칼날이 되어 가슴에 박힐 때마다 '나'가 진정 원하는 게 뭐지? 을 스스로 물어보며 NVC를 붙잡았다. 아들이 자신의 빛깔로 살아갈 수 있도록 도운 것 또한 NVC였다.

10여 년의 시간 동안 NVC가 내 삶 깊숙이 스며들며 우리 가족은 여유롭고 편안하게 살고 있다.

애한테 신경 좀 쓰세요!

6학년 7월 초, 아들이 다니던 음악학원에서 선생님이 내게 준이를 포함한 세 명의 친구를 학원에 나오지 말라고 했다고 이야기했다. 셋이 모이면 자꾸 다투고 신경전이 펼쳐진다는 거다. 그 과정에서 그냥 넘겨도 될 일에서 준이가 운다는 이야기를 전하며 '아들에게 신경 좀 더 써라.' '돌봄이 필요해 보인다.'라고 했다. 나는 자연스럽게 그를 공감하면서도 단호하게 이야기했다.

"선생님이 지켜보느라 많이 힘드셨지요? 아이들이 편안하고 즐겁게 학원에 다니면 좋겠는데 그렇지 못해 마음을 많이 쓰신 거 같네요. 우리 아들은 초등학교 1학년 때나 지금이나 변함없어요. 다만 누가 어떤 시선으로 바라보느냐에 따라 달라 보였을 뿐입니다. 일단 학원은 쉬겠습니다."

그는 여름방학이 끝나 갈 무렵 전화를 걸어왔다.
"아이들 사이에서 힘들어 예민하게 반응했던 거 같아요."
난 그냥 미소를 지으며 그의 말에 귀 기울였다. 아들에게는 방학이니 잠시 쉬자고만 이야기한 상태였기에 그 친구들과 다른 시간대로 조정하여 재등록을 했다.

모래 속 진주 찾기

나는 NVC를 통해 세상을 투명하게 바라본다. 타인이 던지는 말은 그저 그의 비극적 표현일 뿐. 비난과 비판, 조언과 판단이 섞인 말 뒤에는 그가 하고 싶은 진심이 숨겨져 있다는 걸 안다. 자식 잘못 키웠다는 말, 정말 똑똑하게 잘 키웠다는 말, 맨날 이리 놀려서 어쩌려고 하냐는 상반된 말이 여전히 들려온다. 하지만, 이 말을 통해 나는 상대의 아픔을 본다. 또, 내가 놓치고 있는 무언가가 없는지 다시 한번 돌아본다. 요즘 내가 지쳐 있는지, 너무 의욕적이지는 않은지, 변화하는 세상 속에서 내 고집을 부리고 있지는 않은지, 혹은 고집을 유지해야 할지도 헤아린다.

남편과의 관계, 아들과의 관계를 회복하는 데 도움을 받은 것처럼, 사업을 하면서 들려오는 피드백을 해석하는 데에도 큰 도움이 된다. 사업 중 타자의 피드백은 목표 달성에 대한 점검, 사업의 개선 및 발전 가능성을 검토하는 데 중요하게 사용된다. 어느 방향으로 가고 있는지, 무엇이 필요한지 등을 섬세하게 살피는데 피드백은 필수적이다. 비판적이고 부정적인 피드백일수록 좀 더 세심히 들여다본다. 상대의 비난과 평가에 마음이 상하면 피드백을 있는 그대로 볼 수가 없다.

〈자기주도적 기업가 육성 과정〉의 역량이론에서 피드백이 무엇이고 왜 중요한지 살펴본 뒤, '이혜 마음챙김'에 적용한 사례를 이야기해 보련다.

씽크 빅, 액트 나우!

피드백
FeedBack

피드백은 사업의 성장과 개선을 위해 꼭 필요한 중요 자원이다. 사업가가 피드백을 받아야 하는 이유는 첫 번째는 목표를 완전하게 달성했는지를 알아보기 위함이고, 두 번째는 사업의 개선 및 발전 가능성을 알아보기 위해서이다.

지금 당신이 하는 사업의 제품 또는 서비스의 질이 충분히 좋은가? 당신이 일하는 방법은 충분히 효율적인가? 당신의 고객들은 얼마나 만족하고 있는가? 당신이 고용한 직원들은 원활하게 근무를 잘하고 있는가? 당신의 사업은 경쟁자들과 차별화된 무언가를 제공하고 있는가? 사업의 경비 계산과 재고품 정돈이 효율적으로 되어 있는가?

이 모든 질문에 정확히 답하기 위해서는 나의 시각이 아닌 외부인의 시각으로 찾아낸 피드백을 받아야 한다. 그중에서도 비판적이고 부정적인 피드백은 당신이 개선해야 할 점이 무엇인지를 보여준다. 찾기 어렵고, 흔치 않은 피드백을 찾아야 한다. 이것이 혁신의 가장 강력한 뿌리가 될 것이다. 또한, 나의 사업 결과를 검토한 뒤 피드백을 찾아볼 수도 있다. 이윤을 창출한 제품과 이윤을 창출하지 못한 제품은 어떤 것인가? 해당 제품의 피드백을 찾아보면, 그 원인을 파악할 수 있을 것이다.

그렇다면 사업에 혁신을 가져올 수 있는 흔치 않은 피드백은 어떻게 찾을 수 있을까? 자기주도적인 사업가는 피드백이 오기를 기다리고 있지 않는다. 적극적으로 피드백을 구하고, 피드백을 받기 위한 실험을 설계하기도 한다.

특히 새로운 아이디어가 떠올랐을 때 이것을 바로 사업화하는 것이 아니라, '아이디어가 충분히 좋은가.'의 여부를 판단하기 위한 실험을 해 보는 것이 좋다. 너무 큰 위험을 감수하지 않도록 작은 실험을 시도하고 이러한 과정에서 발생한 오류를 통해 개선점을 도출해 낼 수 있어야 한다.

어떤 실험을 설계할 수 있을까? 새로 만든 음식을 메뉴에 추가하기 전에, 단골손님에게 서비스로 제공한 뒤 음식 맛이 어떤지 의견을 구할 수 있다. 또는 전문적인 평가단에게 의뢰하여 아이디어 검증이나 제품 개선점에 대한 피드백을 받을 수도 있다. 요즘은 전문가가 아니어도 인터넷에서 제품 품평이나 체험단 등을 어렵지 않게 모집할 수 있다. 다양한 방법을 시도하여 최대한 더 많은 사람에게 의견을 구할 수 있어야 한다.

가끔 고객이나 주변 사람에게 피드백을 부탁했을 때, 어떤 기준으로 피드백해야 할지 몰라 난감해하는 경우가 있다. 그럴 때는 어느 정도 가이드라인을 제공하는 것이 좋다. 아래 몇 가지 질문을 예시로 보여 줄 수 있다.

- 본 제품/서비스의 장단점은 무엇인가?
- 이 제품/서비스가 시장에 나와 있는 다른 제품/서비스와 다른가? 만약 다르다면 어떻게 다른가요? 다르지 않다면 어떤 유사 제품/서비스가 있나?
- 이 제품/서비스를 더욱더 차별화할 방법은 무엇일까?
- 앞으로 이 제품 및 서비스에 어떤 문제나 기회가 발생할 수 있을까?

이렇게 다양한 의견을 구해, 내 사업에 적용할 수 있어야 한다. 하지만, 많은 사업가가 비판적이고 부정적인 피드백을 두려워하고 피하려 한다. 고객 클레임이 발생했을 때, 주변 사람이나 직원이 문제점을 지적했을 때, 그것을 깊이 있게 생각해 보기보다는 덮어 두고 싶어 한다.

만약 타인의 부정적 피드백을 받아들이기 어렵다면 한 가지 사실을 기억해야 한다. 몸에 좋은 약은 결코 달지 않다는 사실을 말이다.

피드백:
나는 씨앗을 심었습니다

나 때문에 애가 이상해졌다?

아들 초등학교 저학년 때 학교생활 부적응 문제를 겪으며 다각도로 상황을 살피고 사고의 범위를 넓혔다.

'내가 뭘 잘못한 걸까?'

'어디서부터 어떻게 해야 하는 걸까?'

사람들은 엄마가 잘못 키워서라 말했다. 나도 나의 양육 태도를 문제 삼았다. '나' 자체의 문제가 심각해서란 생각에 매일 가슴 치며 눈물을 쏟았다. 나 때문에 이런 상황이 벌어진 일인데 어쩔 줄 모르고 있는 나 스스로가 혐오스러웠다. 애는 엄마가 키우는 건데 잠깐 직장에 나간 게 문제란 생각도 했다.

"음식을 너무 유기농만 먹여서 까다로워진 거야."
"텔레비전을 보여 주지 않아서 사교성이 발달 못 했어."

주변에서 들려오는 이야기 하나하나에 흔들렸다. 유기농 때문이라 하면 바로 아이스크림을 파인트로 사서 먹였다. 텔레비전 때문이라 했을 때는 핸드폰을 24시간 아들의 손에 쥐어 주었다. 하나를 들으면 나는 거기에 열 개를 덧붙여 스스로 자책하며 반응했다. 늪지에서 허우적거릴수록 깊이 빠지듯이 자책은 할수록 괴롭고 앞이 보이지 않았다.

사람들은 각자의 인생을 산다. 세상에서 들려오는 이야기는 그들의 경험을 토대로 한 판단과 해석이다. 절대적이지 않다. 중요한 건 현 상황에서 나는 아들과 어떻게 살아갈 것인지, 아들은 지금 무엇이 중요한지 질문하고 답을 찾아보는 것이다. (필요하다면 전문가의 조언을 서슴없이 구하자. 그들의 의견도 새겨들을 만하다)

사업을 하면서 고객의 피드백을 들을 기회가 종종 있다.
"아이가 수학 문제를 못 풀면 화가 났는데, 이젠 이해가 됩니다."
"애를 못 챙겨서 문제가 생겼다고 생각했지만 이젠 좀 편안하게 아이를 대할 수 있게 되었어요."
이런 피드백을 들을 때면 보람이 느껴져 힘이 솟는다. 그러나 뼈아픈 이야기도 있다.

"수학대화? 수학하면 거부감이 들어요."

"뭐? 비폭력대화? 내가 폭력적이란 건가요?"

"돈도 안 되는 걸 왜 하고 있냐? 500만 원 벌 거 아니면 시작도 하지 마!"

그들이 솔직한 이야기를 가감 없이 내게 할 때면, 나는 그 말 속에서 모래와 진주를 구분한다. 피드백을 받는다는 것은 내가 새겨들어야 할 말을 골라내는 작업이다.

'자녀의 공부를 도와주고 싶지만 그러지 못해 괴로워요.'

'저는 나름대로 자녀에게 따뜻하게 말하고 있다고요. 그런데 왜 저를 폭력적인 엄마로 만드는 거죠? 속상해요.'

'시간과 돈을 효율적으로 쓰는 게 나(남편)에게 중요해.'

인간 중심 상담의 미국 심리학자 로저스는 "사람은 자기 자신을 이해하고 자기주도적인 행동을 변화시킬 수 있는 방대한 자원을 자기 안에 갖고 있으며, 어떤 토양(촉진적인 심리적 태도)이 주어지기만 하면 그 자원을 일깨울 수 있다."라 가정하며 인간은 전체성을 향해 나아가는 존재라 했다. 나 또한 이러한 인간에 대한 믿음을 가지고 적절한 토양을 제공하기 위해 작년 '수학대화'라는 비폭력 대화와 초등수학을 접목한 교육상품을 개발했다. 그런데 상품명이 고객의 접근을 막는다면 다른 방법을 찾아야 한다는 결론을 내렸다. '수학' '비폭력'이란 단어가 사람들에게 벽을 만드는구나. 언어의 거부감으로 접근 자체가 되지 못한다면 분명 이름을 바꿔야 했다. 그렇다면 어떤 교육상품명이 따뜻하면서도 연결된 느낌으로 고객이 받아들이는 데 도움이 될까?

피드백을 반영하기 위해 고심하다, 회사 상품구조를 바꾸기로 결정했다. 온오프라인 채널의 '하자!' 프로젝트.

이헤 마음챙김

'하자!' 프로젝트는 고객의 요구에 맞춰 교육 서비스를 제공하도록 구성되어 있습니다. 고객의 행복 상승, 경력 보유여성의 취업 및 사회 활동을 적극적으로 지원합니다.

✔ 어른 하자!
- 기업, 기관을 대상(오프라인)
- 갈등 및 스트레스 관리를 위한 대화 교육 서비스

✔ 엄마 하자!
- 경계성 장애 자녀를 둔 엄마 대상 (온라인)
- 마음챙김 자기돌봄과 학습지도를 위한 온라인 부모교육

✔ 성장 하자!
- 취업 및 강사양성 과정
- '엄마 하자!' 과정을 마친 엄마가 사회적 활동을 할 수 있도록 취업 연계 및 강사 활동 지원

'어른 하자! 기업교육, 엄마 하자! 부모 교육, 성장하자! 전문가 과정 교육'. 오프라인 '어른 하자' 기업교육을 통해 회사의 수익구조를 개선하였다. 수학대화는 부모 교육의 한 상품으로 전환했다. 교육 서비스의 질을 높이기 위해 전문가 과정을 추가했다.

앞으로도 고객의 피드백에 따라 '이헤 마음챙김'은 또 다른 변화와 성장을 맞이하리라 믿는다.

500만 원 벌 거 아니면 시작도 하지 마!

"500만 원 벌 거 아니면 시작도 하지 마!"

남편의 얘기에 나는 하고 싶던 일을 접었다. 오랫동안 일을 쉬었던 나로서는 당장 월 500만 원을 벌기란 불가능했다. 그런데 나는 일하고 싶었다.

지금은 남편의 말이 예전과 다르게 들린다. '일하지 말아라.'가 아닌, '나를 좀 더 챙겨 줘. 아들 공부에 신경 좀 써 줘.'가 그의 진심이다. 그럼 어떻게 하면 좋을까? 그의 부탁을 들어주기 위해 일을 포기할까? 혹은 '나'가 중요하니 가정을 포기할까?

질문: 사업을 시작하자마자 500만 원을 벌 수 있을까?

우선 가장 먼저 해야 할 일은 관찰하는 것이다. 있는 그대로 투명하게 상황을 보는 것이 필요하다. 사업 개시 날 500만 원을 버는 방법은? '없다!' 이는 진리다. 개업 순간의 수익은 당연히 0원이다. 500만 원을 벌기 위해서는 절대적으로 시간이 필요하다. 사업에 따라, 준비 정도에 따라 얼마나 빨리 목표지점에 도착하느냐의 차이만 있을 뿐이다.

우리는 성장 과정에서 두 개의 선택지가 주어지면 양자택일만이 가능하다고 교육받았다. 이것 아니면 저것을 선택해야 한다면 나는 내조하는 아내를 선택하거나 가정은 포기하고 일만 하는 만재댁을 선택해야 할 것이다. 그런데 NVC는 제3의 길을 안내한다. NVC는 갈등 상황에서 양쪽 모두를 충족시킬 수 있는 수단과 방법이 존재한다고 말한다. 짜장과 짬뽕을 둘 다 먹고 싶은 바람이 짬짜면을 만들어 낸 것처럼, 양자택일만 있다는 단순한 사고에서 벗어났을 때, 새로운 길이 눈앞에 펼쳐짐을 경험할 수 있다.

"이 사업이 돈이 되겠어?"라는 피드백에는 단순히 Yes or No로 대응할 것이 아니다. 이 피드백에는 중요한 숨겨진 뜻이 있다. 삶의 의미와 공동체의 평화가 우리 가족에게는 중요하다는 것이다. 나는 남편을 위해 반찬 개수를 1~2개 늘리고 냉장고에 맥주가 떨어지지 않게 신경 썼다. 중2 아들과 매일 새벽 공부를 시작했다. 내 사업도 놓지 않았다. 긴 호흡으로 천천히 조금씩 성장할 수 있는 기반을 닦기 위해 상담대학원 진학을 했다.

나는 NVC를 기반으로 한 마음챙김 대화법이 심리상담 모델 대화법으로서 효과적임을 검증하고 있다. 지난 10년의 인간에 대한 직접적인 경험을 통한 이해와 NVC 양적 연구방법론을 활용한 상담 논문으로 재탄생된다면 더 많은 사람에게 선한 영향력을 미칠 수 있게 될 것으로 기대한다.

일과 육아, 두 마리 토끼를 모두 잡는 방법

매주 일요일 아침, 아들이 아침상을 차렸다. 나는 반찬을 고민하지 않는 것만으로도 감사했다. 3~4주가 지난 어느 일요일 아침, 아들은 색다른 버터 토스트 만들어 보려 스테인리스 프라이팬을 사용했다. 스테인리스 프라이팬은 주부 경력 10년 차인 나도 사용하기 까다로운 도구다. 아들의 마음과 도전이 그저 고맙고 기뻤다. 새카맣게 태운 토스트가 식탁에 올라왔다. 나는 달고 맛나게 먹었다. 그러나, 아빠는 한마디 했다. "이건 도저히 못 먹겠다. 이렇게 태운 토스트를 어떻게 먹냐!" 그날 이후 아들은 상차리기를 그만두었다.

요즘엔 일하느라 늦는 날이면 아들이 밥을 챙겨 먹는다. 밥하는 게 힘들다는 걸 아는 아들은 내게 일 잘 보고 오라고 응원해 준다. 이처럼, 일하는 엄마가 자녀와 협력하는 관계를 안정적으로 구축하는 것은 단기적으로도 중요하지만, 장기적으로도 건강한 가족을 만들기 위해 필요한 작업이다. 이를 위해서는 하루 30분! 아이에게만 집중하는 시간을 만들어야 한다. 시간의 길고 짧음을 논하고자 하는 것이 아니라 존재로 아이를 온전히 만나는 순간이 있는 일상을 만드는 것이 중요하다고 이야기하려 한다. 아이는 커 가면서 자기 세계를 구축한다. 엄마와의 분리가 자연스럽게 이루어져야 그의 사회생활도 편안해진다. 이를 가능하게 돕는 프로그램이 바로 MCGP를 바탕으로 하는 부모 교육과 수학대화 프로그램이다. 매일의 30분은 가족 공동체 내에 신뢰를 쌓도록 돕기에 충분하다. 매일, 매주, 매달 차근차근 쌓아 온 긴 존재에 대한 믿음과 신뢰는 자녀의 마음에 자존감이라는 심리적 지지대 역할을 해 줄 것이다. 아이는 이를 활용하여 두려움 없이 편안하고 안정적인 일상을 살아갈 것이라 감히 말할 수 있다.

가정의 안정을 바탕으로 나 또한 신나게 세상으로 뻗어 나가려 기지개를 켠다. 이헤 마음챙김의 앞으로를 기대하면서 말이다.

씽크 빅, 액트 나우!

서두르지도 말고 멈추지도 말라

2013년 마샬 로젠버그의 《비폭력 대화》라는 책을 접했다. NVC를 공부하는 동안 응원과 지지, 공동체 내의 갈등과 좌절 등의 다양한 경험을 했다. 고통과 행복의 씨앗을 심으며 10년이란 시간이 흘렀다. 여전히 응원과 지지, 갈등의 씨앗을 심고 있다. 그럼에도 불구하고, 지난 시간 동안 '나'를 이해하고 싶었던 열망, 아들과 남편, 타인을 이해하고자 했던 마음의 씨앗이 싹터 오르는 순간을 만난다. 소소한 행복 속삭임(한살림 비폭력 대화 그룹모임)이 온라인으로 전환하여 활동을 이어 나가고 수학대화, 하자! 프로젝트, 마음챙김 기업교육과 병원동행 CS 교육, 상담대학원 진학 등은 꽃을 피우고 있다. 싱잉볼을 활용한 감각 조절 훈련, 뉴로 피드백을 활용한 뇌파 훈련 등의 새로운 상품개발 싹도 움터 오르는 요즘이다.

길이 보이지 않고 싹이 보이지 않는다고 멈추지 말자. 그저 한 걸음 한 걸음 꼭꼭 밟다, 뒤돌아보면 그것이 길이었음을 알게 되는 날이 올 테니 말이다.

이것이 나의 능력이며 한계이다

가끔 동네 아줌마들과 맥주를 한잔한다. 이런저런 사는 얘기를 하다 보면 자연스레 아들 이야기도 나온다. 내가 직접 들을 수 없는 타인의 시선으로 평가되는 아들은 내가 알고 있는 모습과 사뭇 다르다.

음악 선생님이 바라본 준이는 울음이 많고 답답한 아이다. 이 피드백은 그의 시선이지 사실이 아니다. 내가 아는 준이는 따뜻하고 다정하다. 무례한 친구의 말을 무시할 힘이 준이에게 있다면 참 좋겠지만, 아직 거기까지는 기대하기 어려워 아쉽기도 하다.

자식도 내 맘처럼 크지 않듯이, 사업체를 마찬가지다. 내 뜻대로 성장하지 않는다. 꽃이 피는 건 내가 매일 물을 주었기 때문이 아니라 빛, 바람, 공기, 밤과 낮이 모든 것이 함께 조화를 이루었기 때문이다.

나는 씨앗을 심었다. 이것은 분명한 사실이다. 앞으로 내가 할 수 있는 일은 꽃이 피기까지 주변을 관찰하면서, 햇살이 너무 뜨겁지는 않은지 건조하거나 공기가 너무 차지는 않은지 살펴보는 것이다. 필요한 것을 준비하고 행동에 옮기는 것이 나의 능력이며 한계이다. 봄에 피는 꽃을 내가 막을 수 없는 것처럼, 때가 되면 나의 꽃은 피어날 것이다. 어떤 눈길 닿지 않아도.

씽크 빅, 액트 나우!

대한민국 사회를 살아가는
모든 여성에게 하고 싶은 말

대한민국에 사회에서 살아가는 모든 여성에게 전하고 싶습니다.

"정말 대단합니다. 수고 많으셨습니다."

여성을 바라보는 수많은 편견 속에서 꿋꿋하게 살아왔음에 박수를 보냅니다.

"여자가 배워 뭐해?"
"여자가 일을 계속하겠어? 결혼하면 그만두겠지!"
"애 잘 키우는 게 돈 버는 거야."
"너 때문에 애가 이 모양이잖아."

"좋은 대학 간 건 엄마 덕분이야."

"엄마가 그 정도도 이해 못 해?"

다양한 사회적 편견과 기대 속에서 살아 내신 것을 축하합니다. 그동안 몸 고생, 마음고생하셨다면 애도의 눈물 한 바가지 흘린 뒤, 나답게 살아가시면 좋겠습니다. 반드시 일해야 한다거나 일을 그만둬야 하는 게 아닙니다. 내가 좋아하는 것과 싫어하는 걸 용기를 내 찾아보며 생활하는 거죠. 내가 정말 싫어하는 일이 생기면 내가 '왜' 싫어하는지 찾는 거예요. 그렇게 '나'에 대한 이해를 하다 보면 '나'답게 살 수 있는 세상을 만날 수 있습니다. 그곳이 바로 천국입니다.

꼭 당신의 빛깔을 품은 꽃을 피우시길 기도합니다.

씽크 빅, 액트 나우!

우리는 날마다 모든 면에서 점점 좋아지고 있다!
창업을 할까 말까 하시는 분들을 위한 글!

나행코 최선희 대표

어디로 가고 있는가

장애물 극복: 긍정과 목표에 집중하기 위해서 안팎의 장애물을 극복할 것

자존감이 전부다

청소년 마음을 위한 나행코!

국어교육, 청소년 교육 전공.

20여 년간 청소년 지도를 통해 청소년에게 진정으로 필요한 것이 무엇인지 구하고, 그것이 마음과 의식성장이라는 것을 깨달았다.

청소년과 엄마들을 위한〈청소년 마음코칭〉교육시스템 구축을 위해 전진 중이다.

• 최선희 대표의 활동

2021 - 논술 지도 중, 청소년 마음코칭을 위한 프로그램 구상
      (비폭력대화, 코칭, 러닝 퍼실리테이션, 마음 챙김, 명상, 긍정심리학, 뇌과학기반)

2022 - 청소년 마음코칭 센터 (비영리) 설립

2022 - 방송대 청소년 교육과, 마음코칭 동아리 설립

2022 - 방송대 청소년 교육프로그램 대상 수상 〈나행코 마음코칭 프로그램〉

2022 - 마음챙김 기반 교구 활용 FLIP, 마인드 웨더 - TLP교육 디자인과 협업

2023 - 교육부, 〈청소년 마음코칭 지도사〉 민간자격증 등록

    - 〈컨서스 코딩 멘토쉽〉 1년 과정 중 (국제 대체 치유사 국제자격증)

    - 예비사회적기업이 되기 위한 준비 중

    - 제19회 '대한민국 청소년 박람회' 부스 선정 - 마음코칭 활동

방송대 청소년 교육과 선생님들에서 시작한 마음코칭 동아리.

경력 창조와 마음 성장을 원하는 엄마들과 청소년 마음 성장의 접점을 만들었다.

• 소셜 미션

1. 진정한 '나' 찾기가 필요한 엄마들 그들이 마음 성장을 통해 더 행복한 가정을
   만든다.

2. 경력 창조를 통해 엄마들 하나하나가 자신의 리더가 되어 마음코칭 프리랜서
   강사가 된다.

3. 청소년을 위한 마음코칭 나행코 프로그램으로 정서 지지환경 교육시스템 구축

4. 나행코 프로그램을 통해 청소년들이 마음 코치가 되어 다른 학생들을 돕는 선
   순환 구조 만들기

어디로 가고 있는가?

어디로 가고 있는가?
그곳에 도달하기 위해 오늘 무엇을 했는가?

인생의 위대한 목표는
지식이 아니라 행동이다.

- 토마스 헨리 헉슬 -

시골에 살던 꼬마는 또래에서 키가 가장 작았다. 7살 초등학교 1학년 입학할 때 1미터였던 아이. 학교 가기를 무서워했던 꼬마는 뜻도 모르는 돈키호테를 읽으며 책 읽기의 즐거움을 알게 되었다. 다락방에서 몇 권 안 되는 시골집 책을 책벌레가 갉아 먹듯이 그렇게 맛있게 읽곤 했다.

학창 시절 유일한 쉼터는 도서관과 책. 훌륭한 작가들은 신비로운 경험과 사유의 길로 안내해 주었다. 어렴풋이 위대한 작가와 따뜻한 교육자, 상담가의 꿈을 가지게 된 유년 시절. '어른이 되면 이렇게 살아야지'를 일기에 꾹꾹 적던 꼬마.

농촌에서 열심히 사느라 바쁜 부모님의 자리를 대신해 준 건 매일 서쪽

산으로 넘어가던 아름다운 노을, 친구들과 방과 후에 자전거 타고 다니던 산과 들, 하천 모험, 그리고 도서관에서 기다린 익숙한 냄새의 책들이었다.

청소년기를 돌아봤을 때 스트레스가 없었다는 건 참 감사한 일이다. 해지기 전에 들어오라던 엄마 말씀에 맞춰 놀다가 억지로 들어가야 했던 것과 내 기준대로 성적을 올리려고 애썼던 것 빼고는.

하지만 지금 대한민국 청소년은 어떤가? 물질적으로 풍요로워졌지만, 과연 행복한가에 대해서는 의문이다. 전 세계 좀 산다는 OECD 30여 개 나라 중 한국 청소년은 불행하고 우울하며, 취미와 여가가 부족하고, 학업 스트레스와 자살률이 높은 것으로 조사되었다.
우리 아이들 인권과 정서 복지, 정말 이대로 괜찮은가?

나는 2000년에 대형학원 국어 논술 강사로 첫 사회생활을 시작하였다. 7년 - 아이들을 위한 것인 줄 알고 체벌까지 해가며 성적을 올리다 보니 금세 강사 생활에 회의가 찾아왔다. '뭔지 모르지만 이건 내가 바라는 것이 아니야!' 그때부터 나의 삶과 비전에 대해 고민하게 되고 네팔로, 중국으로 떠나 30대 10년을 보내게 된다.

중국에서 보낸 10년. 드넓은 대륙 중국의 다양한 문화와 새로운 언어. 나의 10년은 눈 깜짝할 사이 지나갔다. 비유하자면 시골 아이가 난생처음 백화점에 가서 각종 사람과 물건들에 매료되어서 해가 지는 줄 모르고 백화점 층층 구석구석 휘젓는 모습이랄까.

그때 직업은 학교나 학원에서 한국 청소년에게 국어논술을 가르치는 일이었는데, 그때 만난 아이들이 나에게 큰 울림을 주었고, 지금의 나를 만든 첫 번째 시작이다.

중국에서 만난 아이들은 쾌활했다. 중고등학생인데 어른 같기도 했다. 대부분 아이는 미래를 위해 열심히 중국어를 공부하고 집중했다. 하지만 어떤 아이들은 한국을 떠나 더 가열차게 공부 아닌 방식으로 삶을 탐구했다. 부모가 바쁘거나 한국에 있어서 홀로 자신의 삶을 달리는 아이들에게 낯선 환경은 자유이면서 두려움이었을 것이다. 술, 담배, 폭력 등 '그러면 안 돼.'의 방식으로 삶의 맛을 찍어 먹어 보는 중이었다. 그러한 아이들을 지도하는 과정에서 어떤 아이들은 공부 자체를 손에서 놓아 버리고 아예 일탈 속에 들락날락하고 있다는 것을 알았다.

'아니야. 공부해야 해 너의 인생을 위해서.' 이런 교과서를 들고 꼰대마냥 아이들을 찾아다니며 설득하던 나는 어느 신기한 선생님을 만나게 되었다. 아이들을 찾아다니지 않아도 수많은 아이에게 둘러싸여 '야 좀 비켜 봐. 나 좀 가게.'라고 외치는 키 작은 여선생님. 그 선생님은 영어 과목이었는데 아이들이 학교 마치면 제일 먼저 찾아가서 마치 연예인이나 아이돌이라도 되는 양 그 선생님을 쫓아다녔다.

도대체 그 인기 비결은 무엇이란 말인가. 왜 과묵한 고등학생 남자아이들이 저 조그마한 나이든 선생님 앞에서는 귀여운 강아지가 된단 말인가. 나는 그 선생님에게 비결을 물었다. 그 날, 선생님의 답을 듣고 나의 선생님으로서 삶은 완전히 바뀌었다.

씽크 빅, 액트 나우!

"최 선생, 나는 두 시간 수업이면 두 시간 동안 아이들 이야기를 들어. 아이들 이야기를 충분히 들어줘. 그리고 그대로 인정해 줘. 수용해 주고, 고민은 같이 고민해 주고, 내가 모르겠는 건 같이 방법을 찾아가 보자고 하고 문제를 함께해.

아이가 어떤 문제를 일으키면 그럴 만한 이유가 있었을 거라고 인정해 줘. 아이 편에서 아이 눈높이로 마음을 함께하는 거야. 그리고 명상도 같이해. 나는 나중에 아이들을 위해 명상원을 열 거야. 최 선생도 놀러 와. 영어수업은 10분 해, 그러니까 아이들이 좋아하는 거 아닐까?"

그제야 나는 아이들을 움직이게 하는 '마음과 수용의 힘'을 알게 되었다. 나는 그동안 아이들 마음을 얼마나 헤아리고 수용해 줬던가, 그때부터 나의 눈과 마음은 교과서가 아니라 아이들 마음으로 향했다. 마음이 안녕한지?

학습, 학생의 공부가 아닌 마음으로 관심을 돌리고, 마음코칭 프로그램을 만들어 사업화하는 과정에서 당연히 장애물이 있었다. 사실 지금도 장애물을 하나하나 만나 극복하는 있는 중이다. 우리 내면에 도사리고 있어 알아차리지 못하는 장애물도 있고, 너무 단단하게 고정되어 깨기 어려운 바깥의 장애물도 있다. 그러한 장애물을 어떻게 극복하면 좋을까? 〈자기 주도적 기업가 육성 과정〉에서는 다음 5가지 방법을 제시한다.

나행코의 사례를 통해 창업을 꿈꾸는 분들도 스스로 지닌 장애물과 외부의 장애물을 손쉽게 넘고 원하는 목표에 가뿐히 도달하길 바란다.

장애물 극복
Overcoming Barriers

어느 문제점에 대한 최선의 해결책은 이를 '예방'하는 것이다. 능동성과 미래지향적 사고를 발휘하여 본인 사업에 나타날 수 있는 문제점을 미리 식별하고 이에 대한 대비책을 미리 세워야 한다. 그렇다면 장애물을 극복하기 위해, 문제를 어떻게 접근해야 할까. 장애물 극복을 위한 문제해결 테크닉의 5단계를 알아보자.

첫 번째, 문제를 설명하기.

문제를 글로 직접 적어 보거나 그림으로 그려 보자. 문제를 추상적으로 접근하기보다는, 이를 구체적으로 '적어 보거나', 그림으로 구조화하여 문제를 제대로 '이해하는 것'이 중요하다. 특히 종이에 정리하여 바라보면, 문제에 더욱 객관적으로 접근할 수 있다.

씽크 빅, 액트 나우!

두 번째, 문제를 구체화하기.

문제를 바라보며 질문해 보자. 무엇을? 언제? 얼마나 자주? 어디서? 누가? 왜? 문제를 더 명확하게 정리하면, 실현 가능한 해결책을 찾기가 쉬워진다.

세 번째, 다른 출처의 정보를 활용하기.

문제해결을 위한 아이디어를 얻기 위해, 다른 여러 정보출처를 활용해야 한다. 다양한 지식과 정보를 활용하여 비슷한 문제를 극복한 사례나 아이디어, 도움을 받을 수 있는 전문가나 기관, 제도 등을 찾아보는 것도 좋다.

네 번째, 브레인스토밍하기.

어려움이 닥쳤을 때, 혼자서 해결하려 하기보다는 다양한 사람들의 관점을 종합해 보는 것이 좋다. 직원, 가족, 친구, 납품업체 등의 의견을 종합하여 아이디어를 구상해 보자.

다섯 번째, 구체적인 계획을 구상하기.

지금까지의 아이디어를 종합하여 문제를 해결하기 위해 실천해야 할 사항을 적어 보자.

사업을 하면서 단 하나의 장애물도 만나지 않는다는 것은 그 어떤 새로운 도전도 해 보지 않았다는 이야기나 다름없다. 사업의 발전을 위해서 장애물을 만나는 일은 필수적이라는 뜻이다. 결국, 장애물이 있다는 사실 자체가 중요한 것이 아니라, 장애물을 어떻게 극복할 수 있을지가 훨씬 더 중요하다.

항상 미래를 예측하며, 문제가 생기기 전에, 미리 이에 대해 생각하고 대비해야 한다. 남들이 하는 방법만을 따라 하는 것이 아닌, 장애물을 극복할 수 있는 능동적이고 창의적인 방법을 찾아야 한다. 어떤 문제를 마주해도 절대 포기하지 않고 다양하고 새로운 방법을 끊임없이 시도해 보자. 문제를 해결하는 과정에서 발생하는 실수는 겸허히 받아들이고 그것을 통해 더 많은 것을 배울 수 있어야 한다.

마지막으로 가장 중요한 것은, 한 번의 장애물 극복은 그 한 번의 경험으로 끝나는 것이 아니라, 장기적인 해결책으로 발전시킬 수 있어야 한다.

장애물 극복:
긍정과 목표에 집중하기 위해서
안팎의 장애물을 극복할 것

기회가 오고 시류와 운때가 맞아서 바로 사업을 시작하게 될 수도 있지만 대부분 나와 같은 구상과 준비, 시행착오의 시간을 가지게 될 것이다. 그런 분들에게 꼭 도움이 되고 싶다.

40대가 되어 소도시 고향의 아파트에서 작은 공부방을 열게 되었다. 학생이 20명만 있으면 내가 먹고사는 데 큰 지장이 없겠다는 소박한 욜로(YOLO) 정신을 가지고 성적향상을 위한 논술센터가 아닌 '청소년에게 힐링을 선물하는 공부방'을 기획한 것이다.

먼저 아이들에게 무얼 하고 싶으냐고 물었더니 다들 나가자고 했다. 마침 뒤에 산이 있고 옆에 시민공원이 있어서 아이들을 데리고 산으로 공원으로 함께 걸어 다녔다. 천장이 없는 야외에서 아이들의 생각 폭은 더 커지는 듯했고, 아이들이 무슨 말을 하든 전적으로 들어주는 역할을 하며 그들에게 수용받는 경험을 선물해 주었다.

맨발로 흙을 밟는 활동이나, 숲에서 나무를 조심스레 타 보거나, 높은 산 등산에 도전해 보거나, 물가를 가서 물멍을 때리고 물수제비를 만들어 보기. 노을 바라보고 느낀 바 나누기 등 학부모에게는 체험 중심, 활동 중심이라고 교육적으로 표현하고 아이들이 이런 활동한 후에 마음속 소재를 찾아 글로 마음과 생각을 표현하게 해 보았다.

그동안 경험과 독서를 통해 알고 있는 자명한 진리가 있는데 그것은 바로 사람은 자연의 한 부분으로 자연에서, 자연을 통해 큰 힘을 얻는다는 것이다. 아이들에게 힘을 주고 싶었고 그게 그렇게 펼쳐졌다.

그렇게 초중고 아이들을 두루두루 20여 명을 지도하다 보니, 아이들이 정말로 원하는 것이 무엇인지 조금씩 더 구체적으로 보이기 시작했다. 시험 대비로 불안해하는 학생에게 EFT(Emotion Freedom Technique: 감정 자유기법)를 같이해 주거나, 잡념 때문에 아무것도 할 수 없어 하는 학생에게 마음 챙김 명상을 함께해 주거나, 친구와의 비교 때문에 자신을 괴롭히고 있는 학생에게 미러기법(자존감 거울)을 함께한다든지. 자존감, 자기계발, 심리치유에 관한 책들을 좋아하는 나로서는 내가 아는 치유의 방법들을 아이들에게 적용하고 아이들에게서 효과가 나타날 때 참 보람 된 순간이었다.

씽크 빅, 액트 나우!

아이들은 일주일에 한 번 〈논리터: 아이들 마음의 놀이터〉에 오는 것을 기대하게 되고 자신의 영혼이 쉴 수 있는 곳쯤으로 생각하는 것 같았다. 지금도 한 번씩 고향에 가면 우리의 성장 보고서를 서로에게 보여 줄 정도이다.

문제 설명하기

학생들과 학생들이 원하는 진정한 힐링을 함께 경험하고 찾던 어느 날, 고1 학생과 서로의 목표를 나누며 명상하던 그때였다. 그때 명상 중, 선명하게 〈마음코칭센터〉라는 글자가 써졌다. 그때부터 주변의 교육 관련 어른들에게 이것을 설명했다. 이것이 문제 설명하기의 시작이었다. 내 머릿속에 날아다니는 것들을 말로 정리해서 계속 이야기한 것. 피드백을 받아 정리하고, 설득할 수 있는 말로 바꾸고, 종이를 펴놓고 마음코칭의 계획을 사람들에게 설명한 것.

그것을 텍스트로, 도표로 표현하기 시작하게 되고, 정부지원사업의 일환인 공익활동 지원센터의 지원을 받아 학생들이 원하던 〈사람책〉 활동을 해 보게 되었다. 사람책이란, 학생들이 되고 싶은 꿈의 직업을 이미 이룬 사람이 와서 멘토로서 자신의 경험과 생각을 함께 나누는 활동이다. 이런 결과가 청소년 교육환경에 대해 문제라고 생각한 것을 '말과 글로 설명하기' 시작했기 때문에 얻은 결과물이다.

하지만 발전적인 피드백이 더 필요했다. 인구가 더 많은 도시에 가서 더 배우고 부딪치며 시운전을 해서 이 목표를 반드시 성공해야겠다는 다짐을 하고 2022년 1월에 충남에서 수도권인 경기도로 이사를 하게 되었다.

만다라트로 문제 구체화하기

'청소년 마음코칭을 프로그램화하고 그것을 공교육이나 기관에 넣어 시스템화하기 위해 내가 어떻게 해야 할까?'라는 주제를 1년간 고민했다. 명상은 내가 문제의 답을 찾을 때 쓰는 방법이다. 《무의식은 답을 알고 있다》라는 책을 재미나게 읽은 뒤로 명상을 해왔다. 명상은 좌뇌와 우뇌가 통합되어 텅 빈 근원으로 가는 작업인데, 그렇게 되면 그 자리에서 생각지도 못한 영감들을 받곤 한다.

여기서 먼저 내부에 도사리고 있는 장애물을 먼저 극복해야 한다. 실현 가능성, 성공과 실패에 대한 두려움, 걱정, 불안 이것이 내부에 있는 장애물이다. 우리 안에 이러한 장애물이 있는지 먼저 살펴보자. 이런 것이 조금이라도 있다면 그것을 바라보며 충분히 수용한 뒤, 마음속 기차 태워 보내거나 시냇물에 흘려보낸다.

우리가 하루 종일 하는 생각의 90% 이상은 자동적 습관에 의한 생각과 느낌이다. 생각과 느낌도 결국 습관이라는 말인데 때때로 부정적인 걱정이나 불안, 두려움을 안고 살아가는 경우도 있다. 명상을 통해 내 안의 그것을 인식하는 것, 그것이 장애물 극복의 첫걸음이다. 마음과 생각을 바라보고 부정적인 것이 있으면 그조차도 수용해 주고 인정해 주는 것이다. 그리고 한번 맑게 웃어 준 다음 - "자, 내가 정말 원하는 것은 이것이야."

씽크 빅, 액트 나우!

하고 내가 바라는 목표에 집중한다. 내가 바라는 목표를 구체화하고, 그것을 이룬 모습을 떠올리고, 그것을 위해 '어떻게' 해야 하는지 명상해 보자.

그렇게 먼저 모든 문제를 만다라트로 구체화하고 그 과정에서 명상을 통해 얻은 영감과 지혜를 버무려 그동안 나행코 프로그램이 나오고, 교구를 활용하고, 마음코칭 지도사 민간자격증이 탄생했다. 만다라트는 활짝 핀 연꽃 모양으로 아이디어를 다양하게 발상해 나가는 데 도움을 주는 사고 기법이다. 이제 이것을 어떻게 사업화하고 시스템으로 만들 것인가? 사업적인 문제를 구체화하기 위해서는 전문가의 도움이 정말 필요하다.

다른 출처의 정보 활용

여성기업, 창업 지원, 교육지원, 등등의 검색어로 계속 두드리다 보니 꿈마루, 여성인력개발센터, 자기주도적여성기업가협회 등 다양한 기관에서 교육과 컨설팅을 무료로 받을 수 있는 기회가 생겼다.

사업계획서 20장이 나오는 데 1년 반이 넘게 걸렸다. 좀 더 부지런히 교육과 컨설팅을 두드렸다면 그 과정에서 알게 된 전문가나 다른 멘토들을 통해 더 빨리 도달할 수 있었을 텐데. 사업을 시작하려는 분들은 나처럼 사업에 대해서 잘 모르고 시작하기 쉽다. 시행착오를 줄이기 위해서 전문가와 같은 분야 선배 멘토들을 두루두루 만나보라 하고 싶다. 우리가 답을 얻을 수 있는 선배에게 구체적인 질문을 한다면 선배 멘토들은 분명 도움을 줄 것이다.

다행히도 현재 창업에 대한 정보와 교육, 컨설팅이 많이 열려있다. 그러한 과정에서 만난 '사람들'이 사업적 네트워크가 되고 필요한 정보를 가져다주는 경우가 많다. 그래서 반드시 혼자 고민하지 말고 기관이나 협회를 찾아 정보를 활용하는 것이 유익하다.

얼마 전에도 우연한 기회에 알게 된 기업가분을 통해 건너 건너 같은 직종 멘토를 만나 컨설팅을 받았다. 교육 관련 사회적기업을 이미 일구어서 사업 컨설팅을 하는 선배님이었는데 바쁜 시간을 쪼개어 1년 동안 내가 해야 할 일에 대한 구체적인 미션을 만들어 주셨다. 1시간 30분, 두 장의 종이에 써 내려간 1년 미션은 내가 가보로 간직하고 싶은 소중한 나침반 같은 것이다.

브레인스토밍(명상)

청소년 마음코칭 프로그램을 탄탄히 만들기 위해 많은 것을 배웠는데 그중에 코칭, 디자인 씽킹과 러닝 퍼실리테이션에서 브레인스토밍이 유용했다. 집단 지성, 도구 등을 활용해 우리가 전혀 생각지 못한 아이디어, 방법들을 얻을 수 있다.

내가 프로그램을 강화하기 위해 한 브레인스토밍 방법은 독서와 융합이다. 마음 성장, 의식성장, 심리치유에 관한 책과 콘텐츠를 끊임없이 접한다. 특히 최근에 나온 책들. 그리고 마음속에서 그 책들이 사람이 되어 여럿이 모여서 머리를 맞대고 회의를 하는 장면을 떠올린다.

"어떻게 청소년에게 힘이 될 것인가, 그들 스스로 마음의 힘을 찾을 방법은 무엇인가."라는 주제로 우리는 세미나를 연다. 그러면 각자 가진 지혜를 다양한 근거를 들어서 발표하고 그러다가 서로 융합되는 과정을 거친다. 그렇게 내가 생각지도 못한 방법이 탄생한다.

창조하는 즐거움을 모두 알 것이다. 세상에 쓸모 있는 것을 만들어서 누군가의 삶을 개선시킬 수 있다면 그대로 이미 의미 있는 삶일 것이다. '우리는 날마다 모든 면에서 점점 좋아지고 있다.'

구체적 계획 구상하기

이제 새로운 1년을 예년에 없던 나침반을 가지고 항해한다. 목적지가 분명하고 나침반이 있다. 게다가 굳센 신념과 우수한 프로그램이라는 강력한 배를 가지고 있다. 이 배가 목적지에 닿을 동안 만나는 장애물은 매우 가볍게 느껴질 것이다.

가장 자주 만나는 장애물은 사람들이 가진 고정관념이다.
'청소년의 마음인데 심리상담 전문가가 해야 하지 않아?'
'학교에서 그런 걸 해 주겠어?'
나행코가 가려는 길은 누군가 걷지 않은 길이다. 심리상담과 다른 영역으로 길을 만드는 중으로써 심리상담과 경쟁해야 하는 것이 아니라 〈마음코칭의 길〉을 새로 창조하는 것이다.

때마침 정보사회가 지나가고 의식, 통찰의 사회가 오고 있다. 이제 사람들은 자신의 내면에 관심을 갖게 되었고, 주변에서도 마음과 의식성장에 관한 콘텐츠를 쉽게 접할 수 있게 되었다. 그동안 우리 사회가 성장과 발전을 향해 나와 내 마음을 돌보지 않고 앞만 보고 달렸다면 이제 올 시대는 나를 돌보고, 나를 찾고 내 마음과 의식을 위안하는 시대가 되어야 한다는 뜻이다.

교육의 패러다임도 역시 바뀌고 있다. 사회의 변화에 비해 가장 보수적으로 바뀌는 교육의 장도 변화하고 있다. 학생들의 복지, 인권 - 여가, 취미, 마음 성장 이러한 것들이 학습을 통한 지적 성장만큼이나 중요하게 다뤄져야 한다는 것을 이제는 알아가는 움직임이 나타나고 있다.

앞으로의 구체적인 계획은

첫째, 사업계획서를 더 보완하는 것이다. 이 프로그램과 아이디어가 얼마나 혁신적이고 효율적인지를 증명하는 결과물(데이터)을 만들어 보완한다. 즉 사회적기업으로서 사회적 문제를 어떻게 얼마만큼 해결할 수 있는지 숫자와 그래프를 만든다.

둘째, 보완된 사업계획서로 하반기 사회적기업 육성가 과정에 들어가 잘 배워서 예비사회적기업의 지원 마중물을 받아 공교육에 마음코칭 동아리(코치과정)를 배포한다.

셋째, 마음코칭 지도사 민간자격증 과정을 2시간, 4시간, 8시간(원데이)

로 세분하여 무료 버전을 준비한다. 이것이 경력 창조와 마음 성장이 필요한 대상을 찾아 바우처 사업에 제안서를 낸다.

넷째, 마음코칭 동아리 커뮤니티를 이용해 위 3의 성과를 데이터화한다.

모든 창업은 그 콘텐츠와 대상, 시장에 맞게 각양각색일 것이다. 그렇다 해도 우리가 내면의 장애물을 인지하고 치우는 것, 그리고 외면의 장애물을 치우기 위해 행동해야 한다는 점은 모두 같을 것이라고 생각한다.

우리의 날갯짓이 세상에 이로움을 가져오는 그날까지 도전!

자존감이 전부다

나를 먼저 돌보고 사랑하기(마음, 사랑, 자존감)

우리는 이 삶에서 역할놀이에 푹 빠지기 쉽다. 지금 삶이 너무 바쁘고 지치고 힘들다면 먼저 나를 돌봐야 한다. 내 마음이 전부라고 생각하자. 내 마음을 편안하게 해 주어야 한다. 나를 기쁘게 하는 것은 중요하다.

먼저 거울을 가만히 바라본다. 거울 속 내가 무슨 말을 하고 있는가? 거울 속 나의 눈은 어떻게 보이는가? 거울 속 내가 내 안의 무의식이다. 무의식인 거울 속 나의 말을 들어주고 수용해 주자. 그리고 토닥여 주자. 시간 날 때마다, 거울을 볼 때마다 '사랑한다, 고맙다, 네가 최고다.' 이렇게 응원해 주자. 나 자신이 나에게 하는 이러한 응원은 다른 사람이 하는 응원보다 더 강력한 힘을 가지고 있다. 남에게 인정을 받을 때까지 기다리

씽크 빅, 액트 나우!

지 말고 그 인정과 칭찬의 말들을 내가 나에게 해 주며 자존감을 키우는 것이다.

내가 나를 사랑하고 응원해 주는 것, 그것이 나를 돌보는 첫 번째 방법이다. 그리고 내가 좋아하는 것들을 시간 내서 해 주고 나의 말에 귀를 기울이는 것. 외부의 말보다는 내 안의 말에 귀 기울여 주는 것. 그것이 나답게 사는 첫 번째 단추이다.

또한, 사랑과 용서, 감사는 가장 높고 강한 에너지를 가지고 있다. 이미 우리 안에는 사랑이 가득하다. 나 자신에게 표현해 주고 가족에게 표현해 주고 모든 것에 사랑을 표현하면 그것은 당연히 나에게 돌아온다. 나는 물을 마실 때도 사랑한다, 고맙다고 말하며 마신다. 용서가 안 되는 타인이나 나의 어떤 부분이 있다면 그것이 나의 행복에 장애물이라고 생각하고 녹여 보자. 감사는 매 순간 숨 쉴 때마다 하면 좋다. 어느 책인가에 그렇게 나와 있었다. 나쁜 일이 생겼을 때조차도 그에 감사해 보라고. 그러면 감사할 일이 될 것이라고. 잠들기 전과 아침 눈떴을 때 잠재의식의 힘이 가장 클 때 감사함을 표현하는 습관을 가져 보자. 분명 어제보다 좋은 일이 생길 것이다.

성공의 반대말은 실패가 아니다

성공의 반대말은 실패가 아니라 '포기'라고 한다. 내가 정말 꿈꾸던 것을 포기하지 않았는가? 잠시 쉬고 있는가? 포기하지 않는다면 언젠가는 성공한다. 나의 나행코는 40대의 꿈이다. 나는 포기를 모른다. 지금의 나행코가 나중에 이름이 바뀌거나 프로그램이 보완될 수는 있어도 본질과 목표는 변하지 않는다. 나는 미래에도 어디선가 청소년을 위한 마음 성장, 의식성장을 위해 끊임없이 배우고 실천하고 창조하고 있을 것이다.

사업화도 마찬가지이다. 내가 목표를 가지고 포기하지 않는다면 여러 전문가, 조력자들이 나를 돕는다. 시스템을 만들고 엄마들이 성장하며 청소년 마음 성장을 안내하는 그림. 아이들이 마음 코치가 되어 다른 친구들에게 힘이 되는 그림 - 이것을 사업화하는 것을 포기하지 않는다면 어느 순간 그것은 현실이 되어 있다는 것을 확신한다. 계속 꿈꾸며 전진하다 보면 그 꿈을 닮아 있지 않을까?

변화를 위해서는 움직이자

독서, 산책, 명상 이 세 가지가 기본으로 나를 위해 하는 루틴이다. 삶에 변화를 만들고 싶다면 가장 먼저 내 마음에 변화를 가져야 하고, 마음의 변화를 현실로 끌어내려면 움직여야 한다. 도서관에 가서 관련 책을 읽든, 산책을 하며 아이디어를 구상하든 명상을 통해 혜안을 가지든 움직이자. 책을 읽고 노트에 정리하거나 SNS에 기록하기, 일기 쓰며 나와 대화하기 모두 변화를 위한 작은 움직임이다

요즘은 유익한 책들을 20~30분 만에 쉽게 리뷰하는 유튜브 콘텐츠도 많고 교육 플랫폼도 다양하다. 배워야 어제보다 성장할 테니 하나라도 배워 적용하자.

씽크 빅, 액트 나우!

그리고 만나고 부딪치자. 목표한 꿈에 닮아가려면 귀중한 사람들을 만나야 한다. 새로운 통찰을 줄 사람들을 다양하게 만나자. 어디서 어떤 통찰이 손을 흔들지 모른다. 시행착오를 두려워하거나 쑥스러워하지 않기. 아이들이 걸음마하는 데까지 넘어지지 않나? 완전한 문장을 말할 때까지 틀리지 않나? 그 과정을 누가 뭐라 하겠는가? 이 사회에서 내가 나의 자리를 만드는 것. 대체 불가능한 존재가 되는 것. 그것에는 지속적인 노력이 필요하다. 우리는 날마다 모든 면에서 점점 좋아지고 있으니까, 나를 믿고 도전하자.

씽크 빅, 액트 나우!

ⓒ 김소연, 이현주, 고혜미, 길진화, 황윤정, 박지현, 박가현, 최선희, 임하율, 윤지혜, 박지우, 2023

초판 1쇄 발행 2023년 9월 5일

지은이	김소연, 이현주, 고혜미, 길진화, 황윤정, 박지현,
	박가현, 최선희, 임하율, 윤지혜, 박지우
펴낸이	이기봉
편집	좋은땅 편집팀
펴낸곳	도서출판 좋은땅
주소	서울특별시 마포구 양화로12길 26 지월드빌딩 (서교동 395-7)
전화	02)374-8616~7
팩스	02)374-8614
이메일	gworldbook@naver.com
홈페이지	www.g-world.co.kr

ISBN   979-11-388-2260-2 (03190)